LESE®BUCH 5

Was ist ein LESE®BUCH?

Die Leser der beiden großen Zeitschriften „Reisemobil International" und „Camping, Cars & Caravans" freuen sich jeden Monat über wertvolle Tipps für Technik, Praxis und Reisen. Auf Tipps für die schönste Urlaubsform überhaupt.

Und diese Leser sammeln Erfahrungen. Auf Reisen, mit Kindern und Tieren, auf dem Stellplatz oder Campingplatz, beim Selbstausbau ihres Freizeitfahrzeugs, am Clubstammtisch usw. Diese Erfahrungen können sie jetzt hautnah weitergeben. Denn der DoldeMedien Verlag unterstützt sie dabei mit der neuen Buchreihe LESE®BUCH. Dank Internet und elektronischem Druck lassen sich auch kleine Auflagen einem großen Publikum zugänglich machen.

Von der Reisebeschreibung, die in der Schublade schlummert, über Tipps für Kids aus Urlaubsreisen (Wie bastelt man eine Pfeife aus Weidenstöcken? Was spielt man mit Kids an Regentagen?) bis hin zur Dokumentation vom Selbstausbau eines VW-Bullis, zum Roman, der schon lange im Kopf kreist, oder zum Gedichtbändchen, in dem sich was auf Camping reimt: Alles ist möglich. Das DoldeMedien LESE®BUCH möchte keinen Literaturpreis gewinnen, sondern Erfahrungen, Tipps und Unterhaltung weitergeben. Ganz direkt und von privat an privat.

Die schreibenden Leser senden einfach ihr Manuskript mit/ohne Bilder an den DoldeMedien Verlag (egal wie viele Seiten oder Bilder). Dort wird gesichtet und – wenn für geeignet empfunden – das nächste LESE®BUCH geboren. Wie zum Beispiel dieses.

Viel Spaß beim Schmökern und beim Schreiben wünscht Ihnen das LESE®BUCH-Team.

DoldeMedien
VERLAG GMBH

IMPRESSUM

Copyright: © 2007 by DoldeMedien Verlag GmbH, Postwiesenstr. 5A, 70327 Stuttgart

Text und Fotos: Marita Gutzeit
Herstellung: BOD Books on Demand GmbH, Norderstedt

Nachdruck, auch auszugsweise, nur mit ausdrücklicher Genehmigung
des Verlags und mit Quellenangabe gestattet. Alle Angaben ohne Gewähr.
PRINTED IN GERMANY · ISBN 978-3-928803-39-7

Marita Gutzeit

Alles der Elche wegen

*Vom Reisemobilurlaub
zum Ferienhauskauf in Schweden*

*Ein herzliches Dankeschön an meine Familie und
alle in diesem Buch mitwirkenden Personen,
ohne die meine Geschichte nicht entstanden wäre,
und besonders an den DoldeMedien Verlag, der daraus
ein schönes Buch gemacht hat.*

*Marita Gutzeit
im Juni 2007*

Tief sauge ich die frische Luft in mir ein. Es ist dreiundzwanzig Uhr. Ein kräftiges Gewitter hat die Schwüle des Tages vertrieben. Es riecht nach Wald und frisch gemähtem Gras.

Aus dem gegenüberliegenden Wald kommen die heiseren Bellgeräusche der Rehe. In der Ferne ertönt Wolfsgeheul.

Wir, das heißt mein Mann, meine inzwischen erwachsenen Söhne und ich sitzen auf der Veranda unseres vor zwölf Jahren erworbenen Ferienhauses in Schweden.

Wir sind heute Mittag erst angekommen und waren den ganzen Nachmittag damit beschäftigt, unsere Sachen aus dem bis unter das Dach vollgestopften Wohnmobil auszuräumen.

Wir waren gerade fertig, als der Himmel pechrabenschwarz wurde. Ein leises Donnergrollen in der Ferne kündigte ein Gewitter an. Nur zehn Minuten später tobte sich ein kräftiges Gewitter mit Platzregen und Hagelkörnern aus. Der Temperatursturz von zehn Grad tat uns gut.

Nun sitzen wir auf der Veranda, grillen unsere mitgebrachten Bratwürste auf dem Elektrogrill und genießen die Stille der Natur.

Meine Söhne sind inzwischen beide in Schweden ansässig und soweit schwedifiziert, dass sie hier ins Berufsleben eingestiegen sind. Und manchmal, wenn ich in meiner Hollywoodschaukel saß, sinnierte ich darüber nach, dass wir unsere Erfahrungen und Erlebnisse, die wir hier in Schweden gesammelt haben, eigentlich mal zu Papier bringen müssten. Irgendwann setzte ich mich dann mal an den Computer und schwelgte in den Erinnerungen der vergangenen Jahre.

Ein Ferienhaus in Schweden

Wir haben es im Zuge einer Ferienreise entdeckt, als wir wie jedes Jahr in den Sommerferien mit unserem Wohnmobil Marke Eigenbau auf einer Skandinavienrundfahrt waren.

Schon in den siebziger Jahren standen wir als Pioniere auf dem Nordkap. Auf dem Rückweg besuchten wir während eines dreitägigen Aufenthaltes die Eisenerzgruben von Kiruna.

Meistens fuhren wir zuerst nach Dalarna in Mittelschweden, um unsere Bekannten zu besuchen. Wir bestaunten in Nusnäs die berühmten

Dalahästar, die immer noch in Heimarbeit hergestellt werden, feierten Mittsommer am Siljansee und wanderten bei Särna durch den urwüchsigen Wald im Fulufjället zum Njupeskärwasserfall.

Wir befuhren den Trollweg im Idrefjäll, erklommen den Mulen im Nipfjället und schauten auf den Städjan, der wie ein erloschener Vulkan aussieht.

Bei Östersund besichtigten wir den Ristafall, der als Glupafall in dem Film Ronja Räubertochter berühmt wurde.

In Norwegen eroberten wir den Trollstigenpass und bestaunten im berühmten Geirangerfjord ein russisches Kreuzfahrschiff.

Bei einer Fahrt durch das Hochland der Hardanger Vidda sahen wir, wie das Wasser des Vöringsvosses in die Tiefe stürzte. Gemeinsam standen wir bei Norheimsund hinter dem Steindalsvoss, der tosend über eine schroffe Felsklippe ins Tal rauscht.

Selbstverständlich kauften wir unseren Fisch zum Mittagessen auf dem Fischmarkt in der alten Hansestadt Bergen. Hier gab es alles, was Norwegen und das Meer zu bieten hatte, von der Rentierwurst über Krabben, Fische, Walsteaks bis Kirschen und Äpfel aus den Obstanbaugebieten des Hardangerfjordes.

Aber die ersten und die letzten drei Tage standen wir immer in Vänersborg auf dem Campingplatz Ursand. Hier in der Nähe gibt es die bekannten Plateauberge Halle- und Hunneberg. Ich kann die vielen Stunden, die wir hier verbracht haben, nicht mehr zählen.

Der Halle- und Hunneberg ist ein Treffpunkt von Tierfotografen und Elchliebhabern. Aber auch das Jagdrevier des schwedischen Königs. Inzwischen gibt es auf dem Hunneberg sogar ein königliches Jagdmuseum.

Am Tage hielten wir uns auf dem familienfreundlichen Campingplatz auf und gegen Abend fuhren wir mit unserem Wohnmobil zur Elchsafari auf den Halleberg oder umrundeten auf der schmalen Waldstraße „Ringvägen" den Hunneberg. Auf dem Halleberg sahen wir badende Elche in dem kleinen Waldteich bei Ekebacken. Auf der nur dreieinhalb Meter breiten Waldstraße standen die Elche neben den Autos und ließen sich mit Äpfeln füttern. Der Saft lief den Tieren aus dem langen Maul. „Jetzt braucht man nur noch eine Flasche unterzuhalten, dann hat man Apfelsaft", kommentierte ich das Geschehen, das sich vor unserem Wohnmobil abspielte.

Elche auf dem Halleberg lassen sich gerne aus dem Auto mit Äpfeln füttern

Bis spät abends standen wir auf dem Parkplatz am Ekebacken, beobachteten Elche und Menschen gleichermaßen und lernten noch andere Elch- und Skandinavienfans kennen.

Die letzten zwei Urlaubstage rückten näher. Nach einem Badetag im Abenteuerschwimmbad „Vattenpalatset" bummelten wir noch durch die Vänersborger Innenstadt, kauften uns in einer Bäckerei Kuchen und für jeden ein Eis und blickten kurz darauf in das Schaufenster eines Häusermaklers. Dieser hatte Fotos und Beschreibungen von den kleinen und großen, roten, gelben und blauen Ferien- und Wohnhäusern im Fenster hängen.

Neugierig geworden gingen wir hinein. An den Wänden hingen die gleichen Häuser-Fotos wie im Schaufenster. Darunter, in einem Plastikfach, befanden sich die Beschreibungen und die Lagepläne zum jeweiligem Haus.

An einem Fach fehlte ein Foto. Die Beschreibung klang sehr interessant. Haus am Waldrand mit tausendeinhundertsechzig Quadratmeter

Grundstück, keine Nachbarn. Wir erkundigten uns beim Makler, der uns höflich ansprach, ob er uns helfen könne, wo dieses Haus liege und wie es aussehe. Bereitwillig gab er uns eine Hausbeschreibung und einen Lageplan. Ein Foto habe er noch nicht, weil es erst gestern neu reingekommen sei. Das sogenannte „Fritidhus" liege ungefähr zwanzig Kilometer von Vänersborg entfernt.

Da unsere Fähre erst für den nächsten Tag gebucht war, hatten wir noch Zeit. Mit dem Lageplan in der Hand fuhren wir zur Hausbesichtigung. Wir fanden es auf Anhieb, denn am Straßenrand stand ein Schild von „Svensk Fastighetsförmedling". „Till Salu" deutete darauf hin, dass dieses Grundstuck zu verkaufen war.

Es war ein Ferienhaus der Marke Västkuststugan, einstöckig, rot und mit schwarzem Teerpappendach. Dass kein Schornstein darauf war, fiel uns erst gar nicht auf. Die Fensterrahmen waren braun und das Holz drumherum war schwarz. Auch musste es schon einige Jahre zurückliegen, dass dieses Haus einen neuen Anstrich bekommen hatte, denn das Rot war bei näherem Hinsehen schon mehr ein blasses Rostrot.

Wir kämpften uns durch das kniehohe Gras des ungepflegten Grundstücks, stiegen die drei Stufen zur Veranda hoch und sahen durch das Fenster ins Wohnzimmer. Es war voll eingerichtet mit einer Dreier- und Zweiercouch, einem Sessel, Couchtisch, Glastisch und einem kleinen Stereoschrank. Auch die Küche war, soweit wie wir durch die Schlafzimmerfenster an der Giebelseite sehen konnten, mit Einbauschränken, Herd, Spüle, Kühlschrank und Tiefkühltruhe eingerichtet. Ein schöner rustikaler Kieferntisch mit vier dazu passenden Stühlen luden geradezu ein, hier die Sommerferien zu verbringen.

Die beiden kleinen Schlafzimmer waren sehr spartanisch nur mit einem Bett in dem einen Zimmer und mit zwei Betten in dem anderen Zimmer eingerichtet.

Der Eingang des Hauses, das eingebettet am Waldrand lag, befand sich auf der Rückseite, gegenüber von einem kleinen Geräteschuppen, der auf der Hausbeschreibung als „Gästhus" vermerkt wurde.

Links des Hauses standen große Kiefern. Wacholderbüsche, Eichen und riesige Fichten wiesen uns den Weg in den angrenzenden Wald. Nach fünfzig Metern löste auf der linken Seite ein langgestreckter, mit

Wacholderbüschen und Kiefern bewachsener Felsen den Wald ab und endete an einem Kornfeld. Von der Straßenseite sah man das Haus erst auf den zweiten Blick, weil eine gut gewachsene Fichtenhecke das Grundstück vor neugierigen Blicken schützte. Zwei große alte Eichen bildeten die Einfahrt. Hinter einer Fichtenhecke zur rechten Seite, gediehen auf einem verwildertem Feld die ersten kleinen Bäume.

Im hohen Gras vor dem Haus sah man noch frische Baumstümpfe. Hier waren vor kurzem noch einige Bäume gefällt worden. Das Holz lag gestapelt vor der Hecke.

Die nächsten Nachbarn waren achthundert Meter und schräg gegenüber dreihundert Meter entfernt. Zur anderen Seite lag ein verlassenes Gehöft in siebenhundert Meter Entfernung, dazwischen erstreckten sich Feld, Wald und Wiese. Auf der gegenüberliegenden Seite plätscherte ein kleiner Fluss.

Wir fuhren zurück zum Makler und vereinbarten einen Termin für den nächsten Tag zur Innenbesichtigung.

Und da standen wir nun mit dem Makler und dem Hausbesitzer, der dieses Haus vor vier Jahren von seinem Vater geerbt hatte und nicht recht wusste, was er damit anfangen sollte. Es hatte vier Jahre leer gestanden und war nur zum Wochenendausflug benutzt worden. Eine Vermietung scheiterte mangels sanitären Einrichtungen wie Dusche und Toilette. Dafür hatten die Mäuse das Haus erobert, doch das merkten wir erst später.

Auch wenn uns die dunkelgrüne Tapete im Flur und die rote Tapete im kleinen Waschraum, in dem sich nur ein Waschbecken und eine Chemietoilette befanden, nicht gefielen, war das Haus in einem guten Zustand. Besonders die Holzdecke, die durch sämtliche Räume ging, hatte es uns angetan. Als uns der Hausbesitzer erklärte, er würde die gesamte Einrichtung im Haus lassen, zeigten wir uns begeistert und besiegelten den Hauskauf mit einem Handschlag. Da wir den Kaufpreis noch etwas herunterhandeln konnten, weil kein vernünftiger Schwede im August noch ein Haus kauft, und er unsere finanziellen Rahmenbedingungen nicht überstieg, stürzten wir uns in dieses Abenteuer.

Gemeinsam fuhren wir zum Maklerbüro zurück und füllten den Kaufvertrag aus. Danach mussten wir noch D-Mark in schwedische Kronen umtauschen, um die zehnprozentige Anzahlung begleichen zu können. Der Rest sollte bei Schlüsselübergabe bezahlt werden. Da wir in Schweden Ausländer sind, musste die Kommune ihre Einwilligung geben. Dazu gehörten verschiedene Bedingungen.

Da weder der Makler noch der Besitzer des Hauses über deutsche Sprachkenntnisse verfügten und unsere Schwedischkenntnisse ganz akzeptabel waren, lief das gesamte Verkaufsgespräch auf Schwedisch ab. Damit war die erste Bedingung, dass schwedische Sprachkenntnisse vorhanden sein sollten, erfüllt. Die zweite Voraussetzung für die Genehmigung waren Bekannte oder Verwandte in Schweden. Auch dies sollte kein Problem für uns sein. Mein Mann, einmal als Pflegekind in Schweden gewesen, konnte mehr als die erforderlichen drei Adressen angeben.

Gleich nach unserer Ankunft in Deutschland haben wir dann polizeiliche Führungszeugnisse beantragt und zum Maklerbüro geschickt. Der Makler hat sämtliche Papiere zur Kommunalverwaltung weitergeleitet.

Unser Bekanntenkreis in Deutschland hielt unser Tun allerdings für recht suspekt, um nicht zu sagen: Man hielt uns für verrückt.

Nach drei Monaten, es war bereits November, erhielten wir die ersehnte Post vom Makler, der uns mitteilte, dass alle Genehmigungen erteilt worden und wir den Rest des Geldes überweisen konnten. Dann sollten wir bitte kommen, um die Schlüssel und die Grundbucheintragung zu erhalten.

Mitte November fuhren wir – mein Mann, mein jüngster Sohn und ich – mit unserem Wohnmobil los. Der älteste Sohn blieb bei der Oma zu Hause.

In Deutschland war Herbst mit Sturm und Regen. In Schweden war tiefster Winter.

Ein Campingfahrzeug hat den Vorteil, dass man überall an jedem Ort sein Zuhause hat. Da wir nachts in Vänersborg ankamen, fuhren wir die zwanzig Kilometer weiter zu unserem Ferienhaus und übernachteten auf dem unverschlossenem Grundstück im Auto. Ein verrostetes grünes Eisentor wurde nur von zwei kräftigen Baumstümpfen geschlossen.

Zuerst mussten wir aber die zwanzig Zentimeter Schnee mit unserer Notschaufel, die wir immer im Auto hatten, wegräumen. Und das bei minus zehn Grad. Nur gut, dass wir eine gut funktionierende Gasheizung und einen vollen Gastank hatten.

Nach einem guten Frühstück fuhren wir am nächsten Tag zum Maklerbüro nach Vänersborg. Dort bekamen wir die Grundbucheintragung und andere wichtige Unterlagen mit den Schlüsseln ausgehändigt. Nur die Bank ließ sich mit der Überweisung sehr viel Zeit.

Die Versicherung übernahmen wir vom Vorgänger. Das Telefon wurde gekündigt und die Stromversorgung auf unseren Namen überschrieben. Der Hauptzählerkasten befand sich zwischen den Bäumen am Waldrand.

Der Vorbesitzer fuhr mit uns zum Haus, um uns die Wasserversorgung zu erklären. Vor dem Haus, auf dem Rasen gab es einen circa drei Meter tiefen gegrabenen Brunnen und ein Hauswasserwerk im so genannten Wasserkeller. Das Abwasser wurde über einen Dreikammerbrunnen mit Schlammabscheider gefiltert und versickert dann im Erdreich.

Ferien- und Wohnhäuser sind, sofern sie nicht in der Stadt liegen, autark, das heißt, sie haben eine eigene Wasserver- und Entsorgung. In einem Land, das doppelt so groß ist wie Deutschland, aber nur neun Millionen Einwohner zählt und obendrein auch noch über felsigen Untergrund verfügt, wäre ein Kanalsystem unbezahlbar.

Nachdem nun endlich mit zweitägiger Verspätung die Bank das Geld überwiesen und der Hausverkäufer die übliche Provision dem Makler überreicht hatten – in Schweden ist es üblich, dass der Verkäufer die Maklerprovision bezahlt–, kam er noch einmal zu uns und verabschiedete sich freundlich.

Nun waren wir stolze Besitzer eines echten schwedischen Ferienhauses.

Damit ging die Arbeit aber erst los. Wir hatten eine Woche Zeit, um das Haus zu entrümpeln und um den kleinen Waschraum zu renovieren. Bereits in Deutschland hatten wir abwischbare Holzpanelplatten und PVC-Tapete gekauft, um eine Duschecke einzubauen. Auch die passende Ducharmatur haben wir mitgebracht. Da das zukünftige Badezimmer sehr klein war und keine handelsübliche Duschkabine hineinpasste, haben wir mit wasserfestem Sperrholz eine Duschecke kreiert.

Als Erstes aber entfernten wir die dunkelrote Tapete. Die Kunststofftapete mit Fliesenmuster klebten wir in die Duschecke, nachdem wir einen neuen wasserdichten Fußbodenbelag, den wir noch schnell in einem Geschäft in Vänersborg kauften, ausgelegt hatten.

Damit die Holzwände vom Haus nicht aufquellen, dichteten wir sämtliche Ränder mit Silikon ab. Ein schöner neuer Duschvorhang mit Delphinmuster sollte dafür sorgen, dass kein Wasser den Raum nassspritzt. Für warmes Wasser sorgte ein Dreißig-Liter-Warmwasserbereiter im Wasserkeller.

Den Rest des Raumes beklebten wir mit den eichefarbenen Holzpanelplatten, von denen glücklicherweise noch genug übrig blieben, um damit die abscheulich grüne Tapete im Durchgang vom Flur zum Wohnzimmer zu überkleben.

Das kleine Waschbecken und den vorhandenen Spiegelschrank versetzten wir einige Zentimeter nach links, so dass für eine Toilette auf der rechten Seite noch Platz zur Verfügung stand. Die kam aber erst später, vorerst begnügten wir uns mit unserer Campingtoilette aus dem Auto.

Während mein Mann das Badezimmer renovierte und mich nur ab und zu als Handlanger brauchte, (oder um seine Flüche loszuwerden, wenn mal was nicht so funktionierte wie er sich das vorstellte), begab ich mich an die Hausarbeit. Das heißt, ich sortierte das vorhandene Geschirr und wusch die Küchenschränke aus. Es befand sich ein schönes komplettes Service mit orangebraunem Rand in dem Küchenschrank, mit Esstellern, Kuchentellern und Tassen mit Untertassen.

Aber beim Aussortieren der Bestecke, die Messer und Gabel hatten Holzgriffe, die ausnahmslos alle angenagt waren, bekam ich es mit den eigentlichen Hausbewohnern zu tun. Beim Herausziehen der obersten Besteckschublade lugte mir doch frech grinsend eine Maus entgegen, zeigte mir lange Ohren und verschwand in Sekundenschnelle auch gleich wieder in den hinteren Teil des Schrankes.

Nun bin ich, was das Thema Tiere angeht, durch meine langjährige Arbeit im Zoofachhandel nicht gerade empfindlich, schließlich habe ich auch Schlangen gehalten und sie mit Mäusen gefüttert. Aber im ersten Augenblick bekam ich doch einen Schreck und verschloss ganz schnell wieder diese Schublade.

Jetzt wusste ich auch, wo die nächtlichen Knabber- und Kraspelgeräusche herkamen, die ich im Halbschlaf in den viel zu weichen Betten gehört hatte. Die ersten Anschaffungen mussten deshalb wohl neue Betten und Mausefallen sein. Das angeknabberte Holzgriffbesteck benutzten wir selbstverständlich nicht mehr.

Der Vorbesitzer hatte sein Versprechen eingelöst und uns das ganze Inventar überlassen. So sortierten wir fleißig die Gegenstände aus, die in den Müll kamen, oder was zu Schade zum Wegwerfen war, für den nächsten Flohmarkt.

Von den Mäusen zerpflückte Kissen und Decken und auch das Holzgriffbesteck wanderten in den Müll. Da wir aber keine Müllabfuhr bestellten, steckten wir alles in einen großen blauen Müllsack und verstauten ihn solange im Auto, bis wir zu unserem fünfundzwanzig Kilometer entfernten Parkplatz an der Hauptstraße kamen. Hier befand sich eine große Mülltonne und zusätzlich auch eine Entsorgungsstation für Metall, Glas, Plastikabfälle und Papier. Für uns unbrauchbare Chemikalien brachten wir zu einer so genannten Miljöstation, die an einigen Tankstellen zu finden sind.

Kunstvolle Bilderrahmen, die nicht nach unserem Geschmack waren, liebevoll gestickte Wandbilder und goldfarbene Kunststoffengel sowie Lampenschirme aus Uromas Zeiten packten wir ins Auto, um sie für den nächsten Flohmarkt mit nach Deutschland zu nehmen.

Sven, mein jüngster, zehnjähriger Sohn, nagelte die schönsten Bilder, die im Hause bleiben sollten, gleich in sein zukünftiges Schlafzimmer an die unansehnlichen Tapetenwände.

Nach einer Woche war das Haus sauber, die Dusche fertig und ich vier Pfund leichter.

Um uns noch ein wenig zu erholen, gingen wir noch einmal in unseren Vattenpalatset. Ich liebte die Atmosphäre in diesem Abenteuerschwimmbad mit Wasserrutsche, Strömungskanal, Sportbecken, Whirlpool und Sauna. In Schweden ist die Saunabenutzung in den Schwimmbädern im Eintrittspreis enthalten. Die einzelnen Becken sind mit gemauertem Felsgestein und dekorativen Palmen abgetrennt.

Schon auf dem Parkplatz fiel uns ein deutscher, als Wohnmobil umgebauter blau-gelber Möbeltransporter ins Auge. Im Schwimmbad hörte ich dann auch prompt deutsche Stimmen, im November, außerhalb der Touristensaison, ein seltenes Ereignis.

Ich beobachtete eine junge Familie mit drei Kindern, das Jüngste, als Baby, auf Mutters Arm. Neugierig geworden sprach ich die Mutter an. Diese antwortete auch ganz unbefangen und fröhlich, dass sie im Sommer eine Skandinavienrundfahrt geplant hätten und hier hängen geblieben seien. Seit fünf Monaten seien sie hier, das Jüngste bereits hier geboren. Die anderen gingen in die Vorschule, um Schwedisch zu lernen. Wohnen täten sie bei einem Bauern im Ferienhaus und im Wohnmobil, solange bis sie eine Arbeit gefunden hätten, dann sähe man weiter. Aha!

Nach diesem erholsamen Badetag packten wir unsere Sachen ein, stellten noch eine neu erworbene Mausefalle in den Schubladenschrank und fuhren mittags Richtung Göteborg.

Von dort setzten wir mit der Stena Linie über nach Frederikshavn in Nordjütland. Weil sich die Strecke durch Jütland langzieht wie ein Kaugummi, beschlossen wir, an einem der neuen Rastplätze einige Stunden zu schlafen.

Mein Mann, der gerne seine Kaumuskeln trainiert, hat immer eine Bonbontüte im Auto. Nun behauptet er, es würden einige seiner „Sallos" fehlen. „Ich mag deine Salmiakbonbons nicht", beteuerte ich. „Vielleicht hast du sie ja selber gegessen." „Nein!", behauptete er felsenfest.

Wir wollten gerade unsere Bettsachen aus den Bettkästen holen, da sah ich, wie ein Schwanz weghuschte, das dazugehörige Tier sah ich nicht mehr, es war in den Verwinkelungen unseres Wohnmobils verschwunden. Dafür holte ich mein Bettlaken, es war ein schönes kuscheliges, rosafarbenes Biberbettlaken in wohnmobilgerechter Größe, aus dem Bettkasten und – oh Schreck–, es hatte ein großes zerfranstes Loch in der Mitte, und lauter kleine Fusseln und Fetzen flogen durch den Raum. Irgendwie muss eine Maus ins Auto gekommen sein, wahrscheinlich bei unserer Ausräumerei.

Das Bettlaken war nur noch als Putzlappen zu gebrauchen, außerdem roch es ganz streng nach Mäusen. Ich stopfte es in einen Müllbeutel und legte stattdessen eine Wolldecke unter.

Wir haben noch nie so unruhig geschlafen wie in dieser Nacht. Ich hörte ständig Schabe-, Raspel- und Knaspelgeräusche.

Nach wenigen Stunden Schlaf fuhren wir am frühen Morgen weiter. Bis zum Nachmittag schafften wir die sechshundert Kilometer und kamen ziemlich erschöpft nach Hause.

Wir aktivierten unseren ältesten Sohn, der zu Hause geblieben war, uns mitzuhelfen, das Auto auszuräumen, um anschließend auf Mäusejagd zu gehen. Und was fanden wir? In den Bettkästen, unter der Heizung und im Waschraum lagen lauter angeknabberte, verklebte Salmiakbonbons.

„Ich habe doch gesagt, dass hier einer meine Bolchen klaut", brummte mein Mann aus seinem viel zu langen Bart.

„Du siehst aus wie Grizzly Adams, hier in der Zivilisation musst du dich erst einmal rasieren", amüsierte ich mich. „Vermutlich ist die Maus schon einige Tage vor unserer Heimfahrt ins Auto gekommen, aber wo ist sie jetzt?"

Wir krempelten das ganze Wohnmobil um, bauten Polster und Schränke auseinander, spähten in jede Ecke und fanden nichts außer zerfetztem Bonbonpapier. Nach zwei Stunden gaben wir die Mäusejagd auf. „Wahrscheinlich ist sie durch das Lüftungsrohr der Gasheizung schon nach draußen entfleucht", vermutete Heinz.

Es war Wochenende und wir holten unseren versäumten Schlaf nach. Am Montag mussten wir ja wieder arbeiten.

Der erste Winter

Alle wichtigen Maße hatten wir uns auf eine Gedächtnisprothese notiert, um die nötigsten Dinge anzuschaffen. So durchforsteten wir sämtliche Campingkataloge nach einer geeigneten Toilette.

Nach langem Suchen entschieden wir uns für eine kanadische Schiffstoilette mit Minimalwasserspülung, außerdem hat sie einen mäusesicheren und selbstreinigenden Kugelverschluss.

Da sich im Haus nur für die Küche und fürs Waschbecken und die Dusche Abflussrohre befinden, sollte ein kleiner Tank unter dem Haus als Kompostierhelfer dienen.

Zusätzlich planten wir, wenn wir zwischen Weihnachten und Neujahr rüberfahren, vier neue Betten zu kaufen. Für das Kinderzimmer benötigten wir ein Etagenbett.

In das Elternschlafzimmer sollte ein normales, aus zwei Betten bestehendes Ehebett, natürlich aus Kiefernholz. Die Matratzen kauften wir in Deutschland und die dazugehörigen Bettgestelle und Lattenroste ließen wir uns in einem skandinavischen Bettengeschäft in Schweden zurücklegen.

Da beide Schlafzimmer nicht sehr groß waren, fanden wir sehr preiswert in einem Teppichgeschäft einen wunderschönen blauen Teppichbodenrest.

Zu Hause überzählige Kochtöpfe, Bestecke, Geschirr, Decken und Kissen sowie Tischdecken packten wir ins Auto.

Als wir – meine beiden Söhne, mein Mann und ich – vollgepackt mit Matratzen, Toilette, Teppichboden und von der Oma vererbten Kochtöpfen und Werkzeug in der Nacht zum 26. Dezember losfuhren, ahnten wir noch nicht, dass ein Haus mit eigener Wasserversorgung auch seine Tücken haben kann, besonders im Winter.

Bei drei Grad plus fuhren wir gegen drei Uhr morgens ab. Vor uns lagen 850 Kilometer und die Fähre Frederikshavn-Göteborg. Bis achtzehn Uhr – in Schweden haben die meisten Geschäfte am zweiten Weihnachtstag geöffnet – mussten wir im Bettengeschäft unsere von Deutschland aus bestellten Betten abholen. Fünf Minuten vor Ladenschluss waren wir da. Ein freundlicher Verkäufer half uns, die sperrigen Bretter in unser ohnehin schon vollgestopftes Auto zu verstauen. Wir bedankten uns mit zwei Flaschen deutschem Bier, was bei den Schweden immer gut ankommt.

Nur gut, dass wir nur noch siebzig Kilometer fahren mussten und uns keine Polizeistreife aufhielt, wir waren wahrscheinlich völlig überladen, zumal wir auch noch Lebensmittelkonserven und dreißig Liter Wasser an Bord hatten.

Als wir ankamen, war es stockfinster. Unser Autothermometer zeigte minus siebzehn Grad an.

Mit unseren eingepackten Taschenlampen suchten wir im Wald den Hauptstromschalter, schraubten die Hauptsicherungen rein und gingen zur Haustür. Harsch knirschte eine dünne, tiefgefrorene Schneedecke unter unseren Stiefeln. Nach langem Suchen mit kalten, klammen Fingern fanden wir endlich die richtigen Schlüssel.

So sah unser Haus im Winter nach dem Kauf aus

„Wir müssen die Schlüssel kennzeichnen", bibberte ich, denn mir war lausig kalt. Drinnen war es aber auch nicht wärmer.

Nachdem wir im Haus sämtliche Sicherungen reingedreht hatten, schalteten wir die in jedem Zimmer vorhandenen Stromheizungen an. Dabei fiel mein Blick auf ein Thermometer, das in der Küche an der Wand hing, das Quecksilber stand bei minus fünfzehn Grad.

Ich fluchte das erste Mal darüber, dass dieses Haus weder einen Schornstein noch einen Kamin hatte. Wie schön wäre es jetzt, mit einem knisternden Kaminfeuer das Haus aufzuheizen.

Mein Mann versuchte derweil, die Wasserpumpe in Gang zu setzen, gab es aber nach wenigen Minuten wieder auf. Es war alles eingefroren.

Unter diesen Umständen beschlossen wir erst einmal, alle sperrigen Gegenstände ins Haus zu bringen und die Gasheizung im Wohnmobil anzustellen. Die erste Nacht mussten wir wohl im Auto schlafen.

Endlich, es war fast Mitternacht, hatten wir alles ausgeladen und noch eine Kleinigkeit gegessen. Unsere kuscheligen vorgewärmten Betten nahmen uns auf und wir fielen in einen tiefen Schlaf.

Als wir am nächsten Morgen aufwachten, zeigte unser Thermometer im Führerhaus minus zwanzig Grad an. Wir schälten uns aus den Betten und schlüpften in dicke Thermohosen. Da im Haus erst plus zehn Grad waren und die Wasseranlage auch noch nicht funktionierte, beschloss ich, das Frühstück im Wohnmobil zu bereiten. Ich setzte Kaffeewasser und Eier auf und baute im Heck die Betten zu einer Essecke um.

Nach dem Frühstück versuchte Heinz, die Wasseranlage erneut zu starten. Vergeblich, die Wasserpumpe gab keinen Ton von sich.

Ich zerbrach mir den Kopf, wie ich das Mittagessen zubereiten konnte, denn das Wasser im Wohnmobil wurde auch immer weniger. Zum Glück hatten wir einen leeren Zwanzig-Liter-Kanister mitgenommen, der noch aus unserer Wohnwagenzeit stammte.

Also fuhren wir am Vormittag durch die dunstige Kälte in die Stadt, tankten Diesel und fragten auch gleich nach Trinkwasser. Wir füllten unseren Dreißig-Liter-Wassertank im Auto und zusätzlich noch den Zwanzig-Liter-Kanister mit kostbarem Trinkwasser.

Durch die Eiseskälte knirschte und knisterte der ganze Wohnwagenaufbau, den wir mit Hilfe eines Zusatzchassis auf eine LT-Pritsche gesetzt hatten.

Zur Freude meiner Söhne und um mir das Essenkochen zu ersparen gingen wir anschließend in ein uns bekanntes Restaurant und aßen Grillwurst, Pommes und Salat.

Gutgelaunt und gestärkt machten wir uns am Nachmittag an die Arbeit, die Betten aufzubauen, nachdem wir in beiden Schlafzimmern den blauen Teppichboden ausgelegt hatten.

Meine Ableger schafften es tatsächlich, ihre Etagenbetten nach einer Montageanleitung ohne die Hilfe ihres Vaters aufzubauen. Auch wir schraubten und tüftelten so lange an unserem Ehebettgestell herum, bis es endlich in unserem kleinen Schlafzimmer stand. Anschließend holten wir unsere Bettwäsche aus dem Auto, die angesichts der Minustemperaturen draußen erst einmal aufgetaut werden musste.

Unser Leitungswasser funktionierte noch immer nicht, also gab es nur Katzenwäsche aus dem Kanister. Bei einer angenehmen Raumtemperatur von achtzehn Grad plus fielen wir ziemlich spät am Abend in unsere neuen Betten.

Als wir am nächsten Morgen aufwachten, erlebten wir eine Überraschung. Das Außenthermometer zeigte minus ein Grad und von einem dunkelgrauen wolkenverhangenen Himmel fielen wattebauschdicke Schneeflocken. Innerhalb von wenigen Stunden türmte sich der Schnee auf dreißig Zentimeter.

Nach einem ausgiebigen Frühstück, dieses Mal in der gemütlich warmen Küche, suchten wir in dem vorhandenen Gerümpel nach einem Schneeschieber. Aber wir fanden nur einen Gartenspaten und eine ältere Kornschaufel. Mit beiden Geräten bewaffnet, versuchten meine Söhne, eine Schneise von der Haustür bis zum Auto zu schaufeln.

Heinz begab sich derweil mit der neuerworbenen kanadischen Schiffstoilette ins kleine Badezimmer, um sie zu montieren und den Durchbruch zum Tank, den wir auf dem Fahrradträger transportiert hatten, zu sägen. Der Tank kam in einen Hohlraum, der vom Wasserkeller aus zugänglich war, unter das Haus.

Wenigstens das funktionierte auf Anhieb, drei Stunden später hatten wir eine gebrauchsfähige Toilette mit hygienischem Kugelventil, Pedalspülung und Tank unter dem Haus.

Gleichzeitig gaben meine Söhne das Schneeräumen auf und verlangten warmen Kakao. Nach vollendeter Arbeit machten wir uns noch einen gemütlichen Nachmittag.

Weil wir zum Mittag nur Rührei auf Brot gegessen hatten, wollte ich die Nachmittagskaffeerunde etwas gemütlicher gestalten. Wir stellten Teelichter auf den Tisch und aßen unseren noch in Deutschland selbstgebackenen Sandkuchen mit Schokostückchen und Schokoladenüberzug zum heißen Kaffee und Kakao.

Meine Kinder, in einer nicht enden wollenden Scrabble-Phase gefangen, nachdem Mensch-ärgere-dich-nicht und Malefiz nicht mehr aktuell waren, hatten schon das Spiel aus dem Auto geholt und aufgebaut. Von der hohen Warte seiner 15 Jahre übte sich Björn im Wörtererfinden und legte triumphierend aus seinen acht gezogenen Buchstaben das Wort Womokoje zusammen.

Es ist unglaublich, wie kurz hier in Nordeuropa die Tage im Winter sind. Es war gerade halb vier und schon wieder dämmerig. Draußen schneite es immer noch.

Gegen Abend zogen sich meine Jungs ihre Skianzüge an, tobten ausgelassen wie junge Hunde durch den frisch gefallenen Schnee und bewarfen sich mit Schneebällen.

Aus dem Wasserkeller unter dem Haus kramte ich einen blauen Zehnlitereimer hervor und begann, mit den Händen Schnee einzufüllen. Die Kinder halfen eifrig mit und nullkommanix war der Eimer voll mit sauberem, weißem Pulverschnee. Diesen stellte ich zum Auftauen in die Küche, um etwas Brauchwasser zum Waschen und Abwaschen zu haben, denn ich wollte die kostbaren Trinkwasserreserven zum Kaffee- und Essenkochen schonen.

Vor dem Schlafengehen drehten wir noch eine Runde draußen durch den frisch gefallenen Schnee. Es herrschte eine absolute Stille. Minutenlang standen wir vor unserer Haustür und genossen die gespenstische Ruhe. Plötzlich hörte ich irgendein Geräusch. Was war denn das?

Direkt hinter unserem Haus stapften plötzlich schwere Schritte durch den im Wald liegenden Schnee. Äste knacksten und Zweige brachen ab. Irgendwer zupfte hier mal was vom Baum und plückte dort mal was vom Busch. Gespannt hielten wir inne, wir wagten kaum zu atmen und rührten uns nicht von der Stelle. Ein leises Schnaufen kam zu uns herüber. Nur schemenhaft konnten wir in der Dunkelheit nur wenige Meter von uns entfernt einen Elch erkennen. Er schien keine Notiz von uns zu nehmen und entfernte sich wieder Schritt für Schritt in den tiefen Wald. Dann war es wieder still.

Angeregt durch das nächtliche Abenteuer unterhielten sich meine Kinder noch lange im Bett und erzählten sich gegenseitig Elchgeschichten, die sie im Laufe ihres noch kurzen Lebens erlebt hatten.

Am nächsten Morgen war der Schnee im Eimer aufgetaut und auf dreieinhalb Liter geschrumpft.

Ich füllte das Wasser in eine große Plastikschüssel und schickte meine Kinder mit dem Eimer zum Schneetanken nach draußen. Mit einer Riesenbegeisterung schaufelten sie mit ihren behandschuhten Händen den Schnee in den Eimer.

Draußen waren es nur minus acht Grad, also verhälnismäßig warm gegenüber den minus zwanzig, die wir am ersten Tag hatten. Trotzdem verspürten wir mal wieder das Bedürfnis nach einer heißen Dusche und einer Sauna. Gemeinsam schaufelten wir das Auto frei und fuhren nach dem Frühstück vorsichtig über die verschneite Landstraße wieder in die Stadt, um in unserem Vattenpalatset schwimmen zu gehen. Das Schwimmbad war, weil auch hier Weihnachtsferien waren, gut besucht. Als ich die Sauna betrat, glaubte ich meinen Augen nicht. Da saßen doch tatsächlich drei weibliche Teenager auf der obersten Bank bei 85 Grad und löffelten genussvoll ihr Eis, das durch die hohe Temperatur bereits schmolz und von den Löffeln tropfte. So etwas hatte ich auch noch nicht erlebt und schüttelte nur den Kopf.

Anschließend gingen wir in dem angrenzenden Restaurant essen.

Nachdem wir noch unsere Wasserkanister an einer Tankstelle aufgefüllt und die nötigsten Lebensmittel eingekauft hatten, fuhren wir wieder in unsere Wintermärchenlandschaft zurück. Auf den Fichten und Kiefern hatten sich dicke Schneehäubchen gebildet, die in der Sonne, die nur wenige Stunden über dem Horizont stand, glitzerten.

Als wir nach Hause kamen, sah unser Grundstück mit seinem roten Haus, grünen Nadelbäumen, auf denen weiße Schneehäubchen saßen, und dem blauen Himmel aus wie eine Postkartenidylle.

Am Nachmittag sahen wir in der Dämmerung aus dem Giebelfenster unseres Wohnzimmers von dem Nachbargrundstück, schräg gegenüber, ein entferntes Licht scheinen.

Es war erst halb vier und trotzdem wurde es langsam dunkel.

Wir stellten Teelichter auf den braunen Tisch und ich kochte Kaffee.

Plötzlich rief Björn, der in der Küche in den Vorratskisten nach Kuchen und Keksen kramte, „Mama komm mal bitte, hier liegt ein Schwanz unter der Stromheizung."

Ich bog gerade um die Ecke, da sah ich noch eine Maus in dem schmalen Spalt zwischen Herd und Kühlschrank verschwinden.

Herrjeh! Wir hatten ein Mäusekuckucksheim gekauft.

Ich informierte meinen Mann. Unerschrocken öffnete Heinz den Schrank unter der Spüle und sah gleich zwei Mäuse in der Lücke am Abflussrohr verschwinden. Aus der Mülltüte, die an der Innenseite der Schranktür in einem Plastikbehälter steckte und oben offen war, kam ein drittes Exemplar der Gattung Tierchen grau heraus und verschwand am Rohr in die Urtiefen des Hauses.

„Morgen früh nehme ich den Spülenschrank auseinander, dann sehen wir ja, wo die Mäuse herkommen", beruhigte er uns. „Nach dem Kaffee möchte ich erst einmal unsere Nachbarn da drüben kennen lernen, kommt ihr mit?" „ Na klar", erwiderten wir einstimmig.

Halb fünf, es war schon stockfinster, am wolkenfreien Himmel funkelten abermillionen Sterne, gingen wir gemeinsam die 350 Meter mit unseren Taschenlampen auf der schmalen Landstraße zum Nachbarhaus

Der Schnee glitzerte im Schein des Mondes. Unter unseren in dicken Stiefeln verpackten Füßen knirschte Väterchen Frost. Wir genossen diesen Spaziergang und gingen sehr langsam. Die Straße war nach dem Schneefall noch nicht geräumt und von einigen Reifenspuren mal abgesehen suchte ich nach Tierspuren. Frische Reh- und Fuchsspuren deuteten auf ein reichhaltiges Tierleben hin. Leider sah ich aber keine Elchabdrücke.

Nach einigen Minuten erreichten wir das rote Haus. Mit seinen weißen Fensterrahmen, dem rotweiß überdachten Eingang und den weißen Hauskanten sah es im tiefen Schnee richtig romantisch aus. In jedem Fenster stand eine rote, leuchtende Lichtertreppe. Aus dem Schornstein kam eine helle Rauchfahne.

Während mein Mann sich noch auf dem Grundstück seine Pfeife stopfte – das tat er immer, wenn er vorhatte, mich vorzuschicken – ging ich die drei Stufen bis zur Haustür hoch und drückte auf den Klingelknopf.

Ein kläffendes Bellen ertönte hinter der Tür.

Ein junger Mann, circa dreißig Jahre, blond, Sommersprossen im Gesicht und Himmelfahrtsnase, öffnete im T-Schirt und barfuß die Tür.

Herausgestürmt kam eine kleine, weißbraune Spitz-Mischung, die knurrte, bellte und gleichzeitig mit dem Schwanz wedelte.

Ich streckte dem Hund vorsichtshalber meine Hand vor die Nase.

„Tyst Lina", ertönte auch schon ein Kommando vom Hausherrn.

„Hej, god afton", übernahm nun Heinz, der sich inzwischen zu uns gesellt hatte, das Wort, währenddessen meine Söhne den Hund streichelten. „Vi komma från Tyskland och vi har köpt huset på andra sidan, jag heter Heinz, det är Marita och pojkarna heter Björn och Sven."

„Välkommen, jag heter Dan, komm in."

Im Flur zogen wir unsere dicken Jacken und die Stiefel aus. In Schweden ist es Sitte, vor dem Betreten von Wohnräumen die Schuhe auszuziehen.

„Hej, jag heter Catrin", begrüßte uns eine freundliche junge Dame mit schulterlangem mahagonifarbenem, gewelltem Haar.

Im Wohnzimmer knisterte im offenen Kamin ein Feuer. Eine puschelige Katze räkelte sich auf dem Sofa. Aus den Lautsprechern der Stereoanlage ertönte eine romantische Melodie und eine Stimme, die mich an Reißzwecken und Whisky erinnerte, sang eine schwedische Ballade.

Sie luden uns zu einem Kaffee ein und wir unterhielten uns auf Schwedisch. Auf meine Frage, welcher Sänger das sei, antwortete mir Dan, das sei Nordman.

Wir berichteten von unserem Hauskauf und erklärten, dass unsere Wasserversorgung noch nicht funktioniere.

„Ingen problem." Hilfsbereit forderte uns Dan auf, gemeinsam rüberzugehen, um die Wasserpumpe in Gang zu setzen.

Wir zogen unsere Stiefel und Jacken wieder an und gingen mit Dan nach draußen. Vor seiner Garage stoppte er: „Vanta lite, jag hämta en Skiftnyckel", verschwand in seiner Garage und kam wenig später mit einem verstellbaren Sechskantschraubenschlüssel wieder zum Vorschein.

Mit dem Mischlingshund Lina an der Leine, der seine Nase nicht aus dem Schnee nahm, marschierten wir los.

Im Schein von mehreren Taschenlampen öffneten die Männer den Wasserkeller und wiesen mich an, einen halben Liter Wasser aus dem Auto zu holen und im Haus alle Wasserhähne zu öffnen. Mit dem Skiftnyckel öffnete Dan den oberen Behälter der Wasserpumpe, goß das Wasser hinein und siehe da, welch ein Wunder, nach zehn Minuten lief das Wasser, erst rostbraun, dann milchigtrüb und nach einigen Minuten glasklar. Wir bedankten uns erfreut und luden die beiden für den nächsten Nachmittag zum Kaffee ein.

Björn, der solange auf Lina aufgepasst hatte, gab Dan die Hundeleine wieder zurück. Der verabschiedete sich freundlich und stapfte durch den knirschenden Schnee wieder nach Hause.

Wir stellten unseren Warmwasserbereiter, der nur dreißig Liter fasst und sechs bis acht Stunden braucht, um das Wasser aufzuheizen, an, um hoffentlich am folgenden Morgen warmes Wasser zu haben. Zum Bedauern meiner Kinder brauchten wir nun keinen Schnee mehr im Eimer aufzutauen, aber sicherheitshalber benutzten wir das Brunnenwasser zum Trinken nur im abgekochten Zustand.

Am nächsten Morgen drehte ich zuerst den Wasserhahn auf und fütterte die Kaffeemaschine. Nach dem Frühstück fuhr ich mit meinen Langlaufskiern über das gegenüberliegende tiefverschneite Feld. Meine Loipe musste ich mir allerdings selber legen.

Nach eineinhalb Stunden hatte ich genug und schnallte die Skier ab. Aus den Augenwinkeln sah ich noch, wie ein Reh exakt in meiner Skispur über das Feld balancierte.

Während ich Ski gelaufen war, hatten meine Männer den Mäusespülenschrank auseinander genommen. Dabei förderten sie aus dem Zwischenboden des Hauses zerknabbertes Holz, zerfetztes Papier und zerpflückte Isolierwolle zu Tage. Auch an den Futterresten wie Hafer, Weizen, Sonnenblumenkerne und Keksrümel ließ sich vermuten, dass hier ganze Mäusefamilien hausten. Und schon beim Betreten der Küche kam mir der strenge Mäusegeruch entgegen.

„Wir brauchen mehrfach verleimtes Sperrholz, damit dichte ich den Zwischenboden zum Spülenschrank ab, dann kommen sie hier nicht mehr rein. Das Holz müssen wir aber erst kaufen," sagte mein Mann und baute den Spülenschrank wieder zusammen.

Endlich kam ein Schneepflug vorbei, räumte die Straße und schob einen Riesenberg Schnee genau vor unsere Grundstückseinfahrt.

Wir wollten gerade in die Stadt fahren. Von Dan und Catrin hatten wir erfahren, dass man im Trestadcenter Lebensmittel und andere nützliche Dinge wie Badezimmerzubehör, Gartenmöbel sowie Wäsche, Holz und andere Heimwerkerartikel bekommt. Heinz suchte einen eigenen Skiftnyckel.

Auch ein Schneeschieber stand auf unserer Einkaufsliste. Vorerst aber mussten wir dem Schnee auf unserer Grundstückseinfahrt wieder mit Kornschaufel und Spaten zu Leibe rücken. Als wir fertig waren, war es fast Mittag. Nun aber los!

Mutter Elch und Kind lassen sich Äpfel schmecken

Nachdem wir in dem Restaurant im Trestadcenter zu Mittag gegessen hatten, kauften wir noch Kuchen und eine mehrfach verleimte Sperrholzplatte. Den Skiftnyckel fanden wir auch.

Danach fuhren wir zu einem zwanzig Kilometer entfernten Eisenwarenhandel, der auch Haushaltsartikel und Angel- und Jagdzubehör verkaufte, und erwarben einen stabilen Schneeschieber.

Weil wir unseren Besuch erst am späten Nachmittag erwarteten, hatten wir noch Zeit, um zum Halleberg, der hier gleich in der Nähe ist, hochzufahren.

Die Straße zum Plateauberg war zum Glück geräumt. Wir waren kaum auf dem Plateau, da sahen wir auch schon am Straßenrand gegenüber von einem Salzleckstein eine kräftige Elchkuh, die mit ihrem halbjährigen Kalb Äpfel fraß, die vermutlich ein Tierfreund dort ausgeschüttet hatte.

Begeistert schossen wir einige Bilder mit unseren Fotoapparaten.

Als wir zum Parkplatz Ekebacken kamen, staunten wir nicht schlecht, als vor uns ein deutscher Reisebus stand. Der Busfahrer warf einen Blick auf unser Kennzeichen und kam auf uns zu. Die Reisegesellschaft hatte noch keinen Elch gesehen, also musste die Elchkuh erst gekommen sein. Plötzlich waren wir umringt von der Reisegruppe, die hier Silvester feiern wollte. Stolz zeigte ich einige Elchfotos, die ich immer in der Handtasche mit mir führte, und berichtete, dass wir gerade eben eine Elchkuh mit Kalb gesehen hatten. Dann hatte es die Reisegruppe auf einmal sehr eilig, vielleicht standen sie ja noch da. Geräuschvoll schloss der Busfahrer die Tür und die Reisegesellschaft winkte uns freundlich zu, während der Bus sich langsam in Bewegung setzte. Wir blieben noch einige Minuten auf dem Parkplatz und tranken unseren mitgebrachten Kaffee aus der Thermoskanne. Meine Söhne, die den Kaffeegeschmack noch nicht mochten, holten ihre Kakaotrunks aus dem Schrank.

Dann fuhren auch wir wieder langsam die vier Kilometer lange Straße entlang, die uns bis in den Ort Vargön fuhrte. Den Reisebus und die Elchkuh sahen wir leider nicht mehr.

Wir waren kaum wieder zu Hause, draußen dämmerte es bereits, sahen wir schon zwei eingemummte Gestalten durch den gefrorenen Schnee stapfen.

Ich warf schnell die Kaffeemaschine an, deckte im Wohnzimmer den Tisch und meine Kinder zündeten zur Gemütlichkeit Teelichter an.

Als unsere Nachbarn näher kamen, staunte ich über die vielen Tüten, die sie dabei hatten. Ich öffnete die Tür und hatte den Eindruck, der Weihnachtsmann persönlich komme zu Besuch.

Catrin überreichte mir einen weißen Blumentopf mit grünen Glasblättern, an denen lila Glasblüten hingen, gehalten von einem braunen Kunststoffstamm, der an weiße Kieselsteine geklebt war.

„Välkommen i Sverige."

Meinen Söhnen überreichte Dan eine Tüte mit Automobilzeitschriften und eine Illustrierte, die kuriose Dinge in dieser Welt beschrieb.

Mein Mann bekam eine Kassette mit Nordmanliedern geschenkt, die auch gleich in den Kassettenrecorder der Stereoanlage wanderte und in Konzertsaallautstärke abgespielt wurde.

Von unserem Besuch erfuhren wir, wer in der Nachbarschaft wohnte und dass Folke, der Großgrundbesitzer, Landwirt und Jäger, auch Angelerlaubnisse für den gegenüberliegenden Fluss erteilte. Hier sollten auch mehrere Biberfamilien ihr Unwesen treiben und hauptsächlich nachts ihre Bäume fällen.

Nach dem Kaffee zeigten wir unseren Gästen, wo unsere tierischen Untermieter wohnten und was wir dagegen unternehmen wollten. Dan zeigte sich wenig überrascht, er hatte schließlich schon seit Jahren das gleiche Problem nicht gelöst.

Die Mäuse durchstöberten regelmäßig die Mülltonne und manchmal auch die komplette Küche, deshalb habe man auch eine Katze. Und wenn die Katze ihrer Jagdleidenschaft draußen nachgehe, tanzten die Mäuse drinnen auf den Tisch.

Heinz holte die mehrfach verleimte Sperrholzplatte aus dem Auto und erklärte, wie er sie morgen einbauen wollte, damit keine Maus mehr ins Haus kommt.

Der schönste Nachmittag ging zu Ende. Unsere Gäste zogen ihre Thermostiefel und Steppjacken wieder an, bedankten sich und verabschiedeten sich. Das Thermometer zeigte minus achtzehn Grad und wir beschlossen, im Warmen zu bleiben. Nur Heinz ging für wenige Minuten auf die Veranda, um eine Friedenspfeife zu rauchen und um sich kalte Füße zu holen.

Kaum hatte ich mich in eine Decke gewickelt und aufs Sofa gekuschelt, klopfte es an der Haustür.

Nanu, hatten die beiden was vergessen?

Wir sahen uns fragend an.

Heinz stand auf und ging zur Tür. Draußen, dick eingepackt und mit riesigen Thermojagdstiefeln, stand ein zahnloser älterer Herr.

„God afton, jag heter Börje, jag är en granne från er, guten Abend, ich heiße Börje und bin ein Nachbar von euch."

Wir baten ihn ins Haus.

Nachdem er seine verschneiten Stiefel ausgezogen hatte, nahm er dankbar, angesichts der Minustemperaturen draußen, an unserem Kaffeetisch Platz. Ziemlich durchgefroren genoss er den heißen Kaffee aus der Thermoskanne und mümmelte ein Stück Kuchen.

Durch die gute Isolierung des Holzhauses schaffte es unsere Stromheizung, die Innentemperatur konstant auf 24 Grad zu halten. Die Teelichter im Wohnzimmer verbreiteten zusätzlich Wärme und Behaglichkeit. So saßen wir gemeinsam im Wohnzimmer und versuchten der undeutlichen Aussprache mit einem dalsländischem Dialekt zu folgen.

Er verriet uns, dass er in dem alten Steinhaus wohne und behauptete, uns schon seit einigen Tagen zu beobachten. Er könne von seinem Fenster gut die Straße sehen und habe unser Wohnmobil schon einige Tage gesehen. Wir wiederum mussten ihm erklären, wie, wann und warum wir gerade hier ein Haus gekauft hätten.

So viel wir verstanden, gehörte ihm früher hier fast alles an Grund und Boden, einschließlich dem Wald. Er war Landwirt, Waldbauer und passionierter Elchjäger.

Jetzt aber hatte er alles an Folke verkauft.

Aha!

Nach dem Kaffee trank er noch genussvoll ein deutsches Bier, verabschiedete sich freundlich mit den Worten: „Tack för kaffee och öl, det är trevligt att vi lär känna os, danke für Kaffee und Bier, es war nett euch kennen gelernt zu haben", zog seine riesigen Thermostiefel an und verschwand im Dunkeln der Nacht. Man hörte im Wald nur noch den Schnee unter seinen Füßen knirschen.

Dann war erneut Ruhe eingekehrt, wir waren wieder allein.

Weil wir durch unseren Besuch noch so aufgedreht waren und noch nicht schlafen konnten, setzten wir uns noch bei Kerzenschein ins Wohnzimmer und knabberten die übriggebliebenen Weihnachtskekse. Um noch etwas frische Luft zu schnappen, gingen wir noch einmal auf die Veranda. Eine absolute Stille herrschte draußen, keine Zivilisationsgeräusche, keine Menschen, nicht einmal Naturgeräusche störten die Stille der Nacht. So kuschelten wir uns in unsere Betten.

Am nächsten Morgen zeigte das Thermometer drei Grad plus, und der Schnee fing an zu tauen.

Es war Silvestermorgen und wir stellten fest, dass uns für den morgigen Feiertag noch einige Lebensmittel fehlten. Also Auto anwerfen und noch einmal die dreißig Kilometer zu Willys ins Trestadcenter fahren, um Brötchen, Brot, Kuchen, Käse, Köttbullar und, wenn vorhanden, Schnitzelfleisch zu kaufen. Anschließend wollten wir noch einmal zum Halleberg hochfahren. Die acht Prozent Steigung ließen sich bei Tauwetter besser bewältigen als bei Glatteis. Nicht mit eingeplant hatten wir allerdings die tiefen, zugeschneiten Wassergräben, die die Schweden direkt am seitlichen Straßenrand gegraben hatten.

Die Leitfähigkeit von weichem Schnee hat uns doch etwas erschreckt. Uns kam auf der nur etwa drei Meter breiten Plateaustraße ein Auto entgegen. Da unser Wohnmobil aber schon über zwei Meter breit war und sich gerade hier keine Ausweichstelle befand, fuhren wir sehr weit rechts, um den entgegenkommenden Wagen passieren zu lassen.

Dann kam zwangsläufig, was kommen musste.

Der am Straßenrand sich auftürmende Schnee überdeckte den zugeschneiten Graben. Wir rutschten mit den rechten Rädern ab und landeten mit der kompletten rechten Seite im Tiefseegraben. Der Fahrer des Pkw tat so, als merkte er nichts von unserer Misere und verschwand. Mit einer gefährlichen Schräglage saßen wir nun im Graben fest und nach einigen Minuten Gas geben und Hin- und Herrutschen merkten wir schnell, dass wir ohne fremde Hilfe hier nicht wieder herauskamen..

Zwei hilfsbereite Schweden in einem Volvo, die nach etlichen Minuten bangen Wartens die Straße entlangfuhren, kamen uns zur Hilfe. Sie hielten gleich noch ein zweites Fahrzeug an.

Zuerst brachen sie Tannenzweige von den Bäumen ab und legten sie als Auffahrrampe vor die Räder. Dann banden sie unser stabiles Abschleppseil hinten an den Volvo und bei uns vorne an der Abschleppöse fest. Der Volvo zog an und mit viel Hauruck und nach hinten stiebendem Schnee, gespickt mit Tannengrün und der schiebenden Hilfe von drei kräftigen Männern kamen wir endlich frei. Wir bedankten uns bei den Schweden mit einer Flasche deutsches Bier pro helfender Person.

Alkoholische Getränke sollte man in Skandinavien für derartige Notfälle immer dabei haben. Sie kommen bei den Helfern besser an als ein Hundertkronenschein. Solche für uns selbstverständlichen Köstlichkeiten können die Schweden nicht im normalen Lebensmittelgeschäft kaufen. Sie müssen dafür in das staatliche Geschäft Systembolaget gehen und zum Teil die dreifachen Preise dafür bezahlen.

„Das nächste Mal lass lieber die anderen in den Graben fahren, und wir bleiben auf der Straße", feixte ich.

Langsam und vorsichtig fuhren wir durch den tauenden Schnee in

Richtung Ekebacken. Kaum waren wir in die kleine Straße eingebogen, die zum Parkplatz Ekebacken führt und hier als Sackgasse mit angrenzenden Wanderwegen endet, kam auch schon eine stattliche Elchkuh auf uns zugelaufen. In meiner Videokamera, die ich vor meinen Augen hielt, wurde sie immer größer. In der Hoffnung, wohl ein paar Äpfel, eine beliebte Näscherei für Elche, zu bekommen, lief sie fünfzig Meter neben unserem Womo her, wurde dann immer schneller und stand als Straßensperre plötzlich vor uns.

Es wurde ein wunderschönes Motiv für unsere Videokamera: ein Elch, nahezu zwei Meter groß, zum Anfassen nah, im Schnee.

Ich liebe diese Urviecher, habe allerdings auch einen Höllenrespekt vor ihnen, sind sie doch in der Lage, einen Bären mit ihren Hufen in die Flucht zu schlagen. Eine Fluchtdistanz von fünfzehn Metern, die der Elch braucht, um sich nicht bedroht zu fühlen, sollte niemand unterschreiten. In den Sommermonaten haben wir schon oft unvorsichtige Touristen gesehen, die den Halleberg mit einem Tierpark verwechselten und schreiend vor angreifenden Elchen geflüchtet sind. Elchkühe, die Kälber mit sich führen, sind oft besonders angriffslustig, aber auch die halbstarken Elchbullen darf man nicht unterschätzen.

Aber es gab auch Ausnahmen. Einige Elche waren besonders zutraulich und ließen sich aus dem Auto mit Äpfeln füttern. Dabei rinnt der Saft so kunstvoll aus dem langen Elchmaul, dass man nur noch ein Glas unterzuhalten braucht, um in den Genuss von frisch gepresstem Apfelsaft zu kommen. Diese Elchkuh jedenfalls war wohl der Meinung, bei uns gebe es keine Äpfel, und zog nach wenigen Minuten wieder von dannen.

Der kleine Waldteich, in dem wir im Sommer schon badende Elche gesehen hatten, war mit einer dicken Eisdecke überzogen. Schlittschuhfahrende Elche haben wir allerdings noch nicht gesehen.

Es ist faszinierend, wie kurz in Nordeuropa im Winter die Tage sind. Es war gerade vierzehn Uhr und die Sonne sank immer tiefer. Also entschieden wir uns für den Rückweg.

Nach dem Essen nahm mein Mann den Mäusespülenschrank auseinander, um den Fußboden, der mit viel Isolierwolle vollgestopft war, abzudichten. So hakten wir erst einmal die Türen aus, um an die Abwasserrohre zu gelangen. Von hier klaffte eine große Lücke und wir konnten die Mäusespuren bis in den Zwischenboden verfolgen. Nachdem wir den mit Mäusekot, Sonnenblumenkernen, Getreidekörnern und zerraspeltem Zeitungspapier verzierten Bereich ausgeräumt, gereinigt und desinfiziert hatten, schraubte und klebte Heinz die mehrfach verleimte Sperrholzplatte ohne Mäuselücken in den Fußboden, anschließend kam der Boden des Spülenschrankes darüber und die Türen wieder dran. Um den strengen Mäusegeruch zu entfernen, sprühten wir ihn mit Parfüm aus und legten einen Duftbaum in den Spülenschrank. Ich bildete mir sogar ein, das Niesen der Mäuse gehört zu haben.

„So, eine Mäuselücke weniger. Mal sehen, wo sie das nächste Mal reinkommen", kommentierte mein Mann lakonisch das Ergebnis seiner Arbeit.

Endlich hatte ich die Küche frei, ich wollte noch Nudelsalat und Heinz Heringsalat für die Silvesternacht machen. Also schnell noch Eier kochen und Zwiebeln, Äpfel und Gurken schneiden. Meine Ableger hatten sich zum Abendessen Spaghetti mit Tomatensoße gewünscht. Das passte sich gut, ich kochte etwas mehr Nudeln und behielt den Rest für den Nudelsalat. Inzwischen war es stockfinster draußen.

In Schweden ist es Sitte zu Weihnachten, Silvester und am Neujahrstag brennende Fackeldosen vor Geschäftseingängen und Haustüren aufzustellen. Wir hatten auch welche gekauft und stellten sie vor die Veranda in den weichen, aber noch vorhandenen Schnee. Sie haben eine Brenndauer von vier bis fünf Stunden, das reichte bis nach Mitternacht.

Die Jungs hatten das Wohnzimmer mit Papierschlangen geschmückt.

Nach dem Essen sahen wir wie jedes Jahr „Dinner for one" im Fernsehen, anschließend spielten wir stundenlang Canasta. Aus der Stereoanlage ertönten Lieder von Nordman. Das Fernsehprogramm ließ allerdings zu wünschen übrig, lediglich eine Musiksendung mit für uns unbekannten Interpreten gab es zwischen zehn und zwölf. Trotzdem wurde es ein gemütlicher und romantischer Abend.

Aus Rücksicht zur heimischen Fauna und – das nur nebenbei bemerkt – auch um unseren Geldbeutel zu schonen, verzichteten wir auf die Knallerei. Unsere Mitbewohner, die im Umkreis von fünf Kilometern „mitt i naturen" wohnen, dachten wohl so ähnlich. Nur am Horizont in Richtung

Stadt sahen wir um Mitternacht bunte Leuchtkugeln am Himmel und hörten in der Ferne einige Raketen knallen.

Um halb zwei gingen wir dann ins Bett.

Irgendwann gegen Morgen, es war noch dunkel, wurde ich durch seltsame Geräusche geweckt. Sie kamen vom Dachboden, von dem wir nicht wussten, was er beinhaltete. Es gab da nur eine kleine Öffnungsluke an der Giebelseite des Hauses, die wir erst zu Ostern erkunden wollten.

Die Geräusche klangen nach Tapsen, Klappern und Poltern und danach, als ob jemand mit seinem Kopf kegeln spielt. Ich vermutete in diesem Poltergeist einen Marder. Es machte trapp, trapp, trapp, unterbrochen von kleinen Sprüngen und zwischendurch klapperte ein Brett oder eine Latte, immer hin und her.

Andere Geräusche, ein Nagen und Raspeln, kamen aus dem Spülenschrank, wo vermutlich die Mäuse nicht glauben wollten, dass hier der Eingang zum Mäuseparadies inzwischen versperrt war.

Allen Poltergeistern zum Trotz, den Neujahrstag verbrachten wir gemütlich zu Hause mit dem Sortieren und Aufräumen des uns überlassenen Inventars. Es gab da immer noch reichlich Dinge, die wir nicht brauchten, so zum Beispiel die alten porösen Gartenschläuche mit Löchern, morsche Holzbretter mit Nägeln drin, rostige auf den Kopf gestellte Regentonnen – eine sehr rostige Regentonne war noch mit Wasser gefüllt und tiefgefroren – und eine Schubkarre mit verfaulten Griffen und platten Reifen.

„Die Schubkarre reparier' ich mir, die brauchen wir noch", bestimmte mein eifrig aufräumender Gatte.

Unser Nachbar Dan versprach uns, den ganzen Schrott, den wir in einer Ecke des Grundstücks zwischenlagerten, zu entsorgen, er müsse auch entrümpeln, da könne er unseren Schrott gleich mit auf einen Anhänger laden und zum Schrottplatz karren.

Zum Mittag aßen wir unsere panierten Schnitzel. Ein Eichelhäher, der aus dem Nichts auftauchte, stibitzte sich ein altes Brötchen, das ich in Stückchen in den matschigen Schnee warf, und rief damit den Rest seiner Familie auf den Plan. Innerhalb von wenigen Minuten saßen laut krächzend fünf hungrige Eichelhäher in einer unbelaubten Eiche und überflogen, nach was Fressbarem suchend, unser Grundstück. Ich zerteilte ein weiteres Brötchen und wir freuten uns, wie sie sich mit viel Gezeter darüber hermachten. Nur meine aus Deutschland mitgebrachten Meisenknödel, die ich an einer Wäscheleine zwischen zwei Bäumen hängte, fanden noch keine Beachtung. Ich hatte bisher noch keine Meisen und anderen kleinen Vögel gesehen.

Die Tapeten in beiden Schlafzimmern waren zum Teil unansehnlich, löchrig und rochen muffig. Tapeten in einem Haus, das nicht permanent bewohnt ist, werden durch den ständigen Temperaturwechsel feucht und muffig. So beschlossen wir, die Räume mit den gleichen Panelholzplatten auszutäfeln, wie wir es zum Teil im Badezimmer getan hatten. Es gibt diese Panelplatten in verschiedenen Holzarten.

Gleich am anderen Morgen wollten wir ins Byggcenter nach Vänersborg fahren, um uns passende Panelplatten anzusehen und sie gegebenfalls bis Ostern zu bestellen. Also zogen wir mit Zollstock und Zettel durch beide Räume.

Am zweiten Januar nutzten wir die Gelegeheit noch einmal, um ins Badeland zu gehen, anschließend fuhren wir zum Byggcenter und forschten nach Panelholzplatten. Leider waren keine vorrätig, aber der Verkäufer kam mit einem Katalog und versprach uns, die Platten bis Ostern zu besorgen. Wir entschieden uns für Buche hell in unserem Schlafzimmer und rustikale Astkiefer im Kinderschlafzimmer. Nein, eine Anzahlung brauche er nicht, stellte aber die neugierige Frage, warum wir gerade hier in dieser Umgebung ein Haus gekauft hätten. Wir erklärten ihm den Zusammenhang – alles der Elche wegen – und er schien damit zufrieden zu sein. Ob wir denn auch jagen würden? Nein, nur mit der Kamera.

So langsam mussten wir uns damit abfinden, unsere Siebensachen wieder einzupacken, um nach Deutschland zurückzufahren, schließlich mussten die Kinder wieder zur Schule und auf mich wartete im Geschäft die Inventur.

Nachdem wir am nächsten Morgen wieder alles frost- und mäusesicher verlassen hatten, fuhren wir in Richtung Göteborg zur Fähre, die uns nach Dänemark übersetzen sollte.

Leider hatten wir uns einen stürmischen Tag ausgesucht, und je näher wir der Hafenstadt Göteborg kamen, desto windiger wurde es.

Am Fährbahnhof angekommen, erwartete uns eine lange Warteschlange. Wir zeigten unser Fährticket am Kassenhäuschen vor und erfuhren, dass die Katamaranfähren, die die Strecke Göteborg-Frederikshavn in einer Rekordzeit von zwei Stunden meistern, wegen des Sturmes nicht ausliefen. Es fuhren nur die großen Jumbofähren, die dreieinhalb Stunden auf See sind. Das sollte uns egal sein, wir hatten ohnehin die große Fähre gebucht, der Katamaran ist erheblich teurer.

Durch das Ausfallen der anderen Fähren wurde die nächste Jumbofähre mit den schönen Namen „Stena Danica" stark frequentiert. Zum Glück fanden wir noch vier freie Plätze ziemlich weit hinten auf Deck sieben.

Es wurde eine turbulente Überfahrt. Durch den starken Sturm schwankte das Schiff trotz der Stabilisatoren erheblich und wer aus irgendwelchen Gründen seinen Sitzplatz verließ, machte den Eindruck, als hätte er mindestens drei Promille im Blut. Die Passagiere, die vorne im Bug des Schiffes saßen, grölten förmlich, wenn das Schiff eine Welle brach. Erst kam ein lautes Rumpeln und danach klatschte das Wasser mit viel Gischt und Getöse an die Fenster.

Einige Passagiere kämpften mit heftiger Seekrankheit, auf den Toiletten war Hochbetrieb. Obwohl ich ziemlich seefest bin, war mir auch der Appetit auf ein gutes Essen vergangen, lediglich meine Kinder bestellten sich in einem Selbstbedienungsrestaurant ihre Pommes, die sie auch mit Vergügen aßen.

Aber auch die längsten dreieinhalb Stunden sind einmal zu Ende und ich dankte dem Klabautermann, als wir sicher in Frederikshavn anlegten. Vor uns lagen jetzt noch siebenhundert Kilometer Autofahrt, die bei Windstärke neun und mit einem windempfindlichen Wohnmobil auch kein Vergnügen waren. Die ersten hundert Kilometer schafften wir nur mit einer Durchschnittsgeschwindigkeit von vierzig bis fünfzig Kilometern pro Stunde.

Erst allmählich flaute der Wind etwas ab, und wir konnten ein wenig schneller fahren. Trotzdem haben wir noch nie so lange durch Jütland gebraucht wie in diesem Sturmwinter.

Zu Hause hatte uns der Alltag bald wieder, aber unsere Gedanken kreisten oft um unser Schwedenhaus.

Wir schrieben alle wichtigen Dinge, die wir in den nächsten Wochen besorgen wollten, auf einen Zettel. Dazu gehörte auch ein Komposter aus reinem Naturholz für den Garten und eine Regentonne aus Kunststoff.

Die Stuhlkissen waren auch nicht mehr ansehnlich. In der Hoffnung neue zu kaufen, nahmen wir die alten mit nach Deutschland. Prompt gab es zu dieser Zeit keine, die nach unserem Geschmack waren. Also kauften wir einen stabilen bunten Stoff, mit undefinierbarem Muster und nähten uns die Auflagen selbst.

Renovierungsarbeiten

Ostern war dann schon sehr früh, also fuhren wir in der letzten Märzwoche los. Während in Deutschland schon die Krokusse blühten und die ersten Osterglocken zu sehen waren, empfing uns die schwedische Natur im tiefsten Winter. Auf dem gefrorenen Boden lagen noch fünf Zentimeter Schnee, in den schattigen Wäldern, wo die Sonne den Boden nicht erwärmte, sogar noch mehr.

Aber der schneereiche Winter hatte auch seine Vorteile. Unser nur dreieinhalb Meter tiefer Brunnen war gut mit Wasser gefüllt, wie unser erster Blick in den Brunnen bestätigte.

Wir warfen unser Hauswasserwerk an, das, welch ein Wunder, auf Anhieb funktionierte. Erst spuckten die Wasserhähne eine trübe rostbraune Flüssigkeit aus, aber nach fünf Minuten war das Wasser klar. Ich füllte sofort die Kaffeemaschine.

Meine Jungs hatten ein Heidenvergnügen, mit ihren Mountainbikes Muster in die Schneeflächen zu fahren.

Wir stellten unsere Stromelemente an, jedoch dauerte es mehrere Stunden, bis das Haus angenehm aufgewärmt war und ich fluchte abermals darüber, keinen Kaminofen zu haben, der in kürzester Zeit das Haus in wohnliche Temperaturen versetzt hätte, zumal auch die Energiequelle Holz reichlich im Wald herumlag. Im Hinterkopf planten wir schon die Anschaffung eines solchen gemütlichen Ofens für die nächsten Jahre. Aber zuerst musste das Haus innen renoviert werden.

Für den nächsten Tag unternahmen wir zuerst einen Besuch im Schwimmbad und anschließend die Fahrt zum Byggcenter, um unsere bestellten Holzpanelplatten abzuholen.

Vollgeladen mit vierzehn Holzplatten und drei Dosen Spezialkleber verließen wir wieder die Stadt. Gemeinsam luden wir noch die Holzplatten aus dem Auto und lagerten sie im Wohnzimmer, dann machten wir es uns am Kaffeetisch gemütlich, stellten Teelichter auf den Tisch und spielten Scrabble.

Wir wunderten uns, als wir am nächsten Tag anfingen zu renovieren, wie mühelos wir die alten Tapeten von den Holzwänden abreißen konnten. Den meisten Spaß hatten dabei unsere beiden Jungs, die es bedauerten, so schnell fertig zu sein.

Zuerst nahmen wir uns das Kinderzimmer vor. Die leeren Wände bespachtelten wir mit dem Spezialkleber, anschließend, nachdem die rustikalen Astkieferplatten angeklebt waren, suchte mein Mann den Hammer, um die Platten zusätzlich noch festnageln zu können. „Umme Ecke, auf dem Küchentisch, liegt der Hammer, den gib mir mal rüber", forderte er seinen jüngsten Filius auf.

Dieser schoss auch gleich los, um den Hammer zu holen. Er fand ihn nicht auf dem Küchentisch, sondern im Wohnzimmer in einem Sessel. Um ein Haar hätte er ihn auch noch fallen lassen, was entweder Plattfüße oder eine Delle im Parkettfußboden zur Folge gehabt hätte.

Innerhalb weniger Stunden war das Zimmer fertig. Nachdem sich die Jungs auch noch einige schöne Bilder an die Wand genagelt hatten, sah das Zimmer richtig gemütlich aus.

Nach der Arbeit entschieden wir, nach dem Essen gemeinsam noch einen Teil des Waldes zu erkunden, der direkt hinter dem Haus begann. Gleich hinter einem noch verschneiten Feld, auf dem wir unsere Exkursion begannen, entdeckten wir nur fünf Meter tief im Wald einen bewohnten Fuchsbau mit Knochenresten von Kaninchen vor dem Eingang. Zwei weitere Eingänge waren wohl nur Notausgänge, denn im Gegensatz zum Haupteingang sahen wir hier auch keine Spuren im Schnee.

Unter einer hohen Fichte lag ein Haufen abgeknabberter Fichtenzapfen, hier wohnte demnach ein Eichhörnchen im Baum. Zehn Meter weiter fanden wir uns auf einen Wildpfad wieder und ich wäre beinahe in einen Haufen Elchlosung getreten. Wir gingen weiter eine Anhöhe hinauf und erschraken fürchterlich, weil nur drei Meter vor uns ein Rehbock aufsprang und davonlief. Oben auf einem kleinen Hügel, wanderten wir durch einen urwüchsigen Wald, der uns an Elfen und Trolle erinnerte. Sven, der immer für Abenteuer zu haben ist, kletterte auf eine schräg gewachsene Kiefer, die mit ihren knorrigen dicken Ästen fortan bei uns nur noch der Krüppelbaum hieß.

Leider wurde es langsam dämmerig und wir kletterten vorsichtig die Anhöhe wieder hinunter, marschierten am Fuchsbau vorbei auf das verschneite Feld und sahen direkt vor unsere Füßen eine frische Elchspur, die in Richtung Straße führte. Ich nahm mein Fernglas, das ich um meine Schulter gehängt hatte, in die Hand und sah am gegenüberliegendem Waldrand einen Elch im Wald verschwinden. Schade, diesmal waren wir zu spät, gerne hätten wir ihn noch auf dem Feld gesehen.

Als wir wieder unser Haus erreichten, war es fast dunkel.

Am nächsten Tag war unser Schlafzimmer dran. Weil Buche hell nicht lieferbar war, hatten wir uns für Eiche hell entschieden. Schon am frühen Nachmittag waren wir fertig und eine wohnliche und gemütliche Atmosphäre belebte diesen Raum.

Um in Zukunft die Schlafzimmer mäusefrei zu halten und trotzdem eine gute Raumbelüftung zu haben, sägte Heinz ein dreißig mal acht Zentimeter großes Viereck in das untere Türdrittel und klebte ein mäusesicheres Türlüftungsgitter hinein.

Zwei neu in Deutschland erworbene Wandlampen zum Lesen schraubten wir zusätzlich an das Kopfende von unseren Betten. Als Ablage diente uns zunächst ein schmales, aber dekoratives Kiefernbrett, das über die gesamte Bettbreite an die Wand am Kopfende geschraubt wurde. Später sollten noch kleine Nachttischschränkchen dazukommen.

So sah das Ganze schon besser aus.

Bis auf die eine noch gefüllte Regentonne, die immer noch mit einer Eisschicht bedeckt war, hatte uns Dan freundlicherweise inzwischen den ganzen Schrott entsorgt. Wir luden die beiden zum Kaffee ein, zeigten nicht ohne Stolz unsere Renovierungsarbeiten und bedankten uns mit einem Kräuterlikör, einer Flasche Rotwein und einer Schachtel Pralinen. Für den Hund Lina, der uns regelmäßig besuchte, um sich seine Streicheleinheiten abzuholen, hatten wir einen Kauknochen mitgebracht. Er bedankte sich mit einem freundlichen Schwanzwedeln und zog mit seinem Knochen von dannen.

Meine Söhne bekamen den Auftrag, die letzte alte Regentonne, die an der hinteren Hausecke stand, vom Eis zu befreien. Gemeinsam machten sie sich ans Werk. Eifrig klopften und hackten sie in der Regentonne herum, bis die Eisstücke nach allen Seiten flogen. Das sehr rostige und verschlammte Wasser goss Heinz dann auf den verschneiten Rasen, der uns das bis in den Sommer hinein übel nahm, denn an dieser Stelle wuchs der Rasen nicht neu und uns blieb zwei Jahre lang eine brauner unansehnlicher Fleck erhalten. Unsere neue blaue Kunststoffregentonne bekam erst einmal da ihren Platz, wo die alte gestanden hatte.

Während wir drei, das heißt meine Söhne und ich, auf der Veranda den Komposter aus Naturholzbrettern zusammenbauten, reparierte mein Mann die Schubkarre. Sie bekam neue Haltegriffe aus Holz, und das Loch im Reifen wurde auch geflickt.

Um eine Geruchsbelästigung zu vermeiden, stellten wir den Komposter am seitlichen Waldrand auf.

Am Abend freuten wir uns wieder auf unser neues Schlafzimmer.

Von den Spülenschrankmäusen war nichts mehr zu hören. Auch unser Poltergeist im Dachboden schien ausgezogen zu sein. Dafür hörten wir nachts um elf andere Geräusche. Sie kamen aber diesmal von draußen. Es klang, als ob jemand in unserer Tannenhecke, die als Sichtschutz zur Straße stand, an einem harten Brötchen nagte. Mit einer Taschenlampe bewaffnet, gingen wir zur Straße, um die Hecke zu inspizieren. Wir leuchteten die komplette Hecke ab und sahen nichts. Die Geräusche kamen von der anderen Straßenseite.

Irgendwo, hinter der Wiese, am Fluss, wurde Süßholz geraspelt. Plötzlich knarrte es und mit einem lauten Platsch fiel ein Baum ins Wasser. Laut schnatternd beschwerte sich ein Entenpärchen über die nächtliche Ruhestörung.

Ach ja! Die Biber, die hier in ganzen Familienverbänden den Fluss bevölkern sollen.

Biber, die in Mitteleuropa dank unserer Wasserbauingenieure eine Seltenheit geworden sind, gibt es hier in Schweden in fast jedem Gewässer. Dabei sind die großen Nagetiere noch nicht einmal anspruchsvoll, nein, sie möchten nur naturnahe, schilfreiche Gewässer mit angrenzendem Wald. Selbst menschliche Behausungen in der Nähe werden von ihnen nicht als störend empfunden. Dan, der sein Haus direkt am Fluss hat, erzählte uns, die Biber würden gelegentlich sogar über seine Veranda spazieren.

Ich beschloss, wenn wir im Sommer hier sind, mich mal an einem schönen langen hellen Sommerabend auf die Lauer zu legen und die Biber zu beobachten. Jetzt um diese Jahreszeit war es mir zu kalt und zu dunkel. So gingen wir zurück und freuten uns auf den nächsten Tag.

Dieser begrüßte uns allerdings mit tiefliegenden Wolken und es regnete Bindfäden, deshalb inspizierten wir nach einem ausgiebigen Frühstück das so genannte Gästehaus. Es lag gut geschützt und von vorne nicht sichtbar hinter dem Haupthaus, war circa zwölf Quadratmeter groß und bestand aus zwei Teilen.

Im kleinsten Teil, aber mit einem seperaten Eingang, vielleicht zwei Quadratmeter groß, befand sich eine kleine unordentliche Abstellfläche mit Chemikalien, die wir wohl noch entsorgen mussten, und Kleingeräten für den Garten. Die Tür auf der gegenüberliegenden Seite des Hauses führte uns ins so genannte Gästehaus. Die Wände waren tapeziert, aber an der Holzdecke sahen wir einen großen feuchten Fleck. Auch unsere Nasen verrieten uns einen muffigen Geruch und Heinz vermutete hier sogar ein undichtes Dach. Es war ein mit Teerpappe gedecktes Flachdach. „Das müssen wir im Sommer reparieren, wenn das Wetter schön ist, kann das richtig austrocknen".

Der Inhalt dieses Raumes bestand aus den ausrangierten Gästebetten, die zuerst im Ferienhaus als Ehebetten dienten, einem alten Sofa und einer Garnitur unansehnlicher Gartenmöbel aus Holz, die ich sofort mit in den Garten nahm.

Einstimmig beschlossen wir, die Gästeklappbetten und das alte Sofa bei der nächsten Gelegenheit zu entsorgen und die Gartenmöbel neu herzurichten. Mit etwas frischer Farbe drauf konnte man sie bestimmt noch gebrauchen. Ich holte mir einen Eimer mit warmem Seifenwasser und schrubbte den Gartentisch, die Bank und die beiden Stühle ab. Zum Trocknen stellten wir sie auf die überdachte Veranda.

Mit Farbdose und Pinsel bewaffnet, wartete Heinz schon ungeduldig auf der Veranda, als ich noch dabei war, die Gartenbank mit einem Lappen abzuwischen. „Die muss erst noch ein bisschen abtrocknen, bevor sie lackiert werden kann", bremste ich meinen eifrigen Gatten aus, „aber der Tisch und die Stühle sind schon trocken." Nachdem die beiden Stühle und der Tisch mit einer dunkelbraunen Holzlasur gepinselt waren, sahen sie schon viel gepflegter aus. Zum Schluss bekam auch noch die Gartenbank einen neuen Anstrich.

Aber Auflagen für die Gartenmöbel suchten wir vergeblich. „Wenn wir keine passenden Auflagen finden, werden wir selber welche nähen", bestimmte Heinz und freute sich schon darauf, mal wieder mit der Nähmaschine arbeiten zu dürfen.

Was das Gästehaus selbst betrifft, musste erst das undichte Dach repariert werden, danach hatten wir vor, es auszutäfeln und als gemütliches Gästezimmer einzurichten.

Aber wo sollen dann die Gartenmöbel, der zukünftige Rasenmäher und andere Gerätschaften hin, wenn wir keinen Raum dafür haben?

Heinz machte im Kopf schon die Bauzeichnung für einen Anbau hinter dem kleinen Gästehaus. Ein Schuppen sollte entstehen, wobei die erste Wand, das Gästehaus, bereits stand. Im Sommer sollte es losgehen.

Am nächsten Tag schien wieder die Sonne. Wir mussten mal wieder gründlich einkaufen. Also fuhren wir zuerst nach Willy's ins Trestadcenter und wollten anschließend auf den Halleberg. Hier wollten wir den ganzen Tag verweilen, erst ein bisschen wandern und danach gemütlich Kaffee trinken, unseren Lieblingskuchen – Wiener Bröd – das sind mit Pudding gefüllte Achten, hatten wir eben gekauft.

Oben, auf dem Plateauberg, hielten wir auf dem Parkplatz Uggledalen. Die Jungs schnappten sich ihre Rucksäcke, packten Kakaotrunks im Tetrapack und eine Rolle Kekse mit Nougatfüllung hinein, schnallten sie mit einem Haurack auf ihre Rücken und waren abmarschbereit. Ich packte noch kleine Flaschen mit Mineralwasser in einen Stoffbeutel, dann zogen wir los. Auf einem gut ausgebauten, aber nicht asphaltierten Wanderweg marschierten wir in Richtung Uggledalen. Unterwegs begegneten wir einem Jogger mit zwei freundlichen, schwanzwedelnden

Huskys. Sie liefen gleich auf uns zu und ließen sich streicheln.

Nach vielleicht eineinhalb Kilometern kamen wir zu einer verlassenen Kate. Auf einer Informationstafel lasen wir, wie hier früher ohne Strom und Wasserleitung Landwirtschaft betrieben wurde. Das Wasser musste mühselig mit Eimern aus einem Brunnen geschöpft werden.

Unsere Kinder setzten sich auf eine uralte bemooste Mauer, packten ihr Picknick aus und fanden dieses Geistergehöft sehr spannend.

Heinz und ich sahen uns das verlassene Gehöft genauer an, wir spähten in jedes Fenster und stellten fest, dass das Haus noch vollständig eingerichtet war. Wahrscheinlich wird es von der Forstverwaltung gepflegt und auch noch genutzt.

Plötzlich knackte es im nahegelegenen Gebüsch.

Fast gleichzeitig drehten wir uns um und entdeckten in gut dreißig Metern Entfernung zwischen Fichten und noch unbelaubten Eichen einen stattlichen Elchbullen, der uns nur eines flüchtigen Blickes würdigte und weiter in den Wald zog.

Nachdem wir unsere Mineralwasserflaschen und die Knaben ihre Kakaotrunks ausgetrunken hatten, trommelte ich die Familie wieder zusammen, schließlich mussten wir die eineinhalb Kilometer wieder zum Parkplatz zurückwandern.

Auf dem Rückweg unterhielten sich meine unternehmungslustigen Abenteurer nur über Geisterhäuser und erfanden phantasievolle Gruselgeschichten.

Endlich hatten wir unser Auto erreicht und wollten die knapp zwei Kilometer zum Ekebacken fahren, als nach fünfhundert Meter ein Stau auf der Straße war. Auf dem Halleberg gibt es dafür immer nur eine Erklärung: irgendwo steht ein Elch. Zuerst sahen wir nur Autos und hielten hinter dem Letzten an. Ah ja! Auf der rechten Seite, auf dem Grünstreifen, dicht am Waldrand, stand eine dicke große Elchkuh und genoss es sichtlich, bestaunt zu werden. Ich fragte mich allerdings, wer hier wen bestaunte.

Sicherheitshalber stiegen wir nicht aus, sondern blieben wie alle anderen im Auto. Ich nahm die Videokamera, schaltete sie ein und fing an zu filmen, als von hinten zwei Motorradfahrer kamen, den Stau ignorierten und ahnungslos an dem Elch vorbeifuhren.

In diesem Moment drehte sich die Elchkuh um und lief mit angelegten Ohren hinter dem letzten Motorrad her und mit einem ausgestreckten Bein hätte sie den Motorradfahrer beinahe zu Fall gebracht. Noch einmal Glück gehabt, aber wir amüsierten uns noch Jahre später über diesen Filmausschnitt.

Endlich, am Ekebacken konnte ich meinen in der Thermoskanne warmgebliebenen Kaffee genießen. Nach dem Kaffee gingen wir noch einmal die fünfhundert Meter zum Aussichtspunkt, um so lange wie die Bäume noch nicht belaubt waren, einen Blick über den Vänersee zu werfen. Im Sommer wird die Aussicht durch die üppige Vegetation beeinträchtigt.

In der Dämmerung fuhren wir wieder zu unserem Haus zurück und spielten nach diesem ereignisreichen Tag noch eine Runde Canasta. Irgendwann gingen wir schlafen und hörten ausnahmsweise mal keine seltsamen Geräusche.

Am nächsten Morgen wurde ich erst wach, als schon Kaffeeduft ins Schlafzimmer zog. Im Hintergrund hörte ich meinen Gatten mit seinem ältesten Sohn diskutieren, „Wir brauchen soundsoviel Quadratmeter Nut und Feder und Leisten zum Abdecken der Kanten."

Was hatte denn dieser Holzwurm jetzt schon wieder vor?

Egal, ich stand erst einmal auf, ging ins Bad, zog mich an und setzte mich an den mit Teelichtern dekorierten Frühstückstisch. Inzwischen war auch der Rest der Familie eingetrudelt.

Sven pulte sich hingebungsvoll sein gekochtes Ei ab. Weil Ostersonntag war, hatten meine Herren für jeden zwei Eier gekocht. Nachdem er das Ei auf eine Scheibe Fullkornlimpa, sein schwedisches Lieblingsbrot, geschnitten und einige Tropfen aus der Maggiflasche auf das Ei geschüttet hatte, nahm er die Tomatenmarktube und tupfte auf jede Eischeibe einen roten Punkt. Eibrot mit Maggi und Tomatenmark war derzeit das Lieblingsessen meines Jüngsten, was er sich – ich geb' es zu – von mir abgeschaut hat. Beim zweiten Ei wiederholte sich das Ganze.

„Was machen wir heute?" fragten meine unternehmungslustigen Knaben am Frühstückstisch.

„Heute und morgen bleiben wir hier in der Nähe und erkunden die Umgebung und am Dienstag kaufen wir Holz." „Holz? Wofür?" fragte ich mehr erstaunt als neugierig. „Für das Wohnzimmer, du wolltest doch schon immer so eine Puppenstube haben, und nachdem die Schlafzimmer fertig sind, haben wir noch Zeit, um mit dem Wohnzimmer anzufangen. Wenn wir nicht fertig werden, machen wir im Sommer weiter. Ich habe schon ausgerechnet, wie viel Holz wir brauchen. Wir nehmen Nut und Feder." Euphorisch zeigte mein Mann mir den Zettel, auf dem die genaue Quadratmeterzahl von den Wänden, die Länge der Bretter und die damit verbundene Menge des Holzes stand.

„Ich möchte das Ganze aber quer vertäfelt haben", durchkreuzte ich seine Pläne.

„Warum?"

„Die Hütten, in denen wir früher in Norwegen übernachtet haben, waren innen meistens waagerecht ausgetäfelt, außerdem habe ich es auch so in den Ferienhauskatalogen gesehen. Es sieht einfach gemütlicher aus."

„Umso besser, quer vernagelte Nut und Feder läßt sich sowieso besser stückeln."

Aber heute wollten wir erst einmal durch das Ödeborgfjäll fahren, ein Wildnisgebiet am südlichen Rand vom Kroppefjäll mit allerlei Tieren. Hier sollen sogar Wolf und Luchs ihrer Beute nachstellen.

Nach dem Frühstück fuhren wir los und nach einigen Kilometern wies uns ein Hinweisschild darauf hin, links abzubiegen. Ödeborg ist nur ein keiner Ort, und die Straße, die dort hinführt, ist mehr eine Feld-, Wald- und Wiesenpiste als eine Straße.

Wenige Meter nach der Abzweigung kamen wir an einem kleinen See vorbei, anschließend ging es leicht bergauf. Von einer Anhöhe hatten wir eine herrliche Aussicht über die Felsen und Waldlandschaft. Hier konnte ich mir gut vorstellen, einem Wolfsrudel oder einem Luchs zu begegnen. Ich suchte mit meinem Fernglas die Gegend ab. Aber am späten Vormittag ist es schwierig, die sehr scheuen Raubtiere zu sehen. Nicht einmal ein Elch ließ sich blicken. Um auch wirklich keine Chance zu verpassen, stiegen wir aus, schlossen sicherheitshalber unser Auto ab und marschierten einen Wanderweg entlang. Aber außer einem Reh, das plötzlich vor uns über den Weg sprang, sahen wir keine weiteren Wildtiere. Enttäuscht drehten wir wieder um und gingen zum Auto zurück.

Als wir die Anhöhe verließen, führte die Straße leicht bergab und wir sahen auf der linken Seite einen großen See. In einer kleinen Einbuchtung an der Straße parkten wir und gingen im Gänsemarsch den kleinen Trampelpfad hinunter, der zum Seeufer führte.

Eine aus Steinen angelegte Grillstelle verriet uns, dass hier im Sommer am seichten Ufer ein Bade- und Grillplatz war. Vielleicht, ich konnte es mir gut vorstellen, auch eine Kanuanlegestelle.

Ich nahm wieder mein Fernglas in die Hand und schaute über den See. In der Ferne am rechten Seeufer entdeckte ich eine riesige Biberburg.

Sven schwärmte davon, hier einmal mit einem Kanu entlangzupaddeln. Diesen Wunsch erfüllte er sich nur zwei Jahre später mit einem eigenen aufblasbarem Kanu.

Wir kraxelten wieder zu unserem Auto zurück und fuhren weiter.

Gleich hinter der nächsten Kurve war auf der linken Seite noch ein kleiner See, auf dem eine Gruppe Enten schwamm. Kaum war der See aus den Augenwinkeln verschwunden, tauchte auf der rechten Seite schon wieder ein neuer auf. Ein blaues umgedrehtes Ruderboot lag direkt am schilfigen Ufer an der Straßenseite und wartete auf den kommenden Sommer. Fünfzig Meter weiter stand ein älteres Haus. Danach ging es weiter bergab.

An einem Gehöft und einem Friedhof vorbei endete das Ödeborgfjäll an der Hauptstraße. Rechts ging es nach Färgelanda, links nach Ödeborg. Wir bogen rechts ab in der Hoffnung, eine Tankstelle zu finden, denn der Tankanzeiger näherte sich gefährlich dem roten Bereich.

Und siehe da! Nach nur einigen Kilometern sahen wir schon von weitem an der Hauptstraße eine Tankstelle .

„Hoffentlich haben die auch Diesel", bangte Heinz, weil in Schweden nicht jede Tankstelle Diesel hat. Aber wir hatten Glück.

Beim Tanken zog uns eine duftende Wolke von Pommes frites in die Nase. „Hm, hier riecht es so lecker nach Pommes, gibt es hier welche?" meldete sich Björn zu Wort, den gerade der Dauerhunger plagte.

„Ja, hier ist ein Gatukök, gib mir mal die große verschließbare Schüssel aus dem Auto, dann bring ich auf dem Rückweg vom Bezahlen welche mit", sagte mein auch immer hungriger Gatte.

Mit einer Riesenportion Pommes, gewürzt mit einem aromatischen Pommesgewürz und viel Ketchup darüber, kam er zurück. Wir machten uns über die Pommes her, und nach zehn Minuten war kein Krümel mehr übrig.

Weil ich nach dem üppigen Mahl etwas Bewegung brauchte, ging ich noch einmal allein in den Laden, der auch Auto- und Campingzubehör verkaufte, und steuerte genau auf eine blauweiße Badetasche zu. Super, genau so etwas habe ich gesucht. Weil es die Letzte war, schnappte ich sie mir gleich, ging damit zur Kasse und zeigte sie stolz meiner draußen wartenden Familie. Satt und zufrieden fuhren wir wieder durch das Ödeborgfjäll zurück.

Zu Hause warf ich erst einmal die Kaffeemaschine an, und als ob er den Kaffeeduft bis nach Hause gerochen hat, pochte nur einen Augenblick später Börje an die Haustür. Ich stand gerade im Flur und öffnete die Tür: „Hej, komm in."

Zuerst zog er wieder seine Börjestiefel aus, wünschte uns ein frohes Osterfest und staunte über unsere Renovierungsarbeiten, als wir ihm die beiden fertigen Schlafzimmer zeigten. Auch über unsere Pläne im Wohnzimmer weihten wir ihn so nebenbei bei Kaffee und Kuchen ein.

Wir unterhielten uns noch ein wenig über die heimische Tierwelt, während Börje und Heinz nach dem Kaffee jeder eine Flasche deutsches Bier tranken. Nach gut einenhalb Stunden stand unser Gast wieder auf, bedankte sich höflich, zog seine Elbkähne an und stiefelte durch den Wald nach Hause.

Wir dagegen holten den Scrabblekasten auf den Tisch und spielten Scrabble.

Nach Ostern fuhren meine Herren in den nächsten Baumarkt nach Vänersborg, während ich damit begann, die unansehnliche Tapete im Wohnzimmer abzureißen. Als sie zurück kamen, füllten die Nut und Federbretter das ganze Wohnmobil. Zu viert stapelten wir das Holz auf der Veranda. „Hast du den ganzen Baumarkt leergekauft?" unkte ich. „Nein, nur die Bretter, die wir brauchen".

Nach dem Mittagessen fragte mein Mann so beiläufig: „Wo ist eigentlich meine Schnaps- und Poesiebohrmaschine?".

„Deine was???"

„Erinnerst du dich noch, als wir mal vor einigen Jahren in Ulricehamn waren und der Regen den Campingplatzrasen so aufgeweicht hatte, dass wir uns damals noch mit dem Wohnwagen fürchterlich festgefahren haben. Ein hilfsbereiter Schwede hatte gleich mehrere Camper mobilisiert, die uns aus dem Schlamassel geschoben haben und ich habe mich bei denen mit deutschem Bier bedankt. Am nächsten Morgen kam er dann zu uns herüber und forschte, ob wir noch mehr Alkoholisches dabei hatten. Ich bot ihm eine Flasche Rum an, die er für einhundert Kronen kaufte und wie einen Schatz unter seiner Trainingsjacke versteckte. Triumphierend marschierte er zu seinem Wohnwagen zurück und schickte seine Frau los, um in dem Lebensmittelladen auf dem Campingplatz Cola zu kaufen. Am Nachmittag waren sowohl die Colaflaschen als auch die Rumflasche leer.

Gegen Abend stand er besäuselt wieder vor unserer Tür, und fragte, ob wir noch mehr Rum hätten. Aber ich lehnte ab, ich hatte nur noch eine Flasche Whisky dabei, die ich für Katastrophenfälle behalten wollte.

Resigniert zog er ab, tauchte aber nach wenigen Minuten wieder auf und klopfte erneut an unsere Wohnwagentür. Optimistisch präsentierte er mir eine Akkubohrmaschine, mit einem Zehn-Millimeter-Bohrer, und wollte sie gegen die Whiskyflasche eintauschen. Um die Funktionsfähigkeit zu beweisen, bohrte er in dem campingplatzeigenen Holzpicknicktisch, der neben unserem Wohnwagen stand, ein glattes Loch. Als ich zögerte, holte er auch noch den Ersatzakku dazu. Da das ein gutes Markengerät war (Makita), konnte ich der Versuchung nicht widerstehen, holte in Dreiteufelsnamen die Whiskyflasche aus dem Auto und gab sie ihm. Im Gegenzug überreichte er mir die Bohrmaschine einschließlich des Bohrers und Ersatzakkus, die kann man schließlich immer mal gebrauchen. Ich glaube, der hätte für eine Flasche Alkohol auch seine Frau in Zahlung gegeben," griente mein Mann witzelnd.

„Ich glaube, die Bohrmaschine liegt noch im Auto, wir haben sie ja bis jetzt noch nicht gebraucht", antwortete ich.

„Da kann sie vorerst liegen bleiben, ich habe mich im Baumarkt über schwedische Bauweise erkundigt, die Panelbretter können wir direkt auf die Holzwand nageln, wir brauchen keine zusätzlichen Latten. Ich habe aber ein besonders schönes Panel ausgesucht, das wird dir sicher auch gefallen. Es heißt Idre-Panel und hat noch eine Querrille mehr, als das normale Nut und Federpanel", schwärmte mein Gatte und begann, an der langen Seite das Sofa abzurücken. „Hier fangen wir an und zwar von oben nach unten."

Er wollte gerade seinen Sägebock auf die nicht vorhandene, noch moosgepolsterte Rasenfläche stellen, da bäumte sich der Winter ein letztes Mal auf und schickte uns dicke weiße Schneeflocken.

Dazu muss ich erwähnen, dass jeder ordentliche, deutsche Gartenbesitzer dieser Rasenfläche schon mit diversen Moos- und Unkrautvernichtungsmitteln zu Leibe gerückt wäre. Ich sage da nur humorvoll, andere haben Moos im Gras und wir haben Gras und Wildkräuter im Moos. Löwenzahn, Klee und Wegerich haben noch niemandem geschadet, wohl aber die Chemikalien, die ausgestreut werden. Diese landen zwangsläufig irgendwann im Grundwasser, und sauberes Grundwasser ist, erst Recht wenn der eigene Trinkwasserbrunnen auf dem Grundstück steht, lebensnotwendig.

„Dann muss ich eben auf der Veranda sägen, die Späne können wir ja wieder wegfegen", bestimmte Heinz, schnappte sich den Sägebock, stellte ihn auf die Veranda, nahm Zollstock und Panelbretter und fing an zu sägen. Ab und zu benötigte er fachmännische Hilfe in Form von Handlangern und Zuhörern von Maßen und kreischenden Sägegeräuschen.

Zwischendurch wurde fleißig genagelt.

Spät am Abend war eine Seite fertig. Wir begossen das Ganze mit Bier, Kakao und Erdnussflips.

Murmelnde Stimmen und dumpfe Klopfgeräusche weckten mich am nächsten Morgen aus meinem Dämmerschlaf. Es war noch dunkel, also konnte ich nicht verschlafen haben. Aber aus der Küche zog eine Duftwolke von frisch gekochtem Kaffee an meinem Bett vorbei.

Ein Blick auf die Wanduhr verriet mir, dass es gerade halb acht war. Vollends wach, hörte ich die Säge und das dumpfe Geräusch, das entsteht, wenn Bretter auf eine Holzwand genagelt werden.

Ich stand auf, goss mir zunächst eine Tasse Kaffee ein und begab mich ins Wohnzimmer. Hier traute ich meinen noch verschlafenen Augen kaum. Die kurze Fensterseitenwand war komplett fertig vertäfelt und an der langen Wand zur Veranda, die vorwiegend aus einer großen Fensterfront besteht, fehlten nur noch wenige Bretter.

„Sind wir nicht fleißig?" ertönte es zu dritt, und ich hatte fast ein schlechtes Gewissen, so lange geschlafen zu haben. „Wann seid ihr denn aufgestanden?" „Um sechs, wie viele Eier haben wir denn noch?" Ich ging in die Küche und schaute in das Eierpaket, „Acht Stück". „Die reichen, wir haben Hunger!"

Also kochte ich acht Eier und deckte den Frühstückstisch. Mit warmem Kakao, Eibrot und Nougatcreme-Brötchen hielt ich meine Zimmerleute bei Laune. Eifrig machten sie sich nach dem Frühstück wieder ans Werk. „Heute Abend ist deine Puppenstube fertig."

In der Tat. Akribisch wurde gemessen, gesägt und genagelt. Selbst die noch unbekannten Nachbarn hatten etwas davon, denn das Klopfen schallte als Echo durch den Wald, und am Abend begutachteten wir unsere fertigen Wände. Das Wohnzimmer hatte ein neues Gesicht bekommen.

Draußen schneite es nicht mehr, aber der Boden war immer noch gefroren und außer Moos mit weißen Flecken noch nichts von Frühling zu sehen.

Am nächsten Tag stöberten wir durch Vänersborg und entdeckten zufällig zwei so genannte Plunderläden. Das sind Geschäfte, in denen vom Geschirr über Kleinmöbel und Teppichläufer, Nippes und Geschenkartikel bis zur Garderobe alles angeboten wird, was ein Haushalt gebrauchen kann. Sogar Tapetenrollen, Farbe, Kleister und die passenden Pinsel dazu animierten einen zum Renovieren. Wir hatten aber unseren Blick auf zwei genau für uns passende Schlafzimmerrollos geworfen. Sie wanderten sofort in unseren Einkaufswagen.

Gleich ein paar Meter weiter entdeckte ich auf einem Sondertisch diverse Tischdecken mit Weihnachtsmotiven in verschieden Größen und Farben für umgerechnet drei Mark.

Ein besonders schöner Tischläufer, genau passend für unseren Flurschrank, mit roten schneebedeckten Häuschen, weißbemützten Tannenbäumchen und Weihnachtswichteln mit roter Zipfelmütze auf hellem Untergrund, der viel Schnee darstellen sollte, und lauter kleine rote Herzchen als Umrandung, hatte es mir angetan. Ich kaufte gleich drei

Stück, zwei für mich, einen ließ ich gleich in Schweden, und einen für meine Mutter.

Nachdem wir noch ein halbes Dutzend Kerzen mit Elchen und anderen schwedischen Motiven und einen Beutel mit einhundert Teelichtern in unseren Einkaufswagen gelegt hatten, marschierten wir zur Kasse, bezahlten und verstauten unsere Schätze im Auto.

Dann gingen wir in den zweiten Laden, der nur einige hundert Meter gegenüber lag. Eigentlich wollten wir nur einmal durchgehen, aber es endete damit, dass wir einen wunderschönen Teppich in Beigebraun mit Blättermuster für unser neues Wohnzimmer kauften. „Der passt genau unter den Tisch, dann können wir endlich diesen hässlichen Flusenteppich rausschmeißen."

Zusätzlich verliebte ich mich in ein Eulenset, bestehend aus drei geschnitzten Holzeulen in unterschiedlichen Größen von vier bis acht Zentimeter. Das Gleiche gab es auch als Eichhörnchen, dekorativ, mit den passenden Tiermotiven, in kleine würfelförmige Kartons verpackt.

Ich konnte mich nicht entscheiden, nahm sie beide mit und schenkte die Eichhörnchen, die in ihren zierlichen Pfötchen eine Nuss hielten, später meiner Mutter. Die Eulen bekamen jeder einen kleinen Holzaussichtsturm gedrechselt und stehen noch heute bei uns im Winter auf der niedlichen Weihnachtstischdecke.

Shoppen macht hungrig, also gingen wir wieder in unser Stammrestaurant essen.

Wieder im Haus angekommen, rückten wir erst einmal den Tisch zur Seite, rollten den Flusenteppich auf und stellten ihn auf die Veranda. Der neue Teppich wertete die Gemütlichkeit des neuen Wohnzimmers zusätzlich auf. Ein zweiter, dunkelgrüner Teppich lag daneben und bildete einen Farbtupfer in der braunbeigen Holzatmosphäre.

Von der Einfahrt zum Grundstück, bis zur Haustür und vor der Veranda war ein Kiesweg angelegt. Leider ahnte ich damals noch nicht, wie mühselig Unkrautzupfen sein kann. Ich sollte das im Sommer noch erfahren.

An der Giebelseite, wo die Schlafzimmer liegen, war allerdings kein Kiesweg, aber hier gingen wir immer zum Komposter, und es entwickelte sich schon nach wenigen Tagen ein unansehnlicher Trampelpfad im noch nicht vorhandenen Rasen. Um noch mehr Unheil zu vermeiden, kam mein Gatte auf die Idee, diesen Trampelpfad als Kiesweg auszubauen, „dann haben wir rund um das Haus einen Kiesweg".

Genug Kies lag noch als großer Haufen auf dem Servitutgrundstück, – ein angrenzendes Grundstück, das einem nicht gehört, aber benutzt werden darf, um zum Beispiel mit dem Auto durchzufahren – neben unserer Toreinfahrt.

Heinz, voller Tatendrang nahm sich einen Zehnlitereimer und die Gartenschaufeln, füllte ihn mit der eifrigen Unterstützung seiner Ableger mit Kies, nahm den Griff in die Hand und mit einem berstenden Krach landete der Eimer wieder auf dem Kieshaufen. Eimer und Griff, die normalerweise eine Einheit bildeten, gingen hier aus unerfindlichen Gründen plötzlich getrennte Wege. Mein Gatte hielt immer noch den Metallhenkel in der Hand und an seinem grimmigen Gesichtsausdruck sah ich, dass er damit nicht gerechnet hatte.

„Nimm doch den Zweihandeinachsdreiseitenfreiluftkipper", riet ihm sein ältester Filius.

„Den was?" Heinz verstand offenbar nicht, was sein Sohn meinte, aber dieser hatte sich schon abgesetzt und kam mit der Schubkarre wieder.

Während die Knaben unermüdlich den Kies einschaufelten, meine ehrenvolle Aufgabe bestand darin, die beiden Griffe von der Schubkarre festzuhalten, dass der Kies nicht schon vorher unten landete, steckte Heinz den Weg ab und entfernte das Moos. Anschließend nahm er mir die Griffe ab und schob die Schubkarre zum Haus. Geräuschvoll wurde der Kies auf den zukünftigen Weg gekippt, gleichmäßig verteilt, von mir glatt geharkt und mit zwei Gießkannen voll Wasser getauft.

Am nächsten Morgen, in aller Frühe, knirschte der neue Kiesweg vor unserem Schlafzimmer. Der Rest der Familie lag noch in den Betten, deshalb stand ich verwundert auf, sah aus dem Fenster, und blickte direkt in das neugierige Gesicht eines Rehbocks. Dieser, vermutlich mit jedem Quadratmeter unseres Grundstückes vertraut, schritt den Kiesweg ab, als wolle er sich vergewissern, ob er noch im Sommer zu der bunten, mit Wildkräutern bewachsenen Wiese kommt. Noch bevor ich meine Familie wecken konnte, verschwand er wieder im Wald.

Beim Frühstück erzählte ich meine seltsame Beobachtung, und wie zum Beweis lagen kleine Häufchen Rehlosung auf dem Kiesweg.

Aber meine Herren schenkten den kleinen Kügelchen wenig Beachtung, denn sie waren mit ihren Gedanken schon am Einpacken, denn die Heimfahrt stand an.

Einigen Jahre zuvor waren wir auf der Insel Römö in Dänemark gewesen. Ich mochte den kleinen Touristenort Lakolk, die Einkaufszeile direkt an der offenen Nordsee und den breiten Strand, auf dem sogar Autos fahren dürfen. Nun hörten wir in den Nachrichten, dass genau dort drei Pottwale gestrandet und verendet waren. Wir beschlossen, auf dem Heimweg noch einmal die Insel Römö zu besuchen, um uns die Pottwale anzusehen.

Also fuhren wir wieder mit der Fähre von Göteborg nach Frederikshavn, durch Jütland, bogen dann nach Esbjerg ab und waren abends auf dem Campingplatz in Lakolk.

Am nächsten Tag befuhren wir den zum Teil drei Kilometer breiten festen Sandstrand. Wir brauchten nicht lange suchen. Es stank fürchterlich nach verwesendem Fleisch, und Menschenmassen mit Schal und Tüchern vor Mund und Nase, bevölkerten den Strand rund um die toten Wale. Es wurde gefilmt und fotografiert. Wann und wo sieht man als Landratte schon mal einen Pottwal.

Sie waren gigantisch.

Gemeinsam stiegen wir aus und sahen uns das Drama an. Warum waren sie hier in der Nordsee gestrandet? Pottwale leben im offenen Meer. Sie können mehrere tausend Meter tief tauchen und leben von Tintenfischen und Kraken. Im Nordatlantik, vor der nordnorwegischen Küste, wo der Festlandsockel in die Tiefsee abdriftet, betreiben ehemalige norwegische Walfänger so genannte Walsafaris.

Aber der penetrante Gestank vertrieb uns schnell wieder. Wir flüchteten zu einem anderen Strandabschnitt und gingen noch einige hundert Meter am Wasser entlang, atmeten die frische Seeluft ein und meine Kinder widmeten sich ihrer Lieblingsbeschäftigung, dem Muschelnsammeln. Ich fand sogar zwischen dem Seetang ein kleines Stückchen Bernstein.

Nachdem sich die glutrot untergehende Sonne von uns verabschiedet hatte, fuhren wir zum Campingplatz zurück.

Am nächsten Abend waren wir wieder zu Hause. Hier blühten bereits die Narzissen und die Forsythien und der Rasen zeigte sich in sattem Grün. Der Frühling hatte uns wieder.

Zum Sommerurlaub brauchten wir einen elektrischen Rasenmäher. Der im Gästehaus stehende Handrasenmäher würde das hohe Gras im Juli wohl nicht bewältigen können.

Zum Glück gibt es in unserer Umgebung ein halbes Dutzend Baumärkte, die sich in ihren Werbebeilagen in der Tageszeitung sehr darum bemühen, ihr Sortiment an den Mann oder an die Frau zu bringen.

Wir fanden auch gleich auf Anhieb das richtige Modell, und weil wir noch Geld übrig hatten, erwarben wir zusätzlich noch einen elektrischen Kantenschneider.

Ein gebrauchter, aber guter Staubsauger wurde in der Rubrik Flohmarkt am Dienstag in unserer Zeitung angeboten.

Eines Abends präsentierte mir mein Mann einen Werkzeugkoffer. „Den habe ich günstig bekommen, ich brauche eine Grundausrüstung mit Schrauben, Nägeln, verschiedene Schraubendreher, Seitenschneider, Zangen, Stromprüfer und Hammer. Dieser Koffer ist übersichtlich geordnet und hat viele Fächer." Fortan wurde dieser Koffer der ständige Begleiter meines Gatten. Zuoberst lag immer griffbereit der Skiftnyckel.

In einem Teppich- und Stoffgeschäft fanden wir endlich nach langem Suchen den passenden Stoff für unsere Gartenmöbel und in einem Dekorationshaus bekamen wir den Schaumstoff dazu.

Heinz, der mit einer Nähmaschine genauso geschickt umgehen kann wie mit Hammer und Nägel, opferte ein komplettes Wochenende, um mit unserer munter surrenden Nähmaschine, die noch in der damaligen DDR gefertigt wurde, und meiner Hilfe komfortable Auflagepolster zu nähen.

Für den Sommer, wir hatten vier Wochen Urlaub, planten wir, das Dach des zukünftigen Gästehauses zu sanieren und, wenn das Wetter mitspielte, den Anbau zu beginnen, der einmal als Schuppen Fahrräder, Gartenmöbel, Rasenmäher und Schubkarre beherbergen sollte.

Schwedensommer

Nach knapp drei Monaten war es dann soweit. Vollgepackt wie immer fuhren wir los.

Für meine Söhne – und auch für mich – hatten wir auf der Hinfahrt einen Besuch im Legoland in Billund eingeplant.

Über die A 7 durch den Elbtunnel quälten wir uns bei dreißig Grad Hitze über die Autobahn. Bei Veilje, an einem wunderschönen Rastplatz ,legten wir eine Übernachtungspause ein. Hier eroberten unsere Knaben gleich den neuen Spielplatz mit Klettergerüst und Reifenschaukel, während ich mich um das Abendessen kümmerte.

Am nächsten Tag, nach dem Frühstück, fuhren wir dann weiter zum Legoland. Schon am frühen Morgen war der kostenlose Parkplatz gut gefüllt und Menschenschlangen mit freudig erwartungsvollen Kindern warteten geduldig an den Kassen.

Mit belegten Brötchen und Getränken im Rucksack marschierten wir los und kauften vier Eintrittskarten. Auch wir freuten uns über diese kleinen bunten Legohäuschen, die in Miniaturlandschaften gebaut waren. Das originale Abbild eines Lofotenortes beeindruckte mich am meisten.

An einem Flughafen vorbei, auf dem ferngesteuerte Legoflugzeuge fuhren, landeten wir dann in Afrika. Die Kinder gingen hier mit einem Safarijeep, der aus großen Legosteinen gebaut war, auf Großwildsafari und fuhren an Löwen, Zebras und Antilopen, ausschließlich aus Legosteinen gebaut, vorbei.

Von weitem hörten wir ein sich immer wiederholendes „H a l l o". Dieser Stimme folgend, kamen wir zum Piratenland. Unsere Jungs forderten uns zu einer Fahrt durch die Piratengrotte auf. Ein lebender Seeräuber mit Augenbinde und einem langen Schwert in der Hand, stempelte unsere Fahrtenkarten ab und wies uns den Weg zu den Booten. Mit Filmkamera bewaffnet stiegen wir in ein Boot mit sechs Sitzplätzen und wurden gleich von großen Haien und grünen Krokodilen mit weit aufgerissenem Maul verfolgt.

Hoch oben auf einem Turm stand in Lebensgröße ein Legopirat mit Schwert und Rumflasche und schob Wache. Wir umrundeten eine Insel, auf der ein winkender, einäugiger Seeräuber mit einem krächzenden Legopapagei auf dem Arm stand und uns mit einem langgezogenem „H a l l o" begrüßte. Übergroße Legoschildkröten, die vor braunen Rumfässern standen, wackelten stereotyp mit den Köpfen. Wie von Geisterhand geführt fuhren wir in die Piratengrotte und wurden gleich von einem gruseligen Totenkopf, der an der Wand hing, ausgelacht. An einem Piratenschiff mit Totenkopfflagge am obersten Mast vorbei, sahen wir in einer Spelunke eine Sippe volltrunkener Seeräuber, die eine Schatzkiste bewachen sollte. Unterstützt wurden sie von einem ia-enden Esel. Weitere Piraten musizierten mit Legoinstrumenten. Am Ende der Grotte stand ein singender Seeräuber duschend unter einem Wasserfall. „Schade, sind wir schon durch?" bedauerte Sven das Ende der Fahrt, „kann ich nachher noch mal fahren?" „Mal sehen, vielleicht zum Schluss noch mal", tröstete ich ihn.

Beim Weitergehen kamen wir an einem Bergwerk vorbei. Mit einer Lore fuhren wir durch die Legoldmine, in der uns arbeitende Legokumpel freundlich begrüßten und eine akustische Sprengungsexplosion für den spannenden Effekt sorgte.

Nachdem wir noch mit der ruckeligen Duplohochbahn gefahren waren, gingen wir zum Abschluss in die Legotechnikhalle, in der vom Lego-Lkw mit Pneumatik bis zum Ufo und U-Boot alles ausgestellt war, was die Firma Lego im Sortiment hatte. An dem Goldwaschsee picknickten wir ausgiebig und verließen, nachdem Sven auch noch den Legoführerschein bestanden hatte, dieses Kindertraumland mit dem Versprechen, nächsten Sommer wiederzukommen.

Wir übernachteten wenige Kilometer vor Frederikshavn auf einem kleinen, wohnmobilfreundlichen Parkplatz direkt am Meer, der leider zwei Jahre später dem Autobahnneubau zum Opfer fiel.

Unsere Fähre fuhr morgens um sechs Uhr dreißig. Noch schwärmend vom vorherigen Tag im Legoland frühstückten wir an Bord ausgiebig. Nach zwei Stunden tauchten die ersten Göteborger Schären mit den kleinen Inselleuchttürmen auf.

Bei strahlendem Sonnenschein erreichten wir mittags unser Haus. Ich kramte in meiner übergroßen Handtasche nach den Schlüsseln und erschrak, als Heinz plötzlich abrupt einige Meter vor unserer Toreinfahrt bremste. Neben dem geschlossen Tor stand doch tatsächlich eine ausgewachsene Elchkuh mit ihrem noch rotbraunen Kalb und zupfte genüsslich die frischen grünen Blätter von den Bäumen, die an der Straßenseite unseres Grundstückes standen.

Als sie unser Auto sah, zupfte sie sich noch einmal etwas Grünzeug vom Baum, drehte sich mit den Blättern im Maul mißtrauisch zu uns um, überquerte vor unserem Auto die Straße, lief, gefolgt von ihrem staksigen Kalb, über eine Wiese, platschend durch den kleinen Fluss und verschwand im Wald.

Noch ganz aufgeregt von dieser Begrüßung rollten wir die Baumstümpfe, die das rostige grüne Tor verschlossen, zur Seite und fuhren auf unser Grundstück.

Entsetzt sah ich die mit Moos, Löwenzahn, Gras und Wegerich überwucherten Kieswege. Wo zu Ostern nur Moos zu sehen war, ragte jetzt das Gras fünfzig Zentimeter hoch. Eigentlich bräuchten wir hier eine Sense oder noch besser eine Schafherde.

Nachdem wir unser Auto ausgeräumt und sämtliche zu Ostern rausgedrehten Sicherungen wieder reingedreht und unser Hauswasserwerk in Betrieb gesetzt hatten, machten wir uns an die undankbaren Aufgaben. Meine Männer kämpften sich mit dem neuen Rasenmäher durch den Wildwuchs, der sich nur ohne den Auffangkorb mähen ließ, weil dieser sofort verstopfte, und ich versuchte die Kieswege wieder sichtbar werden zu lassen. Zwischendurch wurden wir von Mückenschwärmen und Pferdebremsen, die mir hier besonders riesig erschienen, überfallen.

Am Abend hatten wir das Gröbste geschafft, der Rasen war wieder kurz und begehbar, auch wenn die letzten Reste noch zusammengeharkt werden mussten. Nur die Kieswege waren noch nicht ganz unkrautfrei. Aber morgen war schließlich auch noch ein Tag.

Meine Familie wünschte sich zum Abendessen Köttbullar und Kartoffelbrei. Zum Glück hatten wir auf dem Hinweg bei Willy's noch eingekauft.

Während ich das Essen zubereitete, bauten meine Herren die Gartenmöbel auf die notdürftig gesäuberte Veranda. Trotz der Mückenschwärme und Knotts, das sind Miniaturstechfliegen, wollten sie auf der Veranda essen.

Beim Abendessen gesellte sich noch eine Amsel zu uns, das heißt sie suchte auf der frisch gemähten Wiese nach Regenwürmern, fand auch welche, band Schleifen daraus und rief damit ihre inzwischen fast flügge gewordene Jungbrut auf den Plan, die sich laut schilpend um ihre Mutter scharte.

Erst als es halb zwölf dunkel wurde, gingen wir in unsere frisch bezogenen Betten.

Am nächsten Tag, bei azurblauem Himmel, begrüßten wir erst einmal Dan und Catrin, die sich über die mitgebrachte Flasche Kräuterlikör sehr freuten. Als Gegenleistung verprach Dan, uns gleich in den nächsten Tagen bei der fälligen Dachreparatur des zukünftigen Gästehauses zu helfen. Der Meteorologe versprach uns für die nächsten Tage ein beständiges Hochdruckwetter.

„Hoffentlich behalten die Wetterfösche Recht, denn wenn das Dach erst einmal abgedeckt ist, müssen die feuchten Wände und die Decke trocknen, da können wir keinen Regen gebrauchen", sagte Heinz.

Am nächsten Morgen wollten er und Dan Trapez-Dachbleche und Latten für die neue Konstruktion kaufen. Dachbleche sind stabiler als die Teerpappe, die noch auf dem Dach lag. Ausserdem sollte aus dem Flachdach ein leicht angeschrägtes Dach werden, damit das Regenwasser besser ablaufen kann.

Um zehn Uhr fuhren sie los. Zwei Stunden später waren sie mit gewellten Dachblechen, Holzlatten und einer großen Packung Schnitzel, die ich zum Mittagessen bereiten sollte, wieder zurück.

Eine alte, nicht sehr Vertrauen erweckende Holzleiter, die hinter dem Haus im Gestrüpp lag, wurde begutachtet, vom Grünzeug befreit und an das Gästehaus gestellt. Wieselflink war Dan auch schon oben, riss die alte Teerpappe ab und warf sie hinunter. Meine Söhne, wie immer eifrig dabei, legten die alte Teerpappe sorgfältig auf einen Haufen.

Vorsichtig, mit den neuen Dachlatten in den Händen, stieg Heinz auf die Leiter. Gemeinsam rissen sie das alte morsche Holz ab und nagelten die neuen Dachlatten fest. Bevor die neuen Trapezbleche darüber kamen, sollte das offene Zwischendach mindestens einen Tag austrocknen.

In der Zwischenzeit hatte ich Kartoffeln gekocht, die Schnitzel gebraten und ein großes Glas Rotkohl erwärmt.

Catrin wurde telefonisch zum Essen eingeladen. Sie kam auch gleich mit Hund Lina herüber und gemeinsam aßen wir auf der Veranda die gebratenen Schnitzel, selbst der Hund bekam seine Portion ab. Wir bedankten uns für die Hilfe, den Rest wollten wir morgen allein schaffen.

Mit einer gefüllten Thermoskanne Kaffee fuhren wir am späten Nachmittag zum Halleberg. Der Weg führte uns bei Kvantum, einem Lebensmittelladen, vorbei. Hier kauften wir noch frische Milch und Kuchen für den Kaffee. Meine Naschkatzen entdeckten eine Tiefkühltruhe mit Eis, und da Heinz heute die Spendierhosen anhatte, konnte sich jeder noch ein Eis aussuchen.

Kaum waren wir auf dem Parkplatz Ekebacken angekommen, gestikulierten schon einige Touristen, die mit Stativ und Teleobjektiv ausgerüstet waren, um Elche zu fotografieren, zum kleinen Teich unterhalb des Parkplatzes.

Wir zwängten uns in die letzte vorhandene Parklücke. Ich holte mein Fernglas und Heinz die Videokamera.

Zuerst sahen wir nichts, aber nach den Hinweisen der anderen Touristen, erblickten wir einen kauenden Elchkopf aus dem trüben Wasser ragen. Er sollte bereits zwei Stunden dort im Wasser liegen. Ein zweiter Elch lag auf einer kleinen Insel im Teich.

Der Parkplatz glich mehr einem Campingplatz. Vor den Wohnmobilen und Campingbussen standen nicht nur Stative mit Fotoapparaten, sondern auch Campingtische, auf denen Getränke standen, und Touristen in Bermudahosen saßen auf ihren zusammenklappbaren Campingstühlen.

Wir hatten schon einen deutschen Gesprächspartner gefunden und stellten unseren roten zusammenklappbaren Picknicktisch, an dem vier Sitzplätze waren, neben seinen. Ich deckte den Kaffeetisch und wir unterhielten uns über Schweden und Elche.

Irgendwann hatten die Elche wohl genug vom Wasser, denn plötzlich kam Bewegung in den Teich. Laut plätschernd schreiteten sie durch das Wasser in Richtung Parkplatz. Mit erhobenen Köpfen staksten sie zwischen Wohnmobilen, Campingtischen, Stühlen und Fotoausrüstungen vorbei, zur anderen Seite. Fotoapparate klickten und Filmkameras surrten.

Nachdem sie noch minutenlang an dem von der Forstverwaltung auf einen Baumstumpf aufgesetzten Salzleckstein lutschten, drehten sie sich noch einmal um – Elche sind neugierig – und trabten dann in den gegenüberliegenden Wald.

Halb neun abends kam der Elchsafaribus, gefüllt mit deutschen und holländischen Touristen aus Vänersborg. Ein älteres deutsches Ehepaar, das zum ersten Mal in Schweden war und noch nie einen Elch gesehen hatte, schaute uns ungläubig an. Zum Beweis spulte Heinz das letzte Filmstück noch einmal zurück und ließ die beiden abwechselnd in den Sucher blicken.

Ein schwedisches Rentnerehepaar, das seit vielen Jahren hier mit seinem blauen Ford-Campingbus seine Freizeit verbrachte, saß mit einem Pekinesenhund vor dem Auto. Auf dem Campingtisch lagen zwischen Kaffeetasssen und Kuchentellern mehrere Fotoalben und wer Interesse zeigte, durfte gern einen Blick hineinwerfen.

Die Fotos zeigten badende Elche im See und Elchkühe mit ihren Kälbern. Auch lustige Aufnahmen, wie ein Elch, der seinen Kopf in ein geöffnetes Autofenster steckte und sich mit Äpfeln füttern ließ, waren dabei. Ein besonders skurriles Bild entstand, als ein gehörnter Elchbulle durch das Fenster in das Haus von Forstarbeitern schaute und der Fotograf auf der gegenüberliegenden Seite durch das Fenster auf den Auslöser drückte.

Die Elchsafarigruppe aus dem Bus marschierte nun mit einer Reiseführerin zum Aussichtspunkt der Halbinsel, um die Aussicht über den Vänersee zu genießen. Derweil baute der Busfahrer Campingtische auf und servierte Saft und Kekse. Als die Gruppe zurückkam, gab es noch einen kleinen Imbiss und dann verließ der Bus rückwärts fahrend, ein Wendemanöver war mangels Platzes nicht möglich, mit seinen Safaritouristen wieder den Parkplatz.

Auch wir packten langsam unsere Sachen wieder ein, klappten den Campingtisch zusammen und wollten den Rückweg zu unserem Haus antreten.

Nach gut zwei Kilometern stand der Elchsafaribus vor uns, und die Touristen verrenkten sich fast die Hälse zur rechten Seite. Einige waren ausgestiegen, um zu fotografieren.

Die große Touristenattraktion – ein Elch beim Baden.

Wir sahen ungefähr dreißig Meter von uns entfernt in einer Waldlichtung eine Elchkuh, die ein nur wenige Wochen altes Kalb mit sich führte.

Plötzlich hörten wir ein lautes Knacksen von den am Boden liegenden Ästen und einen Aufschrei: „Sie kommt, sie kommt!"

Ein beleibter Herr mit weißem Hemd, Kulturstrick um den Hals und Bügelfaltenhose, die von geblümten Hosenträgern gehalten wurde, hatte es auf einmal sehr eilig, zum schützenden Bus zurückzukommen. Er hatte vermutlich zum Fotografieren die Anweisung, mindestens fünfzehn Meter Sicherheitsabstand zu halten, ignoriert, und war dem Elch zu dicht aufs Fell gerückt und hatte dabei wohl auch die Schnelligkeit eines Elches etwas unterschätzt. Nun drehte die sich bedroht fühlende Elchkuh den Spieß um und rannte dem Mann entgegen, um ihr Kalb zu verteidigen.

Wir schüttelten uns vor Lachen und die Reiseführerin den Kopf. Der Mann erreichte gerade noch rechtzeitig den Bus und stieg keuchend und völlig atemlos ein.

Nun stand die Elchkuh zwischen dem Safaribus und unserem Auto. Ihr Kalb war aber nicht dabei, vermutlich hatte sie es im schützenden Dickicht zurückgelassen. Selbstverständlich stiegen wir nicht aus, sondern filmten sie aus dem heruntergekurbelten Seitenfenster unseres Wohnmobils.

Der Safaribus setzte sich langsam wieder in Bewegung, und weil es für Filmaufnahmen langsam zu dunkel wurde, fuhren wir hinterher. Im Rückspiegel sah ich noch, wie die Elchkuh wieder zu ihrem Kalb zurückkehrte, das sofort anfing bei ihr zu nuckeln.

Auf unserer sechzehn Kilometer langen Waldstraße sahen wir dann noch einen Fuchs, der einen Hasen oder ein Kaninchen erbeutet hatte. Seine Beute in der Schnauze haltend, lief er einige Meter vor unserem Auto her, bevor er im Graben verschwand.

Als wir nach Mitternacht nach Hause kamen, standen Campingfreunde aus Stade mit ihrem Wohnmobil auf unserem Parkplatz. War das eine freudige Begrüßung!

Sie hatten doch tatsächlich nach unserer Wegbeschreibung das Haus gefunden, brachten Grillfleisch und Gasgrill mit und wollten sich unsere Errungenschaft nun einmal ansehen. Dank des schönen Sommerwetters war es nicht stockfinster. Deshalb saßen wir noch eine gute Stunde auf unserer Veranda, aßen Butterkekse mit schwedischem Käse (der mit dem Elchlogo), unterhielten uns über das Haus und schwärmten von dem schönen abenteuerlichen Nachmittag.

Meine Ableger fanden kein Ende und bevor sie vollends überdrehten, scheuchte ich sie gegen eins ins Bett. Nachdem wir das Grillfleisch in den Kühlschrank gelegt hatten, gingen auch wir in unsere Betten.

Nach einem gemeinsamen ausgiebigen Frühstück zeigten wir unseren Gästen erst einmal Haus und Grundstück. Dann wurde der Gasgrill herausgeholt und das Grillfleisch duftete lecker nach Gewürzen. Die Männer betätigten sich als Grillmeister und wir Frauen sorgten für die nötigen Beilagen wie Salate und Brot.

Leider war das Wetter etwas trüb. Mein Vorschlag: „Bei dem Elchwetter können wir ja gegen Abend auf den Halleberg fahren, vielleicht sehen wir ja einen Elch", wurde dankbar angenommen, und so fuhren wir am späten Nachmittag wieder zum Halleberg hoch und sahen schon nach wenigen Minuten auf der Plateaustraße unsere schon bekannte Elchkuh mit ihrem nur wenige Wochen alten Kalb im Gebüsch stehen. Nach einem Spaziergang am Ekebacken fuhren wir dann wieder heimwärts und verbrachten den restlichen Abend auf der Veranda.

Der nächste Tag versprach wieder schön zu werden, eigentlich zu schade, um zu arbeiten. Unsere Bekannten verabschiedeten sich und wollten weiterfahren.

Wir verschoben die Dacharbeiten auf den nächsten Tag. „Je länger das Zwischendach trocknet, umso besser", behauptete mein Mann.

Die Kinder wollten nach Ursand, zum Strandbad an den Vänersee. Mit Luftmatratze zum Wellenreiten, Schlauchboot, Liegematten und gefüllter Kühltasche zogen wir los. Es war erst elf Uhr, aber der Parkplatz, der außerhalb des Campingplatzes im Wald lag, war schon gut gefüllt. Von irgendwoher aus dem Wald ertönte Musik. Neugierig schauten wir uns um und entdeckten hinter einem irischen Wohnmobil, versteckt im Wald, einen jungen Mann, der folkloristische Melodien auf einer Drehleier spielte. Minutenlang blieben wir stehen und hörten zu. Als sich hinter uns eine kleine Menschentraube bildete, setzten wir unseren Weg zum Strand fort. Auch die Einheimischen genossen mit Kind, Oma und Picknickkorb das schöne Wetter am Strand und wir hatten Mühe einen größeren freien Strandabschnitt zu finden.

Gerade erhob sich eine fünfköpfige Familie und schüttelte den feinen Sand aus ihren Strandlaken, legte sie zusammen und ging zum angrenzenden Campingplatz zurück. Sofort besetzten wir den Strandabschnitt und deponierten Luftmatratze, Schlauchboot und unsere Liegematten auf dem heißen Sand.

Das Schlauchboot wurde aufgepumpt und gleich zu Wasser gelassen. Nachdem ich meine Herren dick mit Sonnenmilch eingecremt hatte, fuhr Heinz mit seinen Söhnen im Schlauchboot durch das leicht wellige Wasser. Abwechselnd rudernd bereitete es ihnen ein sichtliches Vergnügen.

Ich sollte das alles mit der Videokamera vom Strand aus festhalten. Das tat ich auch, aber nach fünf Minuten verstaute ich die Kamera wieder in ihre Tasche und genoss auf meiner gepolsterten Liegematte das Strandleben. Am Himmel über mir kreischten die Möwen, das Wasser plätscherte in gleichmäßigen Abständen an den Strand. Kleine Kinder schmadderten am Ufer und bauten Fahrrinnen für ihre Plastikboote, größere übten schwimmen oder spielten Wasserball. Von der beruhigenden Geräuschkulisse ummantelt, schlief ich bald ein.

Ich merkte nicht einmal, als meine Familie zurückkam. Erst eine Handvoll kaltes Wasser auf meinem Bauch weckte wieder mich auf.

„Wir wollen uns ein Eis holen, möchtest du auch eins?" Meine Gatte hatte noch nasse Hände und freute sich sichtlich, mich geärgerte zu haben.

„Ja, bring mir ein Nogger oder ein Magnum mit."

Zu dritt zogen sie los, um an dem Kiosk im Ursandstugan Eis zu kaufen. Björn und Sven setzten sich in das am Ufer abgelegte Schlauchboot und lutschten ihr Eis. „Wenn wir kleckern, ist wenigstens gleich Wasser da."

Aus der Kühltasche kramten meine Jungs dann noch die belegten Brötchen, die ich vorsichtshalber mitgenommen hatte, und setzten sich hinter uns unter einem schattenspendenden Baum.

Nach einer Stunde trugen sie die Luftmatratze ins Wasser und legten sich abwechselnd zum Wellenreiten darauf. Eine Entenmutter mit ihrem Nachwuchs umschwamm die beiden eine Zeit lang, kam dann zum Strand und watschelte bettelnd zwischen Kühltaschen und den auf Strandlaken liegenden Menschen herum. Einer niedlich schnatternden Entenfamilie kann wohl niemand widerstehen und so bekamen sie vor allem bei Familien mit kleinen Kindern ihre Anteile vom Brötchen oder Weißbrot ab.

Wieder zum Wasser blickend, sah ich meine Jungs mit dem Schlauchboot rudern. Zwischen Enten und Möwen paddelten sie am Bootssteg vorbei bis zum Ende der schützenden Bucht, drehten um und ruderten eifrig mit der Strömung zum Strand zurück, dabei umschifften sie vorsichtig die aus dem Wasser ragenden Felsen.

Erst als immer mehr Schatten den Strand eroberte, packten wir alles wieder ein, ließen die Luft aus dem Schlauchboot und der Luftmatratze, schüttelten den Sand von unseren Liegematten und schleppten alles in zwei Etappen am Campingplatz vorbei wieder zu unserem Auto zurück.

Der Parkplatz war wesentlich leerer geworden.

Als wir alles wieder gut verstaut hatten, fuhren wir die drei Kilometer durch den Wald bis zur Hauptstraße, bogen nach einigen Kilometern in unsere Nebenstraße ein und waren bald darauf zu Hause. Nach dem Essen zog sich Heinz seine Malerkluft an, nahm sich die rote Farbe, die wir schon in den Osterferien in einem Baumarkt gekauft hatten, und begann, die Vorderseite des Hauses damit zu streichen.

Das Holz war sehr saugfähig. Ich nahm mir auch einen Pinsel und bearbeitete damit die Veranda. Aus dem hässlichen Rostrot wurde ein ansehnliches kräftiges Dunkelrot.

Begeistert von der Farbe, und weil es noch früh genug war, pinselten wir zusätzlich noch die eine Giebelseite – es war die Wetterseite, die förmlich nach Farbe rief – auch gleich neu an.

„Irgendwann müssen wir hier einige Holzbretter austauschen, die sind zum Teil ziemlich morsch," stellte Heinz fest. „Die Rückseite und die zweite Giebelseite streichen wir dann morgen."

Ich wachte morgens um sieben von einem merkwürdigen Geräusch auf. Fft, fft, fft. Das Bett meines Mannes war leer. Durch das Schlafzimmerfenster sah ich, wie in Malerkluft und Schlapphut mein Gatte die Giebelseite zwischen den Schlafzimmerfenstern mit einem roten Pinsel bearbeitete. Mit der rechten Hand pinselte er und die linke versuchte, die blutsaugenden Miniaturvampire, die um seinen Kopf schwirrten, abzuwehren.

„Ist heute Morgen etwa schon der Pinselquäler unterwegs?" beschwerte sich Björn, der, nur mit einer Unterhose bekleidet, plötzlich in der Küche stand und sich ein Glas Kakao rührte. Das Kinderzimmer lag gleich neben unserem und die fft, fft, fft-Geräusche hatten natürlich auch die Knaben aufgeweckt. Der Pinselquäler kam pünklich um halb neun zum Frühstück. „Bei dem schönen Wetter heute Morgen konnte ich nicht anders, nachher will ich das Dach vom Gästehaus fertig decken, damit wir das abhaken können."

Als Handlanger sollte ich ihm das Werkzeug reichen, abgesägtes Holz, Dachblechreste und eventuelle Flüche entgegennehmen.

„Hältst du bitte mal die Leiter fest, ich muss hier noch mal was absägen", Heinz stand auf der obersten Stufe der Leiter, um auf dem fast fertigen Blechdach die noch überragenden Latten und mit der Stichsäge das Blechdach zu kürzen. Brav hielt ich mit beiden Händen und mit einem

Fuß auf der untersten Sprosse stehend, die Leiter fest bis ein gut acht Zentimeter langes Holzstück herunterfiel und zielgenau meine Nase traf. Das kleine abgesägte Blechstück landete glücklicherweise neben mir.

„Volltreffer!" rief ich nach oben, „ich denke du bist Sicherheitsbeauftragter für Unfallverhütung, das gilt wohl nur für deinen Betrieb. Beim Fensterputzen hältst du mir ellenlange Vorträge über Arbeitssicherheit, aber hier erschlägst du mich fast mit deinem Holz. Hoffentlich gibt das keinen Nasenbeinbruch."

Nur wenig später, als ich in den Spiegel schaute, sah ich einen kleinen Huckel und eine rote Stelle auf meiner Nase. Zum Glück hatte ich keinen Nasenbeinbruch, aber bei späteren Arbeiten mit meinem Sicherheitsapostel war ich doch etwas vorsichtiger.

Gegen Mittag war das Dach fertig. Abfallreste wurden vom Boden eingesammelt und Werkzeuge wie Hammer und Sägen verschwanden wieder in der Snickeria, die sich mein Mann unter dem gleichen Dach, aber in einem Extraraum eingerichtet hatte.

Nach dem Mittagessen hielten wir erst einmal eine Siesta unter den Schatten spendenden großen Fichten, die auf unserem Grundstück standen. Meine Jungs und ich holten uns die Liegematten und mein Gatte setzte sich auf einen Gartenstuhl. Zum Kaffeetrinken holten wir noch den zweiten Stuhl, die Bank und den Gartentisch, den ich mit einer geblümten Wachstuchtischdecke verschönert hatte, auf unsere Wiese.

Erst als es zum Abend kühler wurde, sprang mein Mann plötzlich wie von einer Tarantel gestochen auf, zog wieder seine Malerkluft an und begann, die Rückseite des Hauses zu streichen. Wieder hielt er mit einer Hand den Pinsel und die andere versuchte vergeblich, die urplötzlich auftauchenden Mücken und Knotts abzuwehren. Seine Ableger halfen ihm fleißig dabei. Einer hielt die Leiter und der andere pinselte mit einem kleinen Pinsel die Kanten, Als sie fertig waren, hatten sie genausoviel Farbe auf ihren Trainingsanzügen wie sie an die Hauswand gestrichen hatten.

Und ich hatte endlich einmal Zeit, um in Ruhe alleine den Wald zu erkunden. Ich schlüpfte in meine Gummistiefel und durchstreifte hinter unserem Grundstück den urwüchsigen Wald. Dabei kletterte ich über, wie mit einem Pelz überzogene bemooste Steine, kämpfte mich durch

Kleine Wichtel und Trolle verstecken sich bei uns im Wald

kniehohes Farnkraut und entdeckte noch unreife Blaubeeren. Ständig beschlich mich das Gefühl, als ob unter den bemoosten und mit Farnen und Heidelbeerkraut bewachsenen Baumstümpfen und in kleinen geheimnisvollen Steingrotten neugierige Wichtel und Trolle standen und mich beobachteten. In der Stille des Waldes hörte ich sie förmlich wispern. Von der wie mit einem Teppich von Weißmoos ausgestatteten Felsenhalbinsel beobachtete ich mit meinem Fernglas eine Ricke mit ihren Zwillingskitzen auf dem gegenüberliegendem Getreidefeld beim Äsen.

Laut hallte das ordinäre Krächzen der Kolkraben im Wald wider. Über mir ertönte der grelle Beuteschrei eines Mäusebussards, der im Sturzflug direkt vor mir auf das abgeerntete Heufeld flog und eine Maus erbeutete. Wie gelähmt blieb ich stehen und beobachtete das Treiben.

Erst als mich die Knotts zu sehr pisackten, hängte ich mein Fernglas wieder um und trat auf dem Rückweg beinahe auf eine Kreuzotter, die sich gut getarnt über meinen Weg schlängelte.

Vorne und an den Giebelseiten war die Farbe bereits trocken, deshalb tauschte Heinz den Blecheimer mit der roten Falurödfarbe gegen eine kleinere Dose mit schwarzer Farbe. Hingebungsvoll strich er damit die ergrauten Fensterumrandungen, die auch gleich wie neu glänzten. Das obere Abschlussbrett auf der frisch gestrichenen äußeren Verandawand bekam zum Kontrast auch einen schwarzen Anstrich.

Nur für die braunen Fensterrahmen, an denen der Kitt bereits in kleinen Stückchen abbröselte, wussten wir noch keine passende Lösung.

Bis auf die Fenster sah das Haus nun wie neu aus. Es ist faszinierend, was ein bisschen Farbe bewirken kann.

Mit Fernglas und Filmkamera in einem Beutel auf dem Gepäckträger unternahmen wir zum Ausgleich für den arbeitsreichen Tag gemeinsam noch eine abendliche Fahrradtour auf unserer Waldstraße. Dabei beobachteten wir Familie Fuchs auf ihrem abendlichen Beutezug. Knopfäugig wuselten vier Fuchswelpen hinter der Fähe her, als diese eine dicke, noch quiekende und zappelnde Schermaus in der Schnauze aus dem Straßengraben trug. Vorwitzig lief ein Jungfuchs vor uns auf die Fahrbahn und erschrak fürchterlich, als ein Auto zwar langsam, aber nur in zentimeterbreitem Abstand an ihm vorbeifuhr. Mit einem Satz landete er wieder im Straßengraben, und wie auf ein geheimes Kommando verschwanden sie alle im schützenden Unterholz.

Beim Weiterfahren entdeckten wir ein nicht mehr bewohntes Gehöft. Wir hielten an und sahen es uns etwas näher an. Dahinter, auf einem noch unreifen Getreidefeld schauten mehrere Rehköpfe zwischen den Ähren aus dem Kornfeld. Nach drei Kilometern, an einer Kreuzung, die zur Hauptstraße führte, drehten wir um und radelten langsam wieder zurück. Todmüde flielen wir dann in unsere Betten.

Schon in der Nacht merkte ich eine ungewöhnlich drückende Schwüle, und am frühen Morgen weckte uns ein schweres Gewitter. Taghelle Blitze und ein dumpfes Donnergrollen, der den Boden erbeben ließ und im Wald nachhallte, machten ein gemütliches Ausschlafen unmöglich.

Ich stand auf und füllte die Kaffeemaschine. Als ich sie einschalten wollte, merkte ich, dass wir keinen Strom hatten. Erst jetzt vermisste ich das vertraute leise Brummen der Kühltruhe, in der zum Glück nur eine halbvolle Familienpackung Eis stand. Mein Gatte, inzwischen auch den Federn entstiegen, diagnostizierte einen Stromausfall.

Faszinierend, was ein bisschen Farbe so bewirken kann!

Das Eis, durch mangelnde Kühlung zur Soße geworden, stellte ich in die Spüle, drehte den Wasserhahn auf, und wunderte mich nicht mehr, als er nur noch ein paar Tropfen gurgelnd und spuckend von sich gab.

Ohne Strom funktionierten weder die Wasserpumpe noch der Herd. Frustriert warteten wir das Gewitter ab. Als es endlich weiterzog, marschierte ich mit rohen Eiern und Kaffeepulver zum Wohnmobil, setzte Kaffeewasser, das ich mittels einer Zwölfvoltpumpe aus dem Gott sei Dank noch gut gefüllten Wasserkanister zog, und Eier auf meinem Gasherd auf. Während ich das Frühstück im Wohnmobil zubereitete, deckten meine Kinder im Haus den Frühstückstisch.

Heinz suchte derweil die Ursache für den Stromausfall, fand aber in unserer Anlage keinen Fehler. Weder war eine Sicherung durchgebrannt noch ein Kabel durchgeschmort. Der Defekt musste also woanders sein.

Nach dem Frühstück marschierte er dann zu unserem Nachbarn Dan. Dieser hatte das Gewitter verschlafen. Er probierte sofort Herd und Lichtquellen aus, aber auch bei ihm blieb alles dunkel.

Vermutlich hatte ein Blitz irgendwo eingeschlagen.

Dann endlich, nach drei Stunden, sprang der Kühlschrank wieder an und die Tiefkühltruhe gab wieder ihr monotones Brummen von sich.

In der Ferne grummelte es noch immer, und aus einer tiefliegenden dichten grauen Wolkenwand, die den Himmel bedeckte, regnete es in Strömen. Bei dem Wetter konnte man draußen nicht viel unternehmen.

An einer strategisch interessanten Stelle, genau dort wo die E6, nördlich von Uddevalla, nach Oslo weiterführt und eine Hauptstraße die Inseln Tjörn und Orust mit dem Festland verbindet, hatten findige Architekten und Geschäftsleute einen gigantischen Konsumtempel errichtet.

Es ist die meist befahrene Straße Skandinaviens. Sie wird von Touristen und Einheimischen gleichermaßen stark frequentiert, denn Touristen, die zum Nordkap und zu den norwegischen Fjorden fahren, nehmen diese Straße genauso, wie die Einheimischen, die von den Schären kommend nur zum Einkaufen fahren. Auch die Touristen, die aus der nordskandinavischen Wildnis zurückkehren, genießen hier wieder die Segnungen der Zivilisation. Vom Baumarkt über Sportgeschäften und Modeboutiquen bis hin zum Buchladen, Elektroartikeln und Unterhaltungselektronik findet man genügend Möglichkeiten, sein restliches Urlaubsgeld auszugeben.

Mein Gatte durchkämmt hier mit Vorliebe die Baumärkte, die Heimwerker- und Autozubehörläden. Ich dagegen ziehe das Zoogeschäft und die reichhaltige Auswahl in den Schuhgeschäften und den Buchläden vor.

Verständlicherweise ist dieser Konsumtempel gerade an Tagen mit schlechtem Wetter immer gut besucht.

Von weitem sahen wir schon den gut gefüllten Parkplatz und es gestaltete sich sehr schwierig, auf dem riesigen Gelände noch einen freien Parplatz zu finden.

Mehrmals kurvten wir über den vollen Parkplatz. Na, endlich! Vor uns fuhr ein holländisches Wohnwagengespann aus einer Doppelparkbucht. Hurtig, damit uns kein anderer zuvorkam, lenkte Heinz unser Wohnmobil auf den freien Parkplatz. Geschafft!

Inzwischen war es Mittag geworden, und die Knaben hatten Hunger. Wir steuerten ein großes Selbstbedienungsrestaurant an und studierten die Speisekarte. Zum Glück! Das Lieblingsessen meiner Herren stand mit drauf. Jetzt fehlte nur noch ein freier Tisch. Soeben, direkt vor uns, erhob sich ein älteres Ehepaar, vermutlich mit seinen drei Enkelkindern, von einem runden Tisch.

Ich schickte meine Söhne zum Platzfreihalten an den frei gewordenen Tisch, während Heinz und ich zur Theke gingen und das Essen bestellten. Viermal Grillkorv mit Pommes frites, für die Jungs Cola und wir je eine große Tasse Kaffee. Einen gemischten Salat konnte man sich zum Essen selbst zusammenstellen. Ketchup und Senf aus einem Automaten mit Druckhebel, Salz und andere Gewürze standen zur Selbstbedienung in der Mitte des Restaurants auf einem Gewürztisch.

Unsere Nummer, die wir beim Bestellen an der Theke bekamen, wurde aufgerufen, und wir holten unser Essen ab. Meine Kinder bedienten sich reichlich am Ketchup- und Senfautomaten. Wir dagegen zogen das Salatbuffet vor, bedienten aber zusätzlich den Ketchuphebel, nachdem wir uns noch etwas Grillgewürz über die Pommes gestreut hatten.

Beim Essen lauschte ich dem Sprachengewirr der Gäste. Neben den Einheimischen hörte ich Norwegisch, Holländisch, Deutsch, Französisch, ja sogar italienische und spanische Gäste saßen hier an den Tischen.

An Schlechtwettertagen, erfuhr ich von der schwedischen Familie am Nachbartisch, sei hier immer „mycket Folk". Bei schönem Wetter sei man draußen in der Natur oder mit dem Boot unterwegs.

Nach dem Essen saßen wir noch gut fünfzehn Minuten an unserem Tisch, tranken den nicht mehr ganz so heißen Kaffee und amüsierten uns über die Menschenmassen, die am Restaurant vorbeiliefen, dabei fiel mir auf, dass ausschließlich Teenager modisch gekleidet waren.

Kaum eine Frau malträtierte ihre Füße mit hochhackigen Stöckelschuhen. Einheimische wie Touristen waren zwar ordentlich, aber zweckmäßig gekleidet. Einige hatten sogar ihre Outdoorsachen an, mit denen sie wohl in der nordschwedischen Wildnis wandern waren.

Durch die unterschiedlichen Interessen geprägt, trennten sich beim Shoppen unsere Wege. Meine drei Herren marschierten in Richtung Baumarkt, der eine große, gut sortierte Holzabteilung hatte. Mit Wohlwollen genoss ich die familienfreie Zeit, um in Ruhe durch alle Geschäfte zu stöbern. Treffpunkt war um sechzehn Uhr wieder vor dem Restaurant.

Ich sah mir die neue Herbstkollektion in den Schuhgeschäften an, durchquerte einmal den Buchladen, der auch nette Ansichtskarten in einem runden Drehständer anbot, kaufte zwei mit den schönen bunten Fischerhäusern von Bohuslän, und schlenderte weiter. Plötzlich stand ich vor einem feudalen Geschäft mit Geschirr und Geschenkartikeln, die im liebevoll dekorierten Fenster ausgestellt waren. Hier verliebte ich mich in einen runden Glaskerzenständer für fünf Teelichter. Ein schönes Weihnachtsgeschenk für Mutti. Nun gut, dachte ich, damit erspar ich mir den vorweihnachtlichen Einkaufsstress.

Mit meinem erworbenen Schatz, gut geschützt im Karton verpackt und eingetütet, schlenderte ich weiter. Ich schaute mir die Aquarien und Vögel in dem Zooladen an, durchstreifte noch ein Sportgeschäft und fand mich, als ich mit einer roten Wintermütze, braunen Thermohandschuhen und weichen Sportschuheinlagen den Laden verließ, neben einer Cafeteria wieder. Ein Blick auf meine Armbanduhr verriet mir, dass ich noch Zeit für einen Kaffee hatte. Für fünfzehn Kronen bekam ich eine große Tasse Kaffee, in die ich viel Milch aus der schwarz-weißen Porzellankuh goss. Ohne eine doppelte Portion Kaffeegrädde würde der schwedische Kaffee sogar Tote wieder aufwecken. An einem der beiden freien Tische, die vor dem Restaurant standen, nahm ich Platz und drehte meinen Stuhl zur Einkaufsmeile um.

Menschen zu beobachten, ist nicht weniger spannend, als Tiere in freier Wildbahn mit dem Fernglas zu sehen.

Da waren Familien mit Kleinkindern in dreirädrigen Kinderkarren, pubertierende Teenager, die sich älter schminkten, als sie wirklich waren, und händchenhaltend mit ihrem ersten Freund den überdachten Gang entlangtrödelten. Ältere Damen dagegen versuchten ihre Lebensjahre mit Schminke zu kaschieren. Rüstige Rentner, die wohl sonst ein beschauliches Leben auf dem Lande führten, tappten hier durch das Gewusel, standen Schlange an der Eisbar und setzten sich auf die Bänke, die hier reichlich zum Verweilen einluden. Jüngere Männer, anscheinend Jäger, diskutierten neben mir stehend über die im Oktober stattfindende Elchjagd. Die Touristen, die an mir vorbeigingen, interessierten sich vor allem für die Preise.

Kurz vor vier erhob ich mich von meinem Platz und steuerte unseren Treffpunkt an. Was ich da sah, verschlug mir fast den Atem.

An der Wand, neben den Dosen- und Flaschenleergutautomaten, lehnten mehrere in Zellophan eingepackte Holzpakete. Davor standen Eis leckend meine Herren und warteten geduldig auf mich.

„Was habt ihr denn da alles gekauft?" staunte ich. „Gut, dass du kommst, das sind die Vierkanthölzer als Gerüst für unseren Schuppen, und aus den Brettern hier vernagele ich den Fußboden, ich hole das Auto jetzt hier vor die Eingangstür und dann laden wir alles ein." „Und was sind das für Backsteine?" Ich deutete auf die vor den Füßen meines Mannes aufgestapelten vier Steine. „Das sind Lekablöcke, die kommen als Stütze unter das Holz, dann brauchen wir kein Fundament."

Draußen hatte es endlich aufgehört zu regnen.

Ich öffnete das Heckfenster von unserem Wohnmobil und Heinz schob, unterstützt von seinen Söhnen, die Latten durch das Fenster. Drinnen nahm ich die Hölzer in Empfang und deponierte sie sicher im Auto. Die Lekablöcke schleppte Heinz selber in den Eingang, so dass keiner mehr hinein oder wenn man schon drinnen war nur mit halsbrecherischen Turnübungen wieder herauskam.

Zu Hause angekommen, wurde das Holz wieder durch das Heckfenster, das sich weit nach außen öffnen ließ, herausgeschoben und vorsichtig auf der Veranda gestapelt. Die Lekablocksteine fuhr Heinz in der Schubkarre gleich zu ihrem Platz und legte sie auf den Waldboden.

Mit Zollstock, Zettel und Stift bewaffnet, verschwanden meine drei Herren hinter dem Gästehaus. In den nächsten Minuten hörte ich nur noch Zahlengemurmel.

Nach dem Abendessen lugte die Sonne durch den grauen Wolkenschleier. Akribisch zupfte ich das letzte Unkraut aus dem aufgeweichten Kiesweg, was erstaunlicherweise leichter ging als im trockenen Kies. Eine Amsel umschwänzelte mich dabei ständig, wohl hoffend, einen Regenwurm erspähen zu können. Über den nassen Rasen lief schwanzwippend eine Bachstelze.

Irgendwann tauchten meine Herren wieder auf und gemeinsam saßen wir noch eine Stunde zwischen den Holzpaketen auf der Veranda, bis uns die Knotts und Mückenschwärme vertrieben.

Sägegeräusche weckten mich am nächsten Morgen. Ich schaute aus dem Fenster und wurde von der extrem grellen Morgensonne, die von

einem wolkenlosen Himmel schien, geblendet. Nur mit einem dünnen Sommerschlafanzug bekleidet, trat ich aus der Haustür und folgte den Sägegeräuschen. Einmal um das zukünftige Gästehaus blickend, sah ich meinen Mann, wie er unkontrolliert mit den Armen um sich schlug.
„Guten Morgen! Was treibst du denn schon in aller Herrgottsfrühe hier?"

Die Antwort konnte ich mir selber geben, denn ich sah ein großes aus Vierkanthölzern stehendes Gerüst, das auf den ungefähr zehn Zentimeter tief eingegrabenen rechteckigen Lekablöcken stand.

„Das Gerüst steht, nachher fange ich mit dem Fußboden an. Ganz früh morgens zu arbeiten, wenn mich die Knotts piesacken, macht mir am meisten Spaß. Ich hatte vorhin übrigens einen Zuschauer: Oben auf dem dritten Eichenast saß minutenlang ein Eichhörnchen, wedelte mit seinem buschigen Schwanz und keckerte mich frech an. Wir müssen mal Nüsse besorgen. Apropos Nüsse: Wann gibt es denn Frühstück?"

„Der Kaffee ist fertig und die Jungs kochen Eier."

„Heute müssen wir noch Brot, Käse und Eier kaufen", stellte ich fest und goss mir die zweite Tasse Kaffee ein. „Wiesenwhisky ist auch alle," warf Björn ein, während er den Mäusespülenschrank öffnete und die leere Milchverpackung der Mülltüte spendierte.

„Dann können wir auch gleich in den Wasserpalast gehen", bestimmten meine Söhne zweistimmig.

„Na gut, dann wird der Fußboden erst morgen angefangen", mein Mann gab sich geschlagen.

Als wir am Abend nach Hause kamen, verschwand Heinz gleich Pfeife rauchend hinter unserem Gästehaus, um sich seine Arbeit anzusehen. Kurze Zeit später war er aber schon wieder bei uns im Haus und kratzte sich überall.

„Was ist denn mit dir los, bist du holzallergisch?" fragte ich lakonisch, während ich die nassen Badesachen auf den Wäscheständer hängte.

„Nein, aber die Mücken dieses Jahr sind widerlich, eine erschlägt man und zehn kommen zur Trauerfeier."

Um der Mückeninvasion auszuweichen, beschäftigten wir uns den Abend nur noch im Haus. Beim Abendessen diskutierten wir über den neuen Schuppen und wie wir möglichst schnell das Gästehaus ausbauen konnten. Später spielten wir gemeinsam noch eine Runde Scrabble.

Bei einem flüchtigen Blick aus dem Wohnzimmerfenster sah ich in der Dämmerung einen Fuchs, der wohl auf Mäusejagd war, mit der Nase am Boden über unser Grundstück laufen. Leise standen wir auf und gingen fast geräuschlos auf die Veranda.

Der Fuchs hatte inzwischen eine große Wühlmaus gefangen, als plötzlich ein zweiter, kleinerer Fuchs auftauchte und den größeren ständig bettelnd umwieselte. Dieser ließ die inzwischen tote Maus los und legte sie auf den Rasen. Sofort stürzte sich der kleinere Fuchs darüber her, und so hatten wir das Glück den Füchsen beim Abendessen zuzuschauen. Ein leises Schmatzen und Knacksen konnten wir noch hören, dann war von der Maus nichts mehr zu sehen. Als Nachtisch naschten sie im Vorbeilaufen von den wilden Himbeeren, die von innen an unserer Hecke wuchsen und verschwanden anschließend wieder durch die Hecke zum angrenzenden Feld. Noch minutenlang standen wir in der Abendkühle auf der Veranda.

Draußen war es totenstill, selbst die Mücken waren inzwischen schlafen gegangen. In der Hecke schimpfte eine Amsel, die sich wohl von den Füchsen gestört fühlte, und das heisere Bellen eines Rehbockes hallte im Wald wider. Wir gingen wieder ins Haus und spielten unser Scrabblespiel weiter.

„Eben ist Batman vorbeigeflogen", unterbrach Sven die nachdenkliche Stille. „Und der andere war Robin", fügte Björn hinzu. Zwei Fledermäuse flatterten auf Insektenjagd an unserem Wohnzimmerfenster vorbei. Von irgendwoher tauchte auf einmal eine Eule auf, landete kurz auf der Verandaaußenwand, drehte ihren Kopf um hundertachtzig Grad und erhob sich mit ihren Schwingen in die Dunkelheit der Nacht.

Inzwischen, nach Mitternacht, war unser Spiel zu Ende. Mit den verbliebenen drei Buchstaben konnte man keine Wörter mehr bilden. Wir räumten das Spielfeld ab, verpackten alles wieder im Karton und kuschelten uns in die Betten.

Am nächsten Vormittag klopfte mein Gatte den Fußboden vom Schuppen zusammen. Nach dem Mittagessen kam er auf die Idee, Dachbleche zu besorgen. Gemeinsam fuhren wir nach Högsäter. Dort gab es einen

Betrieb, der Dachbleche und Ähnliches verkaufte. Vorsichtig luden wir die ausgemessenen gewellten schwarzen Dachbleche ins Auto.

Anschließend, und weil wir sowieso in der Nähe waren, wollten wir uns das Kroppefjäll, ein Wildnisgebiet mit nordschwedischem Charakter, ansehen. Hier sollte es außer Rehen, Elche und Luchsen auch viele Biber und Rauhfußhühner sowie Auer- und Birkhähne geben. Außerdem hatte ich gerade in einer schwedischen Zeitung gelesen, dass sich dort Wölfe aufhielten.

Zuerst hielten wir an dem Campingplatz „Ragnerudsjön." Direkt vor unserem Auto stand ein phantasievolles Verkehrsschild: „KÖR SAKTA! Tänk på våra vilda barn och tama djur", stand in großen Buchstaben geschrieben – Fahre langsam, denk an unsere wilden Kinder und zahmen Tiere. Amüsiert über dieses niedliche Verkehrsschild, nahm ich meinen Fotoapparat und verewigte es auf einem Foto.

In einem kleinen Laden, der auch Grundnahrungsmittel verkaufte, holten wir uns jeder ein Eis. Nach einem ausgiebigen Spaziergang über den gut besuchten Platz fuhren wir auf der nicht asphaltierten Waldstraße links am Ragnerudsjön vorbei ins Kroppefjäll.

Auf der Suche nach Wildtieren verrenkten wir uns fast die Hälse. Abwechselnd drehten wir unsere Köpfe nach links und rechts und spähten aus dem Fenster, aber wir sahen weder einen Elch noch einen Luchs, geschweige denn einen Wolf, obwohl wir diesen kurvenreichen Waldweg beinahe im Schritttempo befuhren. Hier und dort hielten wir an und wagten auf unebenen Kraxelpfaden kleine Fußmärsche, um von schroffen felsigen Anhöhen mit dem Fernglas die Gegend abzusuchen.

An einem See entdeckten wir eine baumbewachsene Felsenhalbinsel, parkten an einer kleinen Haltebucht unser Womo und marschierten zwischen knorrigen Bäumen und aus dem Waldboden ragenden glitschigen Baumwurzeln die Halbinsel entlang. Dachshaare im Unterholz verrieten uns, dass die Höhle unter einem schützenden Gebüsch bewohnt war. Am Ende der Halbinsel, nur durch einen schmalen Sund vom dichten Urwald getrennt, lag umgedreht eine altes Holzruderboot.

Hier sahen wir frische Elchspuren, die zum Seeufer führten. Ich vermutete, dass die Elche sich hier nachts aus dem dichten urwüchsigen Wald wagten und zum Trinken herkamen, vielleicht schwammen sie

„Fahre langsam, denk' an unsere wilden Kinder und zahmen Tiere"

auch durch den Waldsee ans andere Ufer. Elche sind sehr gute Schwimmer.

Auf einem im See liegenden Baumstamm saß, sich den dichten Pelz putzend, ein Biber. Leise versuchten wir, uns anzuschleichen, aber mit einem lauten warnenden Platsch verschwand er im Wasser und ward nicht mehr gesehen. Enttäuscht stiegen wir wieder ins Auto und fuhren weiter.

Einige Meter bevor die Waldstraße in die asphaltierte Hauptstraße mündete, lief mit ihren langen staksigen Beinen von rechts kommend in gut dreißig Metern Entfernung eine Elchkuh über die Straße. Rein zufällig, weil ich die Straße gefilmt hatte, nahm ich sie mit der Videokamera auf. Aber bevor wir unsere Fotoapparate schussbereit hatten, war sie so plötzlich, wie sie auftauchte, auch wieder verschwunden. Irgendwo im Wald hörten wir es nur noch knacksen.

Mit unseren Dachblechen als Fracht fuhren wir in der Dämmerung heimwärts und mussten höllisch aufpassen, weil überall Rehe, die Verkehrsregeln ignorierend, über die kaum befahrenen Landstraßen sprangen.

Der nächste Vormittag bestand wieder einmal nur aus Arbeit. Gemeinsam sägten wir die schwarzen Dachbleche zurecht, die anschließend auf die hölzerne Dachkonstruktion geschraubt wurden.

Unser Anbauschuppen bestand nun schon aus dem Fußboden, dem Gerüst für die drei Wände, die vierte Wand bildete die Rückwand vom Gästehaus, und dem inzwischen fertigen Dach. Die Wände wollten wir erst im Herbst annageln.

Am Nachmittag legte ich mich mit meiner mitgebrachten Schaumstoffliegematte auf die Wiese und blätterte durch die Reiseprospekte, die wir im Touristbüro auf dem Campingplatz Ursand eingesammelt hatten. Dabei fiel mir ein Motiv besonders ins Auge. Es zeigte rote, gelbe und blaue Holzhäuschen auf Felsen gebaut in malerischer Felsenküstenumgebung. Davor, wie an einen Felsen geklebt, romantische, bunte schmale Boots- und Fischerhäuser, die nur über einen dunkelbraunen Steg zu erreichen waren.

Der Ort hieß Smögen, und lag an der Westküste in der Provinz Bohuslän. Neugierig geworden, wollten wir uns dieses malerische Fischerdorf gleich am nächsten Tag ansehen.

Morgens um neun starteten wir in Richtung Smögen. Vorbei an der „Nordens Ark", einem Tierpark für bedrohte Tiere aus den nordischen Regionen, aus den Hochgebirgen sowie aus Asien. Auch der stark bedrohte Schneeleopard wurde hier unter optimalen Bedingungen in der Felsenlandschaft nachgezüchtet. Diesen Tierpark, in einer romantischen Fjordlandschaft gelegen, wollten wir aus Zeitgründen an einem anderen Tag besuchen.

Erwartungsvoll fuhren wir einen Fjord entlang, bogen links nach Kungshamn und Smögen ab, fuhren zwischen kargen Felsen durch, und landeten in einem kleinen Küstenort namens Vajern. In einem Lebensmittelladen kauften wir Kuchen mit Vanillepudding, der verlockend nach Zimt duftete. Gegenüber vom Hallenschwimmbad „Tumlaren" parkten wir unser Wohnmobil direkt auf einem der breiten Anlegestege für Boote. In wagemutiger Weise manövrierte Heinz unser fast sieben Meter langes rollendes Wohnzimmer so weit nach hinten, bis wir mit dem langen Heck direkt nur zwei Meter über der Wasseroberfläche standen. Meine Bedenken ins Wasser zu kippen wischte er mit einem „Ach, was! Und wenn, wir können doch alle schwimmen", zur Seite. So saßen wir im Heck unseres Womos, aßen unseren Kuchen und hatten durch die Fenster eine herrliche Panoramaaussicht über die Schärenlandschaft.

Aus unserem Heckfenster konnten wir durch das flache Wasser den Meeresboden sehen. Wir beobachteten Taschenkrebse, Quallen und kleine Fische. Bunte Fischerboote lagen an anderen Bootsstegen vertäut, und die Fischer, die mit ihren in Reusen gefangenen Krebsen und Fischen zurückkamen, wurden mit aufdringlichem Möwengeschrei empfangen.

Genussvoll löffelten die Jungs ihren Kakao und wir genossen unseren Kaffee zu dem leckeren Kuchen in dieser herrlichen Kulisse, und nur ungern trennten wir uns nach eineinhalb Stunden wieder von diesem doch etwas abenteuerlichen Parkplatz.

Weit kamen wir aber nicht.

An mehreren gut besuchten Campingplätzen vorbei führte uns die Straße zu einem wunderschönen Parkplatz, der, vor der großen Brücke, die Kungshamn und Smögen trennt, in den hohen Felsenklippen angelegt war. Die Picknicktische aus Holz und die Sitzbänke, die überall verstreut zwischen den Klippen standen und eine phantastische Aussicht boten, ignorierten wir dieses Mal. Wir hatten ja gerade erst gegessen.

Björn und Sven kletterten übermütig auf den runden, gut begehbaren Felsen herum und hatten eine noch schönere Aussicht als wir. Mit Fotoapparat und Filmkamera gingen wir den Fußweg auf der Brücke entlang. Unter uns fuhren Freizeitkapitäne mit ihren Segelyachten und Motorbooten. Auch Sightseeingschiffe und kleinere Personenfähren schipperten unter der Brücke durch. Ein paar ganz mutige paddelten sogar mit ihren Kanus durch die malerischen Schären.

Ein Blick auf die Autokennzeichen verriet uns: hier ist eine Touristenhochburg. Da waren Holländer, Engländer, Dänen, Franzosen und vor allem reichlich deutsche Touristen, die mit Fotoapparaten und Videokameras die einmaligen Eindrücke festhielten.

Ich trommelte meine Knaben zusammen, die erst von den obersten Klippen herunterklettern mussten. Langsam, nach beiden Seiten schauend, fuhren wir über die Brücke in den Ort Smögen ein. Wenn man nicht genau wüsste, dass man in Schweden ist, hätte man auch glauben können, auf einer griechischen Insel zu sein. Braungebrannte

Bikinischönheiten lagen bei azurblauem Himmel auf den Wärme speichernden Klippen. Im Ortskern reihte sich ein Restaurant neben dem anderen, vor denen wiederum Tische und Stühle unter Sonnenschirmen standen und meist besetzt waren. Neidisch sah ich übergroße Eisbecher auf den Tischen stehen. Auch die Buchstaben „RUM", die hier nichts Alkoholisches bedeuten, sondern einfach nur heißen: Zimmer zu vermieten, las ich häufig. Beinahe im Schritttempo fuhren wir durch den Ort mit seinem touristischen Charme hindurch bis nach Bryggen und fanden erst nach langem Suchen einen Parkplatz, natürlich wieder zwischen Felsenklippen.

Geschickt eroberten meine Söhne wieder zuerst die Felsen oberhalb des Parkplatzes. Von oben riefen sie wie aus einem Munde: „Da hinten steht ein Leuchtturm und danach können wir das offene Meer sehen."

„Kommt wieder runter, hier ist eine Treppe, die führt durch eine Felsenschlucht in die Schären!" kommandierte ich.

Wir stiegen die Treppe hinauf und fanden uns in einer engen Schlucht, die nur auf Holzstegen begehbar war, wieder. Neben und unter uns floss das Wasser, während wir an den gut fünfzehn Meter hohen Felswänden entlanggingen. Der Steg führte uns um eine Kurve. Von hier aus konnte man mit etwas Geschick über die Schäreninseln klettern und zum Leuchtturm wandern. Es waren aber mindestens zwei Kilometer.

„Lass uns lieber zur Flaniermeile gehen, ich denke da legen die Yachten an, und Einkaufsboutiquen soll es hier auch geben. Vielleicht gibt es ja da auch eine Eis- oder Pommesbude", bestimmte Heinz, der nicht so gerne klettert, aber dafür immer Hunger hat.

Also drehten wir wieder um, gingen durch die Schlucht zur Treppe zurück und suchten die Yachten.

Dabei kamen uns die anderen Touristen zur Hilfe. Wir gingen einfach nur der Menschenmasse nach und landeten auf einem schmalen Bootssteg, an dem Fischerboote vor ihren kontrastreichen roten, gelben oder blauen Bootshäusern, die malerisch wie an einem Felsen geklebt aussahen, vertäut waren.

Nach einigen Metern sahen wir die ersten Motoryachten im Gästehafen. Und plötzlich standen wir mittendrin im Menschengetümmel.

Auf der rechten Seite reihten sich die Boote der Freizeitkapitäne.

Schweden wie aus dem Bilderbuch: das Fischerdorf Smögen

Ein gut ein bis drei Meter breiter Holzpier führte auf der linken Seite zu den kleinen, in ehemaligen Fischerhäusern eingerichtete Boutiquen, die ihre Waren nicht nur in, sondern auch vor den Geschäften feilboten. Auf Kleiderbügeln gut sichtbar hingen T-Shirts, Hosen und Segeljacken. Aber auch Ansichtskarten, Sonnenbrillen und Geschenkartikel wie Leuchttürme, Muschelsammlungen und Steine, auf denen winzige typische bunte Bohuslänhäuschen geklebt waren, vor denen wiederum noch winzigere Menschen standen, wurden zuhauf angeboten.

Ich amüsierte mich über zwei schwarze Labradorhunde, die mit ihren roten Schwimmwesten, aber ohne Leine neben ihrem Herrchen an mir vorbeiliefen.

Vollbärtige Seebären präsentierten ihre Tätowierungen und blutjunge Meerjungfrauen ihre makellosen Körper. Gerade eben schipperte ein Katamaran mit deutscher Flagge in den Gästehafen und erregte allgemeine Aufmerksamkeit. Junge Bikinischönheiten posierten auf dem Bugteil ihrer Yachten in der Sonne und für das vorbeilaufende Publikum.

Andere Segler kauften in den Fischläden Krabben, Garnelen und

Der Hafen...

diverse Salate und dekorierten damit gut sichtbar ihre Tische auf den Booten, an denen sie genussvoll speisten. Auch Restaurantbesitzer, die den größten Teil ihrer Tische draußen auf der Flaniermeile stehen hatten, kamen hier nicht zu kurz.

Touristen aus aller Welt kehrten hier ein und verfolgten amüsiert das pulsierende Treiben. An etwas breiteren Plätzen jonglierten Laienspielgruppen anmutig mit Bällen und Stäben.

Von irgendwoher stieg mir der verlockende Duft von Pommes frites in die Nase, und schon sahen wir mehrere Personen, die uns mit einer Pappschachtel Pommes entgegenkamen.

Immer der Nase nach landeten wir vor einem Kiosk, der Hamburger, Würstchen mit Kartoffelbrei, Salate und Pommes verkaufte. Gleich daneben standen zwei Bänke, von denen sich gerade eine vierköpfige Familie mit Kinderwagen erhob. Ich schickte meine Ableger zum Platzfreihalten auf die Bank.

Heinz bestellte vier Portionen Pommes mit Ketchup. Auf der Bank sitzend amüsierten wir uns beim Essen über das bunte Treiben.

... und die Flaniermeile von Smögen

Große und kleine Yachten legten ab und fuhren ins offene Meer hinaus, andere kamen neu in den Gästehafen, die Skipper suchten noch freie Plätze und vertäuten seemännisch ihre Boote.

Keine Zweifel berührten uns, wir waren im Sylt des Nordens.

Mein Gatte deutete auf ein an die Hauswand geklebtes Plakat. Gegenüber, auf der anderen Seite des Gästehafens, im Restaurant „Magasinet" sollten abends auf der Freilichtbühne Smokie und Status Quo auftreten.

Ich machte mir nichts aus lauter Livemusik, aber Heinz war entschlossen, das Konzert zu besuchen. Das sollte ja wohl kein Problem sein, erstens ist es bis dreiundzwanzig Uhr hell, und zweitens gibt es hier genug zu sehen, so dass Langeweile bestimmt nicht aufkommt.

Wir schlenderten die Promenade weiter und sahen, wie gerade ein großer Fischtrawler, von schreienden Möwen begleitet, am Kai anlegte.

Kisten und Wannen mit von Eis bedeckten Fischen verschwanden in der großen Fischauktionshalle.

Ich überlegte nur kurz: Alles was ich zu einem Fischgericht brauchte – Paniermehl und Salz, Eier, Brot und Fett, aber auch Tomaten, Salatgurke, Eisbergsalat und Dressing und sogar eine rote Paprika – hatte ich morgens noch eingepackt.

In dem großen Fischladen, der neben der Auktionshalle seine frischen Waren verkaufte, schwammen in einem quadratischen Aquarium einheimische Seefische und ein Hummer sortierte gerade mit seinen kräftigen Scheren die Kieselsteine.

Ich kaufte vier mittelgroße Scheiben Dorschfilet und weil sie in einem Korb lagen, der auf dem Tresen stand, auch gleich vier Zitronen. Heinz inspizierte die Salattheke und kaufte sich einen kleinen Becher roten Heringssalat.

Unsere kostbare Fracht brachten wir auch gleich ohne Umwege über die vielen einladendend bunten Boutiquen zum Parkplatz. Mein Wohnmobilkühlschrank, den ich vorhin auf Gasbetrieb umgestellt hatte, war zum Glück kalt genug, um den Fisch für kurze Zeit zu lagern.

Meine Söhne nutzten gleich die Gelegenheit, um wieder auf den von der Eiszeit rund geschliffenen Felsen zu klettern. Ich dagegen setzte erst einmal das Kaffeewasser auf unserem Gasherd auf.

Trapp, trapp, trapp machte es plötzlich auf unserem Autodach. Ich stieg aus der Tür, blieb auf der Eintrittstufe stehen und schaute nach oben, direkt in die gierigen Augen einer hungrigen Möwe, die oberhalb unserer Tür auf dem Autodach stand. Sie hatte wohl mit einer Nachspeise in Form von Kuchen oder Brot nach ihrer Fischmahlzeit gerechnet.

Während ich das kochendheiße Wasser in den Kaffeefilter goss, fütterte mein Gatte die Möwe mit hellem Brot. Und nullkommanix sprach sich die Futterspende in Möwenkreisen herum, denn plötzlich patrouillierten mindetens zehn der immer hungrigen gefiederten Gesellen kreisend über unseren Parkplatz. Eine besonders vorwitzige Möwe landete unter erbittertem Protestgeschrei der ersten Möwe auf unserer Eintrittstufe und schaute langhalsig in unser Auto. „Schluss jetzt mit der Fütterei, das Brot hatte ich für den Fisch eingeplant", scheuchte ich die aufdringlichen Kameraden mit einem energischen Händeklatschen davon.

Aus meinen mitgebrachten Zutaten richtete ich einen gemischten Salat an. Mit Joghurtdressing und Zwiebelringen hatte ich für nachher eine leckere Beilage zu dem Fisch. Aber vorher wollten wir noch einmal durch die Boutiquen stöbern.

Nach dem Kaffee zogen wir wieder los. Nach gut achthundert Metern waren wir wieder auf der Flaniermeile. Wir durchstöberten die Geschäfte und meine Jungs entdeckten schwarze T-Shirts mit gehörnten braunen Elchköpfen auf der Vorderseite, für einhundertfünfzig Kronen. Fragend blickten sie sich zu ihrem Vater um und Heinz, unser Finanzminister, nickte zustimmend, zumal genau die richtigen Größen dabei waren. Er gab ihnen einen Fünfhundert-Kronenschein und stolz marschierten die Knaben damit zur Kasse.

Ich kaufte nebenan zwei Ansichtskarten, setzte mich auf eine Bank, schrieb sie gleich an meine Verwandten und steckte sie in den Briefkasten, der neben dem Kiosk stand.

In einem Andenkenladen zwischen Leuchttürmen und Keramikseehunden hingen an einem Haken Miniatur-Elchverkehrsschilder als Schlüsselanhänger für zehn Kronen. Die Kinder bettelten, bekamen die Schlüsselanhänger und waren zufrieden.

So schlenderten wir von Laden zu Laden, kauften uns noch ein leckeres Eis und kamen auf dem Rückweg, kurz vor den Bootshäusern, an einer Gruppe Felsenkletterer vorbei, die sich mit ihren Seilen akrobatisch die schroffe Felswand hochzogen. Mit unserem Eis in der Hand setzten wir uns auf eine Bank, um die Felsenkletterer zu beobachten.

Über unseren Köpfen kreisten mit viel Geschrei ständig Möwen auf Futtersuche.

Platsch! Machte es plötzlich, und ein großer Klecks Möwenschiss landete genau vor unserer Bank. Bevor der nächste Klecks womöglich auf unseren Köpfen landete, flüchteten wir.

Irgendwie macht die frische Seeluft hungrig.

Ich begann, den Dorsch mit Salz und Zitrone zu beträufeln. Erst in einem aufgeschlagenen Ei und anschließend in Paniermehl gewälzt, bruzzelte er in der Pfanne binnen zehn Minuten zu einem leckeren Essen. Der Fisch war butterweich und ich musste aufpassen, dass er mir nicht zerfiel. Meine Männer deckten in der Zwischenzeit den Tisch und stellten das geschnittene Brot und den Salat dazu.

Aus dem Heckfenster hatten wir beim Essen einen herrlichen Panoramablick auf die Felsenlandschaft und die farbenfrohen Häuschen, die hier ausnahmslos alle auf Felsen gebaut waren. Die Hafenkulisse sah in

Wirklichkeit noch schöner und romantischer aus als im Reiseprospekt.

Nach dem leckeren Essen kam der Abwasch. In unserem Wohnmobil war das nicht unbedingt ein Vergnügen, denn die Spüle war nicht viel größer als eine Vogeltränke. Aber mit vereinten Kräften hatten wir die Küche ziemlich schnell wieder sauber.

Damit wir nach dem üppigen Essen nicht einschliefen, stiegen wir noch einmal die Treppe in der Felsenschlucht hoch. Geschickt kletterten wir über die im Wasser liegenden Granitfelsen in Richtung Leuchtturm. Wir waren schon fast am Ziel, aber die Abstände der Felsen, die aus dem Wasser ragten wurden immer größer, und wir hätten Schuhe und Strümpfe ausziehen müssen, um weiterzugehen. Barfuß über glitschige Steine zu klettern war uns allerdings zu gefahrvoll, also drehten wir wieder um.

Als wir zu unserem Auto zurückkamen, waren auch die wenigen vorhin noch freien Parkplätze belegt. Außerdem standen die Autos auch überall da, wo sie eigentlich nicht parken duften.

Ach ja! Smokie spielte in einer Stunde. Heinz tauschte schnell seine kurze Hose gegen eine lange Jeans, nahm sich sein Portemonnaie und marschierte zum Restaurant Magasinet.

Die Knaben turnten in den Klippen herum und ich genoss einfach nur den Abend in dieser malerischen Schärenlandschaft. Die Musikgruppen waren übrigens auch auf dem Parkplatz gut zu hören.

Irgenwann kehrte Ruhe ein. Autotüren klappten und der Parkplatz leerte sich. Auch Heinz kam – Melodien summend und gut gelaunt – zurück.

Nun überlegten wir, ob wir die achtzig Kilometer nach Hause fahren oder vor Ort im Auto schlafen sollten, aber ein Hinweis auf einem Verkehrsschild „Wohnmobile dürfen hier nicht übernachten" nahm uns die Entscheidung ab.

Die Dämmerung, Nebelschwaden und der ungewöhnlich dichte Staßenverkehr zwangen uns dazu, sehr langsam zu fahren.

Vorsicht! Auf der rechten Seite im Straßengraben spielten zwei Füchse. Wir waren gerade daran vorbei, da sprang ein Reh wenige Meter vor unserem Auto über die Straße. Nur schemenhaft im Nebel sahen wir das Reh im Wald verschwinden.

Endlich bogen wir auf die E 6, hier grenzen hohe Wildzäune die Straße ab. Bald darauf kam unsere Abfahrt. Jetzt mussten wir nur noch 20 Kilometer durch Wald und elchreiches Gebiet fahren.

Nachts um zwei Uhr waren wir endlich zu Hause und fielen todmüde in unsere Betten. War das ein herrlicher Tag!

Kater Sievert

Beim Frühstück am nächsten Vormittag schwärmten wir uns noch gegenseitig vom gestrigen Tag vor. Heinz summte immer noch Ohrwürmer von Smokie.

Meine gute Laune verflog allerdings, als ich duschen und mir die Haare waschen wollte. Ich drehte den Wasserhahn auf, aber der röchelte nur und spuckte mir eine undefinierbare rostbraune Flüssigkeit entgegen. Frustriert zog ich mich wieder an und rief nach meinem Gatten, der gerade sein Werkzeug in seiner Snickeria sortierte.

Heinz schob den schweren Brunnendeckel zur Seite, rief mich, die Kinder kamen auch gleich angelaufen, und zu viert starrten wir geschockt in den leeren, gut dreieinhalb Meter tiefen Brunnen.

„Na gut, dann gehen wir erst einmal zum Baden ins Schwimmbad nach Vänersborg."

Wir nahmen den leeren 20 Liter fassenden Wasserkanister aus unserer Campingzeit mit, fuhren in die Stadt zum Wasserpalast und gingen anschließend gleich in dem angrenzenden Restaurant essen.

An einer Tankstelle füllten wir zuerst unseren Dieseltank. Beim Bezahlen fragte ich, ob wir auch Trinkwasser fürs Wohnmobil bekommen könnten. Der Kassierer zeigte uns den Wasserhahn mit der Aufschrift „Dricksvatten". Wir füllten sowohl den Zwanzigliterkanister als auch unseren Wohnmobilwassertank.

Am Himmel brauten sich dunkle Wolken zusammen.

Bei Kvantum kauften wir noch schnell Brötchen, Kuchen, eine Rolle Kekse mit Nougatfüllung, Milch, Eier und Schnitzelfleisch für den nächsten Tag ein und verstauten die Kühlwaren in unserem Autokühlschrank

Auf der 20 Kilometer langen Heimfahrt wurden die Wolken immer schwärzer und Blitze zuckten aus den pechrabenschwarzen Wolkenbergen. Kaum waren wir rückwärts unsere Einfahrt hochgefahren, öffnete der Himmel alle Schleusen und ein heftiges Gewitter mit dicken Platzregentropfen prasselte auf uns nieder. Grelle Blitze hellten die gespenstisch dunkel anmutende Atmosphäre auf. Durch das dumpfe Donnergrollen bebte der ganze Fußboden im Wohnmobil. Stoisch warteten wir das Unwetter ab.

Binnen 15 Minuten stand auf unserem Kiesweg zentimeterhoch das Wasser. Allerdings schoss mir dabei auch ein guter Gedanke durch den Kopf: Wasser von oben bedeutet auch wieder Wasser in unserem Brunnen.

Als der Regen nachließ, patschten wir zu viert mit unseren Einkäufen über den Rasen – für den Kiesweg hätten wir ein Schlauchboot nehmen können – und gingen links um das Haus herum bis zur Eingangstür. Da es leicht bergauf ging, stand hier kein Wasser, aber es floss uns vom Wald herkommend entgegen.

Als ich vom Wohnzimmer aus die Verandatür öffnete, sah ich auf einem gepolsterten Gartenstuhl eine fremde Katze liegen. Der Rücken, die Stirn und der Schwanz waren braunschwarz und leicht getigert. Der Bauch, die Beine und Pfoten und ein Teil des Gesichtes waren schneeweiß.

Sie begrüßte uns freundlich mit einem langgezogenen Miau, sprang auf und drückte zuerst ihren Kopf und dann ihren ganzen Körper gegen meine Beine, dabei schnurrte sie leise. Offenbar hatte sie bei dem Unwetter ein trockenes Plätzchen gesucht. Mein Anfangsverdacht, es handele sich um ein streunendes Tier, bestätigte sich nicht. Im Gegenteil, sie sah sehr gut genährt und auch gepflegt aus.

Ich hängte die Badesachen zum Trocknen auf den Wäscheständer. Aus dem gefüllten Zwanzigliterkanister, der in der Küche auf dem Tisch stand, füllte ich die Kaffeemaschine und deckte in der Stube den Tisch.

Die Katze war ein Kater, wie ich beim genaueren Hinsehen feststellte. Er hatte sich inzwischen auf dem Sofa auf einer kuscheligen Wolldecke eingerollt und tat so, als ob er schon zehn Jahre zur Familie gehörte. Erst jetzt sah ich eine kleine, etwa einen Zentimeter große Kerbe in seinem rechten Ohr.

„Ah, du bist nicht nur ein Schlitzohr, du hast auch eins", schmunzelte

Kater Sievert kam uns gerne besuchen

ich, während ich ihm über den Rücken streichelte.

Während wir Kekse knabberten, nahm ich meine Untertasse, goss etwas Kondensmilch darauf, zeigte das dem Kater und stellte den Teller auf den Parkettfußboden. Neugierig sprang er auch gleich auf, reckte und streckte sich, ging zum Tellerchen und schleckte geräuschvoll die Milch auf. Dabei bespritzte er sich sein niedliches Gesicht. Selbst an den Schnurrhaaren hingen kleine Milchtropfen.

Nachdem er auch noch das Tellerchen gründlich abgeleckt hatte, setzte er sich auf die braune Matte vor der Verandatür und putzte sich hingebungsvoll das Gesicht. Zufrieden sprang er, nachdem er mit seiner Katzenwäsche fertig war, neben mir aufs Sofa, rollte sich wieder auf der Decke ein und schnurrte wie eine Nähmaschine.

Das Wasser auf dem Kiesweg sickerte langsam ab und landet hoffentlich gefiltert in unserem Brunnen.

Björn und Sven waren sich mal wieder einig und wollten abends mal wieder Canasta spielen. Heinz nahm das Canastaspiel, das auf der Fensterbank lag, mischte die Karten und verteilte sie.

Der Kater auf dem Sofa rührte sich nicht. Auch als wir gegen 23 Uhr schlafen gehen wollten und ich auffordernd die Verandatür öffnete, rollte sich der Kater demonstrativ den Schwanz vor sein Gesicht und zeigte mir unmissverständlich, dass er bei uns zu nächtigen wünschte.

„Na gut, wenn du keine Dummheiten machst, darfst du hier liegen bleiben", sagte ich und ging schlafen.

„Miau, Miau", hörte ich am frühen Morgen im Dämmerschlaf.

Ach ja, der Kater. Die Uhr zeigte fünf. Es war schon hell draußen. Ich wälzte mich aus dem Bett, um nach dem Kater zu schauen. Der stand bereits vor der Verandatür und wünschte, hinausgelassen zu werden. Ich öffnete die Tür. Der Kater bedankte sich höflich mit einer Kopfnuss und stolzierte hoheitsvoll mit erhobenem Schwanz die drei Verandastufen hinunter. Ich schloss die Tür und legte mich wieder ins Bett.

Als wir gegen neun Uhr frühstücken wollten und die Haustür öffneten, sprang mit einem Satz der Kater die Stufen hoch und kam sofort zu mir an den Tisch. Ich stellte ihm wieder ein Tellerchen mit Dosenmilch auf den Fußboden. Genussvoll, bis zum letzten Tropfen, schleckte er die Milch auf und sah mich flehend an: „Einmal Nachschlag bitte." Ich konnte diesen bettelnden Blick nicht ertragen und füllte das Schälchen noch einmal mit Kondensmilch. Nachdem auch der letzte Tropfen aufgeleckt war, wusch er sich mit den Pfoten gründlich das Gesicht.

Nach dem Frühstück, der Himmel war immer noch bewölkt, kam Heinz auf die Idee, die Dachbodenluke auf der rechten Giebelseite zu öffnen und den Inhalt zu inspizieren.

Gemeinsam holten wir die große Holzleiter und stellten sie schräg an die Hauswand. Aus dem Nichts tauchte Kater Schlitzohr auf, und ehe wir ihn daran hindern konnten, kletterte er die Leiter hoch.

Auf der obersten Sprosse, in luftiger Höhe angekommen, schrie er lautstark um Hilfe, weil er sich nicht wieder heruntertraute. Heinz wies uns an, die Leiter festzuhalten, während er die zweite Sprosse betrat. Während wir zu zweit die Leiter festhielten, stieg mein Mann Stufe für Stufe empor. Der Kater oben auf der obersten Sprosse schrie weiterhin um Hilfe. Oben angekommen, schnappte er sich den Kater und stieg ganz vorsichtig einhändig die Leiter wieder abwärts.

Sven nahm ihn unten in Empfang und bekam die Order, darauf aufzupassen, dass der Kater die Leiter nicht wieder hochkletterte.

Heinz stieg abermals die Sprossen hoch und öffnete die nur mit einem Holzkeil verschlossene Dachbodenluke.

„Achtung, aufpassen!" rief er von oben und zog ein museumsreifes uraltes Paar Holzskier aus der Luke. Björn nahm sie entgegen und legte sie auf den noch nassen Rasen.

„Hier oben liegen noch reichlich gut brauchbare Holzbretter und lange Latten, die lass ich erst einmal liegen", bestimmte er.

Der Kater hatte sich inzwischen aus Svens Armen befreit und sprang sofort wieder auf die unterste Sprosse der Leiter und kletterte Heinz, der noch immer oben stand und einige kaputte Plastikblumentöpfe zu Tage förderte und mir nach unten warf, entgegen.

„Nein, nicht schon wieder", rief mein Gatte entsetzt von oben und schnitt dem vorwitzigen Kater den Weg ab. Ich klemmte mir den kleinen Abenteurer unter den Arm und setzte ihn auf den Kiesweg .

Mit ein paar kleingeschnittenen Würstchenscheiben tröstete ich den Stubentiger, grübelte aber auch die ganze Zeit darüber nach, wohin der überaus liebenswürdige und sehr zutrauliche Kater gehörte. Bis auf Börje, Dan und Catrin kannten wir unsere Mitbewohner hier noch nicht.

Ich ging in die Küche, um das Mittagessen vorzubereiten.

Der Kater hörte die Kühlschranktür, als ich ein Ei für die Schnitzel herausholte, sprang durch die offene Verandatür und strich mir um die Beine. Um ihn loszuwerden und auch aus Angst um meine Schnitzel, schnitt ich noch ein Stückchen von den Hot Dogs ab und legte es ihm auf die Veranda. Sicherheitshalber schloss ich hinter mir die Tür, um in Ruhe die Schnitzel verarbeiten zu können.

Seit Jahren schon schwärmte ich von den bunten Lupinen, die hier in Skandinavien überall in den Straßengräben, auf Wildwiesen oder in den Vorgärten wuchsen.

Die wollte ich auch haben.

Vor unserem Küchenfenster war ein Blumenbeet angelegt, worauf unser Vorbesitzer irgendwann einmal Rosen gepflanzt hatte. Nun bin ich nicht unbedingt ein Rosenfreund, schon allein der Dornen wegen. Ich finde einheimische Wildblumen viel interessanter, weil sie besser in die Natur passen. Mit diesen Gedanken zogen Heinz und ich uns dicke Arbeitshandschuhe an und schnitten Stück für Stück von den Rosen ab.

Damit sie nicht wieder nachwuchsen, und auch um Platz für andere Blumen zu haben, gruben wir zum Schluss noch die Wurzeln mit dem Spaten heraus.

Kater Schlitzohr, der sich auf dem Brunnendeckel in der Sonne räkelte, die inzwischen die Wolken verdrängt hatte, schaute uns zu.

„Hej, hallo!" rief plötzlich eine fremde Stimme von unserer Einfahrt.

Der Kater spitzte die Ohren, sprang auf und lief zum Tor.

Gemeinsam drehten wir uns um und sahen eine junge Frau mit zwei Kindern, einem braunen Hund an der Leine und dem Kater auf dem Arm vor unserem Auto stehen. Ein Mädchen saß in einer Kinderkarre und ein Zweites fuhr verlegen mit einem roten Kinderfahrrad die Straße auf und ab.

Wir zogen unsere Gartenhandschuhe aus, wuschen uns schnell die Hände in der vollen Regentonne und gingen zum Tor.

„Hej, jag heter Ulla-Britta", begrüßte sie uns freundlich, „vi är en granne från er och vi bor där", sie zeigte auf das Grundstück, das von uns auf der linken Seite gut achthundert Meter entfernt lag.

Dann kamen auch meine Jungs dazu, die eine Fahrradtour unternommen hatten, und ganz atemlos erzählten, dass sie gerade beobachtet hatten, wie eine Mardermutter ihre Jungen mit ihrem Maul über die Straße getragen hatte.

Wir stellten uns vor.

Temperamentvoll gestikulierend erzählte sie, dass ihre Tochter Emelie ein Fahrrad bekommen und beim Üben ihren Kater auf unserem Grundstück gesehen hatte. Aus Angst, wir könnten ihn mit nach Deutschland nehmen, und weil sie sich nicht allein traute, wären sie jetzt gemeinsam hier, um uns kennen zu lernen.

„Katten heter Sievert, och han är fem år gammal, och det är Mikaela".

Der Kater hatte sich inzwischen zu dem gut vierjährigen Mädchen in die Karre gelegt und schlief.

Sievert treibe sich gerne bei fremden Menschen herum, um sich verwöhnen zu lassen. Er sei sehr schmusig und eigentlich nie aggressiv, erzählte sie lebhaft. Eine besondere Vorliebe habe er für Autos. Jedes offene Auto werde von ihm unter die Schnurrhaare genommen und gründlich inspiziert. Das hatten wir auch schon festgestellt.

Als ich gestern nur etwas aus dem Auto holen wollte, hatte ich den Kater nicht bemerkt, der hinter mir herschlich und mit einem Satz im Wohnmobil landete, einmal ringsherum patrouillierte und sich schließlich auf einem Polster bequem einrollte und keinerlei Anstalten machte, seinen eroberten Platz wieder zu verlassen.

Eine Stunde ließ ich ihn gewähren, dann nahm ich ihn vorsichtig auf, trug ihn hinaus und schloss schnell die Tür.

Um unsere Nachbarn, die inzwischen mit dem Kater in der Kinderkarre auf dem Heimweg waren, näher kennen zu lernen, hatten wir sie gleich für den Abend zum Kaffee eingeladen.

Um noch etwas Gebäck zum Kaffee zu kaufen, mussten wir gut 30 Kilometer zum Trestadcenter fahren. In der Nähe davon hatte ich vor einigen Tagen auf einer Wildwiese blaue und lila Lupinen gesehen.

Wir sammelten alle Zehnlitereimer, die wir auf unserem Grundstück fanden, ein und stellten sie ins Auto.

Mit Spaten und Eimern zogen wir über die Wiese und gruben vorsichtig fünf Lupinenpflanzen aus, achteten peinlichst darauf, dass wir die Wurzelballen nicht beschädigten, und verstauten sie in je einem Eimer.

Im Lebensmittelladen kauften wir dann noch Milch, Säfte und zwei verschiedene Kuchensorten.

Wieder zu Hause eingetroffen, füllte Heinz zuerst die Gießkanne aus der gut gefüllten Regentonne, während die Jungs und ich die Lupineneimer aus dem Auto holten und sie vor das Blumenbeet stellten. Eifrig grub Heinz in gleichmäßigen Abständen die Löcher für die Wurzelballen. Vorsichtig stellte ich die Pflanzen hinein und goss mit der Gießkanne Wasser nach. Während mein Gatte genüsslich an seiner Pfeife nuckelte, betrachteten wir gemeinsam und zufrieden unser Werk. Abwechselnd schmückte eine blaue und eine lila Lupine das Blumenbeet vor unserem Küchenfenster. Falls ich irgendwann noch einmal weiße Lupinen finden sollte, würde sie als Kontrast dazwischen gesetzt.

Zufällig fiel mein Blick auf die Armbanduhr. Es war halb sechs.

Nun aber los. Hände waschen, aufräumen, Kaffee kochen und den

Tisch decken.

Ich öffnete ein Paket Butterkekse, lagte sie auf einen Kuchenteller, strich ein wenig Butter darauf und schnitt mit einem Käsehobel dünne Scheiben von dem milden Billingeost ab und legte sie auf die Kekse.

Zur Dekoration pflückte ich aus dem Straßengraben bunte Wiesenblumen, die hier nicht sofort mit einem Mäher geköpft werden, und stellte sie in einer Blumenvase auf den Kaffeetisch.

Von weitem hörte ich Stimmen. Vor der Verandatür stand miauend Kater Sievert. Ich öffnete die Tür, nahm ein Schälchen, füllte Kondensmilch hinein und stellte es im Wohnzimmer auf den Fußboden.

Gierig stürzte sich der Kater darüber und schleckte geräuschvoll die Milch vom Tellerchen.

Emelie stellte ihr rotes Kinderfahrrad an den grünen Metallzaun. Mikaela kletterte aus der Karre und schob sie vor das Fahrrad.

Dann kamen fünf Personen durch die Verandatür ins Wohnzimmer. Die drei Damen kannten wir bereits.

„Det är Håkan", stellte Ulla-Britta ihren Gatten vor, „och det är en kamerad från oss, han heter Per-Anders."

Ich holte noch ein Kaffeegedeck mehr und mangels Sessel noch einen Küchenstuhl dazu. Die Kinder wünschten kalten Kakao. Björn, unser Kakaoexperte, goss Milch in die Gläser und rührte je drei Löffel Kakaopulver dazu. Während ich die Kuchenteller auf den Tisch stellte, goss Heinz den Kaffee ein.

Über das Gesprächsthema Kater, der auf der braunen Abtretematte saß und sich ausgiebig putzte, kamen wir uns näher.

Wir berichteten über unsere Skandinavienreisen, die uns in den letzten Jahren unter anderem auch immer wieder nach Vänersborg, zum Halle-Hunneberg und zum Campingplatz Ursand geführt hatten, und dass wir zufällig dieses Haus bei einem Häusermakler in der Stadt entdeckt hatten.

Unser Wohnmobil sei hier schon bei den Einheimischen aufgefallen, sagte Ulla-Britta und nahm sich den zweiten Butterkeks.

Der Kater hatte sich, nachdem er sich penibel die Milch vom Bart geputzt hatte, auf ihrem Schoß eingerollt und wurde von ihr ununterbrochen gestreichelt.

Håkan erzählte uns, dass er gerne an Autos herumbastele und eine eigene Werkstatt habe. Auch sonst würde er in seiner Freizeit viel in seiner Werkstatt schrauben, basteln und tüfteln. Heinz spitzte die Ohren, endlich mal jemand, der auf seiner Wellenlänge schwamm.

Ulla-Britta schwärmte von ihrem Garten und ihren Hühnern. Und zur Familie gehörte noch ein Hund, eine Mischung aus Dackel, Drever und Labrador, der auf den Namen Buster hörte, meistens jedenfalls. Ein Erbstück von der verstorbenen Oma sei auch Pia, eine dreizehnjährige Mischlingshündin, bereits taub, blind und mit rheumatischen Erkrankungen.

Nun ergriff der Freund der Familie, Per-Anders, das Wort.

Er habe jahrelang auf dem Bau gearbeitet, sei nun aber aus gesundheitlichen Gründen in Frührente und wohne nun in dem hellen Haus gut zwei Kilometer von uns entfernt. Er knabberte genussvoll an den mit Käse belegten Butterkeksen und quiekte wie ein Ferkel, um den Kater zu ärgern. Erschrocken sprang Sievert von Ulla-Brittas Schoß und wünschte, hinausgelassen zu werden.

Ich stand vom Küchenstuhl auf und öffnete ihm die Tür. Empört verließ der Stubentiger das Wohnzimmer und setzte sich auf die zweite Verandastufe. Aufmerksam spitzte er die Ohren und schaute aufgeregt mit dem Schwanz wedelnd in Richtung Hecke, in der er wohl etwas rascheln gehört hatte, erhob sich im Jagdeifer, lief über unsere Wiese und verschwand im Gebüsch.

Die beiden Mädchen warfen Per-Anders einen vorwurfsvollen Blick zu. Dieser kümmerte sich nicht weiter darum und plauderte fröhlich weiter. Er dokumentierte Heinz, der gespannt zuhörte, wie Holzhäuser isoliert werden, und behauptete felsenfest, die Isolierwolle würde Kuhpisse enthalten. Er hätte eine sehr feine Nase dafür und das würde er riechen. Wir schmunzelten, konnten aber an die Theorie nicht so recht glauben.

Ich schenkte noch einmal Kaffee nach, während Heinz unsere Gäste durch das Haus führte und unsere fertigen Renovierungsarbeiten präsentierte. Auch als er ihnen draußen den noch unfertigen Schuppen und das zukünftige Gästehaus zeigte, schnüffelte Per-Anders und war hundertprozentig der Überzeugung, dass auch das Gästehaus mit kuhpissegetränkter Glasfaserwolle isoliert sei.

Håkan war aus dem gleichen Holz geschnitzt wie Heinz und so entwickelte sich den nächsten Jahren eine intensive Freundschaft mit dieser Familie. Sie stand uns bei allen Problemen mit Rat und Tat zur Seite. Die Schweden, die auf dem Lande oder in der Wildnis wohnen, sind Allroundtalente, die sich handwerklich mit allen Dingen gut auskennen und meistens unproblematische Lösungen parat haben. Wir revanchierten uns dann immer mit kleinen Mitbringseln aus Deutschland, wie zum Beispiel alkoholische Getränke und für die Kinder Süßigkeiten.

Gegen 22 Uhr mahnte Ulla-Britta zum Aufbruch, die Kinder mussten ins Bett. Dazu muss ich anmerken, dass in Skandinavien die Kinder in den langen, hellen Sommernächten nicht um sieben ins Bett gesteckt werden, sondern bis zum späten Abend aufbleiben dürfen. Es beeindruckte mich schon in früheren Jahren auf den Campingplätzen, dass man hier viel toleranter mit den Kindern umgeht.

Wir begleiteten sie bis zur Einfahrt.

„Titta där" – „sieh mal da" – Per-Anders zeigte mit seinem kräftigen rechten Zeigefinger nach schräg gegenüber. Da stand doch einige hundert Meter von uns entfernt ein großer Elchbulle vor dem kleineren verlassenen Gehöft auf dem Feld.

Hurtig spurtete ich zurück ins Haus und holte mein Fernglas. Als ich zurückkam, stand er noch kauend auf dem gleichen Platz. Durch das Fernglas sah ich einen imposanten Zwölfender, der sich majestätisch Schritt für Schritt in Richtung Wald entfernte. Wir blieben so lange stehen, bis er völlig im Wald verschwunden war.

Ein Rehbock, der sich wohl durch den Elch gestört fühlte, bellte wie ein asthmatischer Schäferhund durch den Wald.

Zu Fuß gingen unsere schwedischen Nachbarn, nachdem sie sich freundlich für den netten Abend bedankt hatten, die achthundert Meter nach Hause.

Noch minutenlang standen wir mitten auf der um diese Uhrzeit unbefahrenen Straße und winkten hinterher. Erst die aufkommenden Knotts trieben uns wieder zurück ins Haus.

„Miau", machte es plötzlich, und aus der Hecke tauchte schmatzend der Kater wieder auf.

„Sind wir endlich wieder allein?" schien er zu fragen und kam wie selbstverständlich mit uns ins Haus gelaufen. Ich ließ ihn gewähren, als er leichtfüßig aufs Sofa sprang und sich auf einer Decke einrollte. Aus unserem Wasserkanister füllten wir etwas Wasser in die Spüle, wuschen noch schnell das Geschirr ab und schmunzelten immer noch über die Kuhpissisolierwolle.

Am nächsten Tag regnete es Bindfäden. Gut für unseren Brunnen, der zwar zum Kochen wieder ausreichend Wasser beinhaltete, aber unter die Dusche trauten wir uns noch nicht.

Wir wollten das Thema irgendwann einmal mit Håkan ausgiebig diskutieren, denn hier waren schließlich alle Selbstversorger, also hatte jeder seinen eigenen Trinkwasserbrunnen und eine eigene Abwasserentsorgungsanlage. Vorerst mussten wir jedoch so zurechtkommen.

Selbst der Kater ging an diesem Tag nur selten und ungern nach draußen, kam dann aber wieder schnell auf die geschützte Veranda, putzte sich emsig das nasse Fell, verteilte im Wohnzimmer Kopfnüsse, und schleckte die Dosenmilch, die ich ihm anbot.

„Wenn wir das nächste Mal einkaufen fahren, müssen wir mal Katzenfutter mitbringen", sagte ich beiläufig, als sich Sievert von mir mit kleingeschnittenen Hot Dogs füttern ließ. Anschließend sprang er wieder mit einem Satz auf das Sofa, putzte sich ausgiebig, rollte sich auf der Wolldecke ein und schnurrte leise vor sich hin. Wir vertrieben uns die Zeit mit Scrabble und Canasta spielen.

Am nächsten Morgen kitzelten uns die Sonnenstrahlen durch das Schlafzimmerfenster wach. Wir standen früh auf, weil wir eine Tagestour nach Håverud zum Aquädukt machen wollten. Ich hatte dieses phänomenale Bauwerk unlängst in einer Touristenzeitung gesehen.

Nach dem Frühstück bugsierte ich erst einmal Sievert, der mich verständnislos ansah, nach draußen und verstaute Getränke und Esswaren im Autokühlschrank. Dabei hatte ich immer den Kater im Auge, der bereits zielstrebig auf unser Auto zulief.

„Nein, Sievert, du musst hierbleiben", sagte ich bestimmt und setzte ihn vorsichtshalber unter die Tannenhecke. Nach wenigen Minuten trollte er sich davon.

Auf der Straße 45 fuhren wir nach Mellerud, dann bogen wir links nach Håverud ab und waren nach einer gemütlichen Fahrt eineinhalb

Stunden später am Ziel.

Wir steuerten den ausgewiesenen Parkplatz an und wunderten uns nicht darüber, dass hier mehr Touristen aus aller Herren Länder als Einheimische auf dem gut gefüllten Parkplatz standen. Der Parkplatz befand sich oberhalb des Aquäduktes, so mussten wir erst eine Natursteintreppe hinuntergehen.

Schon beim Absteigen empfing uns eine Bilderbuchlandschaft. Auf der rechten Seite sahen wir über eine Schlucht, durch die ein Wasserfall führte, die Verbindung von einem dalsländischem See zum nächsten. Der Aquädukt war schon 1868 in Betrieb genommen worden, um den Dalslandkanal, der als eine der schönsten Wasserstraßen der Welt gilt, schiffbar zu machen.

Der Dalslandkanal ermöglicht es, mit dem Boot von Köpmannebro am Vänersee durch die sagenumwobene dalsländische Seenlandschaft bis zum Stora Lee an der norwegischen Grenze zu fahren. Um den Höhenunterschied von 59 Metern zu überwinden, mussten in dem gut 250 Kilometer langen Wasserweg 28 Schleusen gebaut werden.

Gerade eben kam das Passagierboot „Dalslandia" aus der Schleuse und unzählige Menschen sahen zu, wie der Kapitän das Schiff millimetergenau durch den aus Stahl gebauten Aquädukt manövrierte. Wir standen auf dem nur 30 Zentimeter breiten Randstreifen der Wasserbrücke und winkten den gut gelaunten Passagieren zu.

Genau in diesem Moment bimmelte eine Lokomotive mit zwei Anhängern über die Eisenbahnbrücke, die sich auf der linken Seite oberhalb des Aquäduktes spannte. Nach der Dalslandia folgten noch zwei größere Kanus und ein Motorboot durch die Wasserstraße. Noch minutenlang sahen wir den Booten hinterher, dann gelüstete es uns nach einem Eis und wir gingen in Richtung Dalslandcenter.

Vorbei an einer Fischräucherei – „hier hole ich mir nachher eine geräucherte Forelle", schwärmte mein Gatte – erreichten wir den Eingang des Dalslandcenters und fanden uns vor einem Schaukasten wieder, in dem im Kleinformat das Modell der „Mattisburg" stand.

Der Film „Ronja Räubertochter" nach Astrid Lindgren wurde zum Teil hier in der Provinz Dalsland gedreht. Die so genannte Mattisburg stand als Fotomontage auf dem Berg Sörknatten, auf dem ein Teil der

Am Aquädukt Dalslandkanal

Dreharbeiten stattfand, und das Gebiet rund um den Sörknatten wird heute als „Ronjaland" touristisch vermarktet. Ein zweiter Drehort, die im Film genannte „Wolfsklamm", befindet sich in Fjällbacka an der Westküste und heißt Kungsklyftan. Wir wollten sie uns beizeiten mal ansehen.

Vorbei an anderen touristischen Anziehungspunkten, die hier ausgestellt waren, kamen wir endlich an einem Stand, an dem es loses Kugeleis zu kaufen gab. Mit unseren Eisbechern in der Hand setzten wir uns draußen auf eine Bank und beobachteten die vielen braungebrannten Touristen, die hier in kurzen Shorts und knappen T-Shirts an uns vorbei- liefen. Besonders beeindruckte uns der Schleusenwärter, der seine Arbeit wie vor hundert Jahren mit Muskelkraft verrichtete.

Von der anderen Seite kamen nun einige Segelschiffe in die Schleuse und wir konnten zusehen, wie sich der Wasserspiegel senkte, um den Höhenunterschied auszugleichen. Ein Spitz-Mischling mit signalroter Rettungsweste lief aufgeregt an Deck eines Schiffes umher und musste von seinem Herrchen zur Ordnung gerufen werden.

Von irgendwoher bekam ich den Duft von frischen Waffeln in die Nase. Wir gingen dem Duft folgend eine Treppe wieder hoch und kamen zu einer Caféteria, vor der viereckige Holztische und Bänke standen. Wir gönnten uns die Waffeln mit Schlagsahne, Erdbeermarmelade und Kaffee und setzten uns an einen Tisch.

Später überquerten wir noch einmal den Aquädukt, auf dem sich gerade eine Gruppe Kajakfahrer befand, und stiegen die Stufen wieder zum Parkplatz hinauf, standen noch eine Weile auf der Brücke und schauten uns das Ganze noch einmal von oben an. Auf der rechten Seite ein See, unter uns der Aquädukt mit seinen Schleusen und auf der linken Seite wieder ein großer See. Ich hätte hier noch stundenlang stehen bleiben können, aber langsam mussten wir wieder an die Heimfahrt denken.

Irgendwie hatten wir dann aber die Hauptstraße verpasst, denn wir fuhren auf einer schmalen und kurvenreichen Serpentinenstraße mitten durch die Wildnis. Obwohl ich ein guter Kartenleser bin, konnte ich nicht gleich herausfinden, auf welcher Feld-, Wald- und Wiesenpiste wir uns gerade befanden.

Gegenüber von einem Quarzsteinbruch hielten wir an einem einsamen Parkplatz in einer urwüchsigen Wald- und Felsenlandschaft an, von dem aus ein schmaler holpriger Wanderweg zu einem verwunschenem See führte, auf dem gelbe und weiße Seerosen schwammen. Ich setzte im Wohnmobil das Kaffeewasser auf und folgte meinen Kindern, die schon auf dem schmalen, mit knorrigen Baumwuzeln gesäumten Wanderweg am Seeufer entlanggingen.

Die vielen Elchspuren am Boden führten ausschließlich alle ins Wasser. Elche lieben das Wasser und ernähren sich mitunter auch von Wasserpflanzen. Dazu tauchen sie mit dem Kopf ganz unter und weiden mit ihrem langen Maul auch die auf dem Seeboden wachsenden Pflanzen ab.

Das schrille Pfeifen des Wasserkessels befahl mich zum Wohnmobil zurück. Meine inzwischen schon zu Wildnisexperten gewordenen Söhne behaupteten kauend beim Kaffetrinken, sie hätten auch Wolfsspuren gesehen. Schon möglich, diese abenteuerliche Wildnis sah aus, als würden uns heimlich aus den Baumhöhlen auch Elfen und Trolle beobachten. Und zwischen den knorrigen Baumwurzeln und mit Moos und Flechten bewachsenen Quarzsteinen hatte ich das Gefühl, gleich Ronjas Rumpelwichte zu treffen.

Sven ließ es sich nicht nehmen, mir nach der Kaffeepause die vermeintlichen Wolfsspuren zu zeigen. Es waren tatsächlich große, ovale Fußabdrücke im Schlamm am Seeufer. Nach meinem Tierspurenbuch, das ich immer dabei habe, konnten es wirklich Wolfsspuren sein. Schade, wir hätten gerne mal einen lebenden Wolf gesehen. Diese Tiere sind aber sehr scheu und meiden den Menschen. So fuhren wir weiter und landeten zum Glück bald auf einer uns bekannten Hauptstraße.

Erst gegen Abend waren wir wieder zu Hause, und als ob er nur darauf gewartet hatte, kam uns gleich der Kater entgegen. Er begrüßte uns mit einem freundlichen Gurren und Miauen, strich mit seinem ganzen von der Sonne erwärmten Körper um unsere Beine und forderte seine Portion Kondensmilch, nachdem er wie selbstverständlich mit uns ins Haus lief.

Wir waren gerade beim Abendessen, als ich ganz in der Nähe Hundegebell hörte. Das Bellen wurde lauter. Neugierig gingen wir nach draußen und schlossen sicherheitshalber die Verandatür, damit der Kater uns nicht hinterherlaufen konnte.

„God dag", begrüßte uns ein Herr mittleren Alters, der zwei mausgraue Elchhunde an der Leine führte. Vorsichtshalber streckte ich erst einmal meine Hand den Hunden zum Schnuppern entgegen. Sie wedelten freundlich mit dem nach oben gerichteten Schwanz und ließen sich von mir streicheln.

Dann erst begrüßten wir ihren Besitzer. Der stellte sich mit dem Namen Folke vor, war Landwirt, Großgrundbesitzer und Waldbauer – die meisten Wälder um uns herum gehören ihm – und leidenschaftlicher Jäger. Neugierig geworden, weil er unser Wohnmobil immer an seinem Gehöft hatte vorbeifahren sehen, wollte er uns mal kennen lernen.

Heinz bot ihm ein deutsches Bier an, nicht ahnend, dass unser Gast nur darauf gewartet hatte.

Gemeinsam saßen wir auf der Veranda, die Hunde links und rechts neben seinen Füßen, und unterhielten uns über die Motive unseres Hauskaufs. Interessiert hörte er zu, und wir kamen so zum Thema Wild und Jagd. Seine beiden Hunde seien ausgebildete Jagdhunde, die er für die Elchjagd brauche. Gemeinsam blätterten wir in meinen Tier- und Spurenbüchern und er zeigte mir, welches Wild sich in unserer Gegend aufhielt.

Nach dem zweiten Bier, zu dem er genussvoll einen Kräuterlikör trank, erklärte er uns noch, wo er wohnte, und bevor er sich verabschiedete, bot er mir seine ausgelesenen Jagdzeitschriften an. Ich nahm das Angebot gerne an, denn nur durch solche Zeitschriften erfährt man im Allgemeinen, welches Wild sich in den Wäldern aufhält. Schon am nächsten Vormittag, als wir von unserer Einkaufstour nach Hause kamen, lag ein Stapel Jagdzeitungen auf dem Gartentisch, der auf unserer Veranda stand.

Gemeinsam blätterten wir nach dem Mittagessen auf der Veranda die Jagdzeitschriften durch. Wobei mich die Jagd an sich weniger interessierte, hauptsächlich wollte ich wissen, wo welches Wild in welcher Anzahl vorkommt. Ich jage nur mit dem Fotoapparat oder mit der Videokamera und finde lebende Tiere spannender als tote.

Leider war es der letzte Urlaubstag, den wir hier so unbeschwert genießen konnten, denn allmählich mussten wir auch an unsere Heimreise denken.

Der Abschied fiel uns dieses Mal besonders schwer. Wir waren hier freundlich und herzlich von den Einheimischen aufgenommen worden. Meine Kinder waren durch ihre Fahrradtouren, die sie hier unternahmen, schon bekannt wie bunte Hunde.

So packten wir dann auch ziemlich schwermütig unsere Siebensachen wieder ins Auto und fuhren um zehn Uhr am nächsten Tag, nachdem wir unser Wassersystem entleert hatten. Den Kater Sievert brachten wir zu Håkan und Ulla-Britta und verabschiedeten uns. Ich mochte den lieben und zutraulichen Kater nicht einfach vor unserer verschlossenen Tür stehen lassen.

Hupend rollten wir vom Hof und fuhren auch langsam, zum Abschied hupend an Folke und Per-Anders vorbei unsere schmale Waldstraße entlang bis zur nächsten Hauptstraße.

Um 13 Uhr mussten wir am Fährbahnhof in Göteborg sein. Selbst Sven, der sonst immer was zu erzählen hatte, war sehr schweigsam an diesem Morgen.

Bei strahlend blauem Himmel erreichten wir gegen zwölf den Göteborger Hafen. Interessiert beobachteten wir das Anlegemanöver der „Stena Danica", die gerade von Möwen begleitet in den Hafen einlief. Wenig später öffneten sich die Ladeluken und viele Wohnwagengespanne, Wohnmobile und Autos rollten aus dem Bauch des Schiffes. Wehmütig sahen wir ihnen nach.

Ein Einweiser der Reederei gab schließlich Handzeichen, dass wir auf das Parkdeck fahren sollten. Dort schlossen wir unser Auto ab und gingen nach oben zum Restaurantdeck.

„In fünf Tagen fängt die Schule wieder an", sagte Björn traurig, als er auf der Fähre, die gerade durch die Göteborger Schärenlandschaft fuhr, seine Pommes aß.

„Wenn wir in der Schule einen Aufsatz schreiben sollen mit dem Thema: mein schönstes Ferienerlebnis, weiß ich nicht, was ich schreiben soll. Wir hatten so viele schöne Erlebnisse", schwärmte Sven.

So erwartungsvoll und gut gelaunt wir in die Ferien gefahren waren, so schweigsam und traurig fuhren wir wieder nach Hause, und uns tröstete nur, dass wir in den Herbstferien wiederkommen würden.

Wo sind nur die vier Wochen geblieben?

In Deutschland mussten noch Schulsachen für das neue Schuljahr besorgt werden, und dann spielte sich der Alltag wieder ein. Selbstverständlich wurden Schulaufsätze geschrieben. Svens Schulaufsatz von den badenden Elchen im Waldteich vom Halleberg wurde ein voller Erfolg. Björn schwärmte in seinem Aufsatz vom Legoland und zog das Interesse seiner Mitschüler auf sich. Noch wochenlang kramten die Knaben in ihren Legokisten, konstruierten, bauten und stellten uns ihre vollendeten Werke vom Flugzeug bis zum Lkw mit Anhänger vor.

Die Herbstferien rückten näher. Dieses Mal konnten wir aber nur eine Woche bleiben. Aber wir mussten noch den im Sommer begonnenen Schuppen vor Winteranfang fertig bauen. Das Holz dafür wollten wir im Byggcenter oder bei Göfab kaufen.

Elchjagd und Bootskauf

Am Ende der ersten Oktoberwoche fuhren wir los, nicht daran denkend, dass in den südlichen Teilen Schwedens in der zweiten Oktoberwoche am Montag die Elchjagd beginnt. Schon auf der Hinfahrt sahen wir überall Autos an den Waldrändern stehen. In der zweiten Oktoberwoche grassiert bei den Jägern eine höchst heimtückische und hochgradig ansteckende Krankheit: Sie leiden unter chronischem Elchfieber und nur die kollektive Elchjagd kann hier zur Genesung führen.

Auf unserer sechzehn Kilometer langen Waldstraße begegneten uns dann auch reichlich viele Grünröcke, die mit roten Sicherheitsmützen, Funkgeräten und ihren Jagdhunden auf Pirsch waren. Die Gewehre über der Schulter hängend, saßen sie auf ihren Hockern oder in ihren aus Holz gebauten, gut getarnten überdachten Unterständen, tranken Tee und Kaffee aus ihren Thermoskannen, der eine oder andere vielleicht auch heimlich alkoholisches Zielwasser, und hofften darauf, einen kapitalen Elch vor die Flinte zu bekommen. Einige kannten unser Auto schon und hoben freundlich grüßend die Hand.

Endlich standen wir wieder vor unserer Toreinfahrt.

Während die Herren die Baumstümpfe, mit denen das Tor verschlossen war, zur Seite schoben, kramte ich wie immer in meiner übergroßen Handtasche nach dem Schlüsselbund.

„Welchen Schlüsselbund hast du mir denn gegeben? Ich habe nur diesen hier in der Tasche." Nichts Gutes ahnend, drückte ich meinem Mann den Schlüsselbund in die Hand. Es waren nur die Ersatzschlüssel vom Gästehaus und von seiner Snickeria. Die Haustürschlüssel waren nicht dabei. Ungläubig den Kopf schüttelnd betrachtete er den Schlüsselbund.

„Sch.....! Ich habe dir den falschen Schlüsselbund gegeben, der andere liegt noch zu Hause im Wohnzimmerschrank", fluchte Heinz, „jetzt kommen wir nicht ins Haus."

Bedeppert wie Rudi Ratlos standen wir nun vor der gut verschlossenen Haustür. Was nun? Ins eigene Haus einbrechen?

Nachdem wir mehrmals das Haus umrundet hatten, in der Hoffnung, doch irgendwo einen Einlass zu finden, schloss Heinz seine Bastelbude auf und kam mit einem gebogenen Draht zurück. Verzweifelt versuchte er, diesen Draht durch das Schloss zu stecken, um die Haustür damit zu öffnen. Vergeblich! Das Sicherheitsschloss stellte sich stur.

„Vielleicht können wir ja das Badezimmerfenster aufhebeln und Sven, der ist am kleinsten, kann da durchklettern und uns die Tür von innen öffnen." Ich kam auf die rettende Idee, da wir vor einigen Jahren auf einem Campingplatz ein ähnliches Problem lösen mussten. Da hatten wir uns allerdings aus dem Wohnmobil ausgesperrt. Damals liehen wir uns bei einem Campingnachbarn einen Schraubendreher und hebelten vorsichtig das Küchenfenster auf. Dann schoben wir unseren kleinen Sven durch das Fenster, der sich vorsichtig die Spüle hinunterhangelte und schließlich voller Stolz die Wohnmobiltür von innen öffnete.

Hier wäre das Badezimmer am leichtesten zu öffnen. Mit einem schmalen Schraubendreher, den Heinz im Werkzeugkoffer im Auto hatte, versuchte er, zwischen Fensterrahmen und Holzwand zu gelangen und den Hebelverschluss zu öffnen. Nach mehreren Fehlversuchen gelang es ihm endlich. Gott sei Dank! Mir fiel ein Stein, nein, ein Felsbrocken vom Herzen. Das Fenster ließ sich nach außen öffnen.

Heinz hob seinen Filius hoch und Sven, unser Held, schaffte es tatsächlich, sich durch den engen Fensterrahmen zu zwängen. Schnell entriegelte er die Haustür von innen, so dass auch wir rein konnten.

Im Haus war es natürlich kalt. Heinz schaltete den Hauptstromschalter draußen an und drehte sämtliche Sicherungen rein. Jetzt konnten wir endlich die Stromheizungen einschalten, die aber mehrere Stunden brauchten, um die ausgekühlten Räume aufzuwärmen.

Bevor wir die Wasseranlage in Betrieb setzten, schoben wir den schweren Brunnendeckel zur Seite und inspizierten den Wasservorrat. Der Brunnen war inzwischen wieder gut gefüllt.

Bis der Warmwasserbereiter warmes Wasser ausspuckte, dauerte es allerdings noch einige Stunden. Gemeinsam holten wir die Lebensmittel und andere wichtige Dinge aus dem Auto. Endlich, mit etwas Verspätung, konnte ich mich um das Mittagessen kümmern.

Ich schälte die mitgebrachten Kartoffeln, rührte eine Bratensoße an und versenkte darin die schon fertigen Buletten. Zuletzt entleerte ich ein Glas Rotkohl, das Lieblingsgemüse meiner Familie, in den Kochtopf und eine halbe Stunde später saßen wir bei zehn Grad Raumtemperatur in der Küche am Tisch.

Ich vermisste mal wieder einen schönen gemütlichen Holzofen. Portionsgerechte Holzstämme und Äste von den von unserem Vorbesitzer abgesägten Bäumen hatten ja schon gestapelt auf unserem Grundstück gelegen. Damit das Holz nicht verrottete, mussten wir es leider verschenken. Einen Teil hatte Dan und einen Teil Håkan bekommen.

Nach dem Essen erhitzte ich gleich in den leeren Kochtöpfen Wasser auf dem Elektroherd und konnte damit das Geschirr abwaschen. Dann drehten wir noch eine Runde über unser Grundstück und diskutierten darüber, wie wir am schnellsten zu unserem schmerzlich vermissten Haustürschlüssel kamen. Ich rief mit unserem Handy zu Hause bei meiner Mutter an, um zu sagen, dass wir gut angekommen waren und berichtete von unserem Missgeschick. „Vielleicht könntest du uns die Schlüssel mit der Post zusenden, sie liegen im Wohnzimmerschrank, neben den Kerzenständern." Da wir noch keinen eigenen Briefkasten hatten, gab ich ihr die Adresse von Folke. Sie versprach, sich sofort in Bewegung zu setzen und den Schlüssel gut verpackt zur Post zu bringen.

Trotz des Nachtfrostes waren am nächsten Morgen unsere Räume gemütlich warm. Nach dem Frühstück stand ich minutenlang mit Fernglas und Fotoapparat bewaffnet an der Straße. Silbrig glänzte die mit Raureif überzogene Wiese in der fahlen Morgensonne. Auf der anderen Seite, über dem leise vor sich hinplätschernden Fluss, hingen gespenstische Nebelschwaden.

Gut gelaunt drehte ich wieder um, umrundete auf dem knirschenden Kiesweg das Haus und kletterte über die von Weißmoos überzogenen Granitsteine, die gleich hinter unserem unfertigen Schuppen in den Wald führten.

An die Elchjagd dachte ich nicht mehr, deshalb erschrak ich fürchterlich, als ich am gegenüberliegendem Feldrand einen fremden Jäger sah, der sein Gewehr auf mich richtete.

Ich bin doch kein Elch. Zwar hatte ich keine rote Sicherheitsmütze auf, aber ein Jäger wird doch wohl einen Zweibeiner von einem Elch unterscheiden können. Aufgeregt wedelte ich mit den Armen.

Der fremde Jäger sah in mir zum Glück kein jagdbares Wild und nahm seine Flinte wieder herunter, hängte sie über seine Schulter und genoss einen Schluck aus seiner Thermoskanne.

Irgendwo in der Ferne hörte ich zwei Schüsse.

Nach dem Schreck ging ich sicherheitshalber schnurstracks wieder zum Haus zurück. Bestimmt hielten sich noch mehr Jäger im Wald auf.

Entsetzt schilderte ich meine Erlebnisse und verbat meinen Söhnen, allein in den Wald zu gehen. Jedenfalls nicht zur Jagdzeit. Zur Beruhigung setzte ich mich erst einmal in die Küche und löffelte genussvoll eine heiße Tasse Kakao.

Heinz wollte gerade Dan besuchen gehen, der kam ihm aber, weil er unser Auto gesehen hatte, schon mit seinem Hund entgegen.

„Hej Dan", begrüßten wir ihn freundlich.

Gemeinsam standen wir auf der Veranda und Lina, die Spitz-Mischung, legte sich auf den Rücken und ließ sich von meinen Kindern kraulen.

Aber schnell merkten wir, daß er irgendwelche Sorgen hatte. Ohne Umschweife erzählte er uns, dass er sein Haus verkaufen und sich eine Wohnung in der Stadt suchen werde, weil Catrin und er in Zukunft getrennte Wege gehen wollten. Betroffen verschlug es uns die Sprache. Heinz stand auf und holte zwei Flaschen Bier aus der Küche. Für Lina habe man schon einen Platz auf einem Bauernhof.

Auf unsere Frage, ob er zu Weihnachten noch da sein werde, antwortete er ehrlich „jag vet inte – ich weiß es nicht". Ich kochte mir einen Kaffee, damit der Brocken besser rutschen konnte.

Er habe aber zu Hause noch eine kleine Überraschung für uns, und Heinz könne mal mit rüberkommen. Zu viert, Björn hatte den Hund an der Leine, marschierten sie zu Dans Haus hinüber.

Eine gute Stunde später waren sie wieder da und stellten eine blaue Reisetasche mit der Aufschrift „Volvo" auf den Küchentisch. Neugierig öffnete Heinz die Reisetasche und zog ein großes Strandlaken mit einem Volvo-Truck-Motiv heraus. Zusätzlich lagen noch einige Autozeitschriften und Hefte über die verrücktesten Dinge in der Welt in der Tasche.

Wir waren gerührt. Heinz fuhr sofort mit dem Fahrrad zu Dan hinüber und bedankte sich mit einer Flasche Rum, mehreren Flaschen

Bier und einem Kasten Weinbrandbohnen, die wir aus Deutschland mitgebracht hatten.

Nach dem Essen wollte Heinz zu Göfab, um Holz für seinen Schuppen zu kaufen. Aha, mein Holzwurm hatte wieder Hunger.

„Euch brauche ich zum Einladen", durchkreutze er die Pläne seiner Söhne, die eine Fahrradtour machen wollten. „Ich wollte morgen die Seitenwände vom Schuppen anfangen, damit im Winter kein Schnee hineinfällt."

„Na gut", knurrten sie, „dann müssen wir wohl mitfahren." Autotüren klappten und wenig später rollte unser Womo vom Grundstück. Ich kümmerte mich um den Abwasch und genoss mal das Alleinsein.

Erst am Nachmittag kamen sie mit voll geladenem Auto zurück. Gemeinsam stapelten wir das Holz und eine Pappkiste mit mindestens zwei Kilogramm Nägeln auf der Veranda.

„Das Holz nennt sich Fjällpanel", erzählte mir mein Gatte beiläufig, als er mit mehreren Holzlatten in der Hand ankam.

Ich hatte mich nicht verschätzt, mein Holzwurm und seine beiden Ableger im Schlepptau bauten sofort den Sägebock auf dem Rasen auf und Heinz fing gleich an zu messen und zu sägen. Björn und Sven waren dazu degradiert, ihm die fertig gesägten Holzlatten zu bringen, die er Pfeife rauchend mit lautem Klopfen annagelte. Erst gegen sieben, als es dunkel wurde, kamen sie zufrieden ins Haus.

Ich hatte in der Zwischenzeit für meine Holzwürmer eine Tomatensuppe und Eier gekocht. Bei Kerzenschein saßen wir beim Abendbrot gemütlich im Wohnzimmer. Den langen Abend verbrachten wir auf Wunsch unserer fleißigen Jungs mit Brettspielen wie Dame, Mühle und Halma.

Am nächsten Vormittag kam Folke, seine Hunde an der Leine, mit einem Eilbrief in der Hand zu uns.

Endlich! Unser Haustürschlüssel.

Wir erzählten ihm von unserem Missgeschick, und er gab uns den Tip, von dem Schlüssel bei Mister Minit ein Duplikat machen zu lassen und ihn zur Sicherheit hier bei einem Nachbarn in Schweden zu lassen.

Mit einer Flasche Bier standen die Herren später hinter dem Gästehaus und fachsimpelten über den noch unfertigen Schuppen.

„Heute möchte ich aber mal in Ursand am Vänersee spazierengehen und mir das jetzt besonders farbenfrohe Herbstlaub ansehen, bevor der Wind es von den Bäumen fegt. Wir sind ja nicht nur zum Bauen und Basteln hergekommen", forderte ich.

So fütterte ich nach dem Mittagessen die Kaffeemaschine und füllte den fertigen Kaffee anschließend in ein Thermoskanne. Die Jungs packten sich Colaflaschen und Kakaotrunks ins Auto und nach einem Abstecher in die Stadt, um bei Kvantum noch Kuchen zu kaufen, fuhren wir dann die drei Kilometer lange Waldstraße zum Vänersee.

Der Strand, auf dem sich im Sommer die Badegäste tummelten, war verwaist, nur einige Hundespuren führten zum Wasser. Meine Kinder suchten im Sand nach liegengebliebenem Strandgut und fanden prompt ein Zehnkronenstück.

Auf dem Rundweg von dem inzwischen geschlossenen Campingplatz (er hat nur in der Sommersaison geöffnet) zum Gästehafen sprang uns plötzlich ein pechrabenschwarzes Eichhörnchen, das eine reife Eichel im Maul hielt, über den Weg, keckerte uns frech an und sprang den nächsten Baum, eine Eiche wieder hoch, um schwungvoll über den Baumwipfeln von einem Baum zum anderen zu gelangen.

Ich wunderte mich darüber, dass an einigen Bäumen, besonders an Eichen, zehn Zentimeter lange Bartflechte hing. Von einem von Bartflechte völlig überwucherten Baum pflückte ich mir drei große Flechtenstücke ab, steckte sie vorsichtig in eine kleine Plastiktüte, die ich immer in der Jackentasche hatte, und nahm sie zum Basteln mit nach Hause.

Beruhigend plätscherte das Wasser des Vänersees gegen das von Felsen umgebene Ufer. Minutenlang blieben wir stehen und schauten ehrfürchtig auf das riesige Binnenmeer.

Auch der Gästehafen, in dem im Sommer kleine Motorkajütboote, die durch den Vänersee schipperten, ankerten, war wie ausgestorben.

Nach diesem ausgiebigen Spaziergang saßen wir im Womo, tranken unseren Kaffee und schwelgten in Erinnerungen an diesen Campingplatz.

Trotz der morgendlichen Herbstkühle stand Heinz schon sehr früh auf. Ich zog mir die Decke bis ans Kinn und hörte im Dämmerschlaf in der Ferne dumpfe Hammerschläge. Erst gegen halb neun stand ich auf um das Frühstück zu bereiten. Aus dem Kinderzimmer ertönte Svens Stimme. „Kochst du auch Eier?" „Bis jetzt noch nicht, soll ich?" „Ja, wir haben Hunger auf Eibrot."

Seltsam, bei diesem Thema herrschte eine unverhältnismäßige Einigkeit zwischen den Kindern. Also setzte ich auch vier Eier auf den Herd.

Irgendwann verstummte das Klopfen draußen. Wenige Minuten später trat Heinz in die Küche „Fertig! Jetzt habe Hunger auf ein schönes Frühstück! Oh, Eier gibt es auch."

Ich goss meinem durstigen Holzwurm gleich eine Tasse Kaffee ein, während er sich die Hände wusch. „Vorhin, als ich am Hämmern war," berichtete er gut gelaunt am Frühstückstisch, „hat mich wieder mein Eichhörnchen beobachtet. Es blieb auf einem dicken Ast sitzen und schaute mir mit großen Augen zu, als ob es fragen wollte, was ich um diese Zeit schon im Wald herumklopfe."

„Nachher müssen wir noch Falurödfarbe kaufen" bestimmte Heinz, während er mit einem Löffel sein Ei köpfte.

„Das passt gut, die Jungs wollen ins Schwimmbad und anschließend Pommes essen, danach müssen wir noch Lebensmittel einkaufen und auf dem Wege können wir auch gleich deine Farbe kaufen."

Erst am späten Nachmittag kamen wir zurück, und meine Herren pinselten in Gemeinschaftsarbeit den Schuppenneubau mit original roter Falufarbe. Zum Schluss montierte Heinz noch eine aufgeschnittene graue Kunststoffteppichrolle, auf der wir den blauen Schlafzimmerteppich nach Schweden transportiert hatten, als Regenrinne an das Dach, und die am Haupthaus provisorisch aufgestellte blaue Regentonne bekam hier nun ihren endgültigen Platz.

Ich war gerade dabei, die nassen Badesachen auf den Wäscheständer, den ich vorher auf die Veranda gestellt hatte, zu hängen, als Håkan und Ulla-Britta mit ihren Kindern und dem Hund bei uns am Tor vorbei- gingen. Heinz, der sie zuerst sah, forderte sie auf hereinzukommen. Derweil richtete ich den Kaffeetisch her und stellte den gerade gekauften Kuchen auf den Tisch. Zusätzlich bestrich ich Butterkekse mit weicher Butter, schnitt mit dem Käsehobel feine Scheiben von dem milden Käse mit dem Elchlogo ab und legte sie auf die Kekse.

Stolz führte Heinz seine Gäste hinters Haus und präsentierte ihnen den fertigen Schuppen. Als Nächstes sei geplant, das Gästehaus für Familienmitglieder und Gäste auszubauen.

Buster, der Hund, hatte irgendwo im Wald hinter unserem Grundstück eine mumifizierte Rehkeule entdeckt und trug seine Beute stolz zu seinem Frauchen. Diese nahm ihm entsetzt die Rehkeule aus der Schnauze und warf sie im hohen Bogen wieder in den Wald..

Ulla-Britta band den Hund auf der Veranda fest, und damit er nicht zu kurz kam, verwöhnte ich ihn mit den Katzenbrekkis, die ich eigens für den Kater Sievert gekauft hatte. Mit dem Schwanz wedelnd und mit bettelnden Augen forderte er noch mehr.

Die anderen saßen schon lebhaft diskutierend am Kaffeetisch. Die beiden Mädchen wurden von Björn mit warmem Kakao verwöhnt.

Irgendwie, nachdem wir von unserem Mißgeschick mit unseren Schlüsseln erzählt hatten, kamen wir auf das Thema Boot fahren im Sommer. Ich forschte nach der Möglichkeit, bis zum nächsten Sommer ein Boot zu kaufen und es an ein Seeufer zu legen.

Das sei kein Problem, meinte Håkan. Der Bruder seines Nachbarn Rolf, der die Milchkühe habe, besitze am See ein landwirtschaftliches Grundstück und im Sommer lägen auf seiner Weide auch die Boote von Nachbarn und Bekannten. Wir sollten uns mal mit Rolf in Verbindung setzen.

„Und wo bekommen wir ein Boot her?"

Meine Frage, auch wenn sie an Heinz gerichtet war, kam trotzdem an. Håkan erklärte uns, dass es in Uddevalla das Wassersport- und Bootsgeschäft Rodins Marin gebe, wir sollten bei Gelegenheit doch mal hinfahren. Außerdem würden in der Zeitung am Mittwoch unter Onsdagsprylen auch manchmal Boote angeboten.

Weil dann der Hund Buster immer unruhiger wurde, wollten unsere Gäste wieder nach Hause. Heinz, spontan wie immer, fragte, ob sie nicht gleich gemeinsam bei Rolf vorbeigehen könnten. Eine Stunde später war er wieder zurück: Rolf hatte gleich bei seinem Bruder angerufen und der hatte sofort und ohne zu zögern zugestimmt. Wir konnten uns also ein Boot kaufen.

Schon am nächsten Morgen fuhren wir nach Uddevalla. Zuerst zum Konsumtempel, um noch einige Besorgungen zu machen und um in unserem Lieblingsrestaurant gemütlich essen zu gehen. Auf dem Rückweg fuhren wir dann zum Bootsgeschäft und schauten uns ungestört auf dem Freigelände um. Hier standen die eingewinterten Yachten von Besitzern, die keine Möglichkeit hatten, ihr Boot zu Hause unterzubringen, genauso wie kleine Motorkajütboote und Ruderboote, die zum Verkauf bestimmt waren. In der angrenzenden Halle, die wir dann betraten, standen Kajaks, Kanus und kleinere Ruderboote.

Ich steuerte auf ein knapp vier Meter langes Ruderboot zu, das mir auf Anhieb gefiel. Es war aus stabilem Kunststoff, hatte einen doppelten Boden und Sitze aus wasserfestem Holz, die aber schon ziemlich betagt aussahen. Die Außenfarbe war Beige und unten Blau. Leider stand kein Preis dabei. Wir umkreisten das Boot mehrmals und marschierten dann durch die Halle zurück ins Freigelände, vorbei an den großen Yachten, zum Geschäft für Zubehörteile.

Eine Schiffsglocke ertönte bei unserem Eintritt.

Der einzige Verkäufer war mit Kunden beschäftigt, so konnten wir uns in Ruhe umsehen. Ooh! Uns stockte fast der Atem, als wir auf einem riesigen begehbaren Podium gleich drei gut zwölf Meter große neue Segelyachten stehen sahen. Wir stiegen die Treppe empor und gingen von einer Yacht zur nächsten. So pompös sie von außen aussahen, so luxuriös waren sie auch innen. Man durfte die Schiffe zwar nicht betreten, aber von dem Podest aus konnten wir sehr gut einen Blick hineinwerfen. Die Küchenmöbel waren aus Mahagoni und die Polstermöbel aus Leder und Plüsch. Selbst ein abgetrenntes Schlafzimmer mit einem Französischem Bett fehlte nicht. Dazu die Technik für eine Weltumsegelung der Luxusklasse.

Vor lauter Staunen vergaßen wir beinahe, weshalb wir eigentlich hier waren. Ich konnte mir vorstellen, warum diese millionenteuren Kostbarkeiten nicht draußen, sondern gut geschützt in der Verkaufshalle standen. Wir aber waren weder Millionäre noch reiche Weltumsegler.

Etwas gemächlicher stiegen wir die Stufen wieder herab, drehten uns noch einmal um und widmeten uns dann unserem Problem.

Zwischen Ankerketten, roten Bojen und PS-starken Bootsmotoren marschierten wir vorbei an Schwimmwesten und anderen diversen Kleinigkeiten, die für Freizeitkapitäne unentbehrlich sind, bis zu einem Verkaufstresen, hinter dem ein Verkäufer mittleren Alters stand und in einem Katalog blätterte.

„God dag", begrüßten wir ihn, wir würden uns für das eine Ruderboot in der Halle interessieren. Er legte seinen Katalog zur Seite und ging mit uns zur Bootshalle. Wir erkundigten uns nach dem Preis, als wir vor dem Boot, das uns interessierte, standen. Es sollte umgerechnet 900 Mark kosten. Da es ein gebrauchtes Boot war, hatte es einige Macken, die aber noch repariert werden konnten. Die Ruder waren im Preis mit drin. Wir besiegelten den Kauf und der Verkäufer verprach uns felsenfest, das Boot bis zum nächsten Tag in Ordnung zu bringen.

Damit hatten wir auch schon das nächste Problem.

Wir besaßen weder einen Bootstrailer noch einen Anhänger, auf dem wir das gute Stück transportieren konnten. Auch hatte unser damaliges Wohnmobil keine Anhängerkupplung, um ein solches Gefährt ausleihen zu können.

So fuhren wir auf dem Rückweg erst einmal bei Folke vorbei und berichteten ihm von unserem Bootskauf, und das wir nicht wussten, wie wir das Boot nun nach Hause transportieren könnten.

Patent, wie er war, sah er überhaupt kein Problem in der Sache. Er würde früh um zehn mit seinem Auto und einem vom Nachbarn ausgeliehenen Anhänger vorbeikommen, und dann könnten er und Heinz das Boot abholen und gleich zum See bringen.

Am nächsten Mittag waren wir stolze Bootsbesitzer. Zum Dank bekam Folke eine Flasche Rum und eine Tankfüllung für sein Auto.

Nun wollte Heinz das Boot trotz des ungemütlich windigen Wetters natürlich gleich ausprobieren. Gemeinsam fuhren wir zu der Bucht, in der das Boot noch mit einem blauen Seil angebunden im Wasser lag. Euphorisch stiegen meine drei Herren mit ihren Gummistiefeln und dicken Anoraks ins Boot – ich verzichtete freiwillig, mir war es zu kalt –, und Heinz fing an zu rudern.

Durch den starken Gegenwind, mit dem er hartnäckig kämpfte, kam er aber kaum von der Stelle. Das Boot schwankte gefährlich durch den vom Wind verursachten Wellengang auf dem Wasser. Um sich und seine

Söhne nicht in Gefahr zu bringen, paddelte er frustriert wieder ans Ufer zurück. Mit den Worten, dass wohl nicht das richtige Wetter sei zum Boot fahren, stiegen meine Hobbyseefahrer aus ihrem schwankenden Gefährt aus und zogen es an Land.

Mit vereinten Kräften trugen wir es nach oben auf die Weide und drehten es um, damit es im Winter nicht vollschneien oder bei eventuellem Hochwasser nicht wegschwimmen konnte. Damit auch etwas Luft ins Boot gelangen konnte, legten wir Holzplanken unter Bug und Heckteil. Hier sollte das Boot überwintern. Die Ruder nahmen wir aber mit nach Hause und lagerten sie in unserem neuen Schuppen.

„Was hast du denn vor?" fragte ich meinen Gatten, als ich ihn mit Steckdose, Kabel, Taschenlampe und Bohrmaschine in den Händen nach draußen verschwinden sah.

„Bevor wir nach Deutschland zurückfahren, will ich noch die elektrische Anlage in den neuen Schuppen legen, mir bleibt ja nur noch der heutige Tag, aber ich brauche jemand, der mir die Taschenlampe hält." Es stimmte, unsere Woche war leider schon wieder um, wir mussten wieder heimwärts fahren.

Weil meine Jungs mit Packen beschäftigt waren, spielte ich den Handlanger und ging mit nach draußen, obwohl ich auch noch meine Sachen ins Auto bringen wollte.

Durch den spontanen Bootskauf hatte sich unsere Heimfahrt um einen Tag verzögert. „Mitten in der Nacht", knurrte ich, als mein Mann mich am Samstag morgen gegen fünf Uhr weckte. Ich bin nun mal kein Frühaufsteher, aber wir mussten die komplette Wasseranlage frostsicher entleeren, sonst konnten uns im Winter die Wasserrohre kaputtfrieren. Also zuerst frühstücken, abwaschen und wenn dann kein Wasser mehr benötigt wurde, das komplette Wassersystem entleeren und zur Sicherheit auch noch die Rohre ausblasen. Das alles brauchte seine Zeit. Zum Schluss füllten wir noch Glykol als Frostschutzmittel in die Abwasserrohre.

Es war dann halb zehn, als wir endlich fertig waren.

In Göteborg nahmen wir uns, bevor wir mit der Fähre nach Dänemark übersetzten, die Zeit, um mal ausgiebig in dem Einkaufszentrum im Ortsteil Hisingen shoppen zu gehen. Mein Knaben entdeckten wunderschöne Jogginganzüge und ich verguckte mich in zwei kuschelige warme Pullover. Außerdem – weil wir schon so früh gefrühstückt hatten – gingen wir gleich im dortigen Restaurant essen. Mit unseren Einkäufen in der Tüte marschierten wir zu unserem Auto zurück.

„So, jetzt seid ihr auf eure Kosten gekommen, jetzt möchte ich aber noch mal nach Clas Ohlson", forderte mein Gatte seine Rechte ein. „Wo ist der denn?" fragte ich verwundert, denn ich kannte bis dahin nur die Hauptfiliale in Insjön bei Leksand, die wir bei fast jeder Skandinavientour auf der Durchreise besucht hatten.

Dieses Geschäft für jedermann gleicht im Sommer fast einem Wallfahrtsort für alle Heimwerker, Hobbybastler, große und kleine Kinder und auch Hausbesitzer. Auf dem riesigen Parkplatz mit dem großen mechanisch angetriebenen Holzrad als Puplikumsmagnet in Insjön parken, nein campen Reisende aus ganz Skandinavien und vertreiben sich dort den Tag. Für Familien hat man sogar Kinderspielplätze, ein Touristbüro und eine Cafeteria aufgestellt. Kleinere Geschäfte witterten die Chance und siedelten sich zusätzlich an.

„Ganz neu im Nordstan, habe ich in dem neuen Katalog gesehen". „Wie lange haben die denn geöffnet?" fragte ich so beiläufig, „denk' daran, dass heute Samstag ist." „Bis 16 Uhr." „Au ja", freuten sich meine Söhne „da wollen wir aber auch mit." Also fuhren wir noch zum Nordstan, suchten einen Parkplatz und marschierten in das renommierte Einkaufszentrum.

Mit vollen Tüten, weil meine Herren hier noch etwas fanden und dies und das noch gebrauchen konnten, kehrten wir zu unserem Womo zurück. Nachdem alle Schätze verstaut waren, nahmen wir Kurs auf den Fährbahnhof. Die nächste Fähre fuhr um 18.30 Uhr. Wir hatten also noch genügend Zeit für einen Spaziergang im Fährbahnhof.

Schon von weitem sahen wir die hell erleuchtete Fähre in den Hafen einlaufen. Dann ging alles sehr schnell, Autos rollten von Schiff herunter und wir wurden eingewiesen, auf welches Deck wir fahren sollten.

Als die Stena Jutlandica ablegte, verabschiedeten wir uns wehmütig von der hell erleuchteten Skyline von Göteborg, um nach 20 Minuten unter der Älvsborgsbron durchzufahren.

Nach einer ruhigen Überfahrt legten wir um 22.20 Uhr in Frederikshavn an. Einsetzender Regen erschwerte uns die Sicht, deshalb steuerten wir einen schönen Rastplatz an, um einige Stunden zu schlafen. Am Sonntagabend waren wir wieder zu Hause und Montag begann die Schule wieder.

Weihnachten

Die Weihnachtsferien begannen dieses Jahr schon am Freitag, den 22. Dezember. Sonntag war Heiligabend.

Meine Geschenke hatte ich alle zusammen. Auch das Weihnachtsessen war als Fertiggericht in reisetauglichen Tiefkühlbehältern eingefroren. Für Heiligabend hatte ich Kaninchenkeulen mit Salzkartoffeln und Rotkohl, für den ersten Weihnachtstag Rouladen und Klöße und am zweiten Weihnachtstag sollte es Kasseler Rollbraten mit Sauerkraut und Semmelknödeln geben. Um keinen Stress aufkommen zu lassen, hatte ich mich bereits Mitte November um die Einkäufe gekümmert.

Schon seit Tagen waren wir am Packen. Im Schlafzimmer türmten sich Kisten mit Konserven, Kaffee, Marmeladen und Kartoffeln. Auch sämtliche Weihnachtsgeschenke waren schon reisefertig in Weihnachtstüten verpackt. In einer extra Kiste, die ich gut verstecken musste, hatte ich die Süßigkeiten und Plätzchen für den bunten Teller gesammelt. Beim Anblick von Nougatzapfen, Schokokränzen, Schokoladenweihnachtsmännern, Weingummis und Spritzringen wären meine Naschkatzen sicher schwach geworden.

Damit Spekulatius, Lebkuchen, Kokosmakronen, Bärentatzen und Vanillekipferl nicht als Bröseltüten in Schweden ankommen konnten, legte ich die durchsichtigen Kekstüten in verschieden große Weihnachtskeksdosen.

Auch an meine Vögel und Eichhörnchen war gedacht: Heinz hatte ein wunderschönes, auf Birkenstämmen stehendes Futterhaus gebaut, ich mehrere Beutel mit Streufutter, Fettfutter, Meisenknödeln und Erdnüssen ohne Schale für die einheimischen Vögel gekauft.

Als ich in der Adventszeit über unseren altdeutschen Weihnachtsmarkt gebummelt war, um die Düfte von Glühwein, Bratwurst und Feuerzangbowle zu genießen und um Apfelsinen und Mandarinen zu kaufen, kam ich an einem Stand mit Nüssen vorbei. Das erinnerte mich an meine Eichhörnchen und ich ließ mir einen Beutel mit frischen Haselnüssen abfüllen.

Für Alkoholisches war Heinz zuständig. „Mein Gott, du hast ja eingekauft, als würden wir ein Jahr lang auf Weltreise gehen," monierte Heinz die vielen Kisten.

„Ja ich weiß! Du brauchst nur ein T-Shirt und eine Zahnbürste", spottete ich, weil er sich jedesmal über die vielen Sachen, die wir mitnahmen, amüsierte. „Und fragst mich spätestens, wenn wir da sind, ob ich dies, das und jenes eingepackt habe. Wir haben nun einmal Weihnachten."

Die Kinder waren inzwischen routiniert genug und packten alles, was sie brauchten, in Reisetaschen und in ihre Wohnmobilschränke. „Vergesst Mützen, Handschuhe, Thermohosen und lange Unterhosen nicht", erinnerte ich meine Knaben.

Nachdem nun alles eingepackt war, einschließlich Winterstiefel, Anoraks und ganz wichtig Christbaumschmuck- und Ständer, holten wir noch unsere Langlaufskier aus dem Keller und die Skistiefel vom Schrank. Die Skier kamen hinten auf den extra dafür umgebauten Fahrradständer und die Skistiefel in die Bettkästen. Nur die vier Paar Skistöcke störten uns ständig während der Fahrt im Wohnmobil.

Das Weihnachtsessen verstaute ich in zwei großen Kühltaschen, die ich mit Kühlakkus füllte, in der Hoffnung, dass alles noch tiefgekühlt in Schweden ankam. Wir verschnürten beide Taschen hinten auf die Skier.

In der Nacht um 23.30 Uhr ging unsere Fähre. Zum Frühstück müssten wir dann in unserem Haus sein. Dachten wir.

Freitagvormittag fuhren wir los. Meine Mutter und ihr Lebensgefährte Walter standen auf dem Parkplatz, wünschten eine gute Reise und winkten uns noch minutenlang hinterher.

Weil auf der Autobahn ein fünf Kilometer langer Stau war, entschieden wir uns, bis Soltau die Bundesstraße zu fahren. Ab Celle fing es an zu regnen, und weil der Boden gefroren war, verwandelte sich die Straße in eine Schlittschuhbahn. Nur im Schritttempo kamen wir weiter und die Autos, die links und rechts im Straßengraben lagen, förderten auch nicht gerade unsere Laune. Endlich, ab Soltau, ging es auf die Autobahn, und vor uns fuhr ein Streufahrzeug, das die vereiste Fahrbahn tonnenweise mit Salz pökelte. So konnten wir erst einmal mit 60 weiterfahren.

Dennoch brauchten wir unverhältnismäßig lange, bis wir an der dänischen Grenze waren. Dafür ging der Regen jetzt in Schnee über und es wurde kälter.

Schon jetzt wussten wir, dass wir unsere Nachtfähre nicht mehr schaffen würden. In Dänemark erwartete uns eine weitere unangenehme Überraschung. Der Schneefall wurde stärker und zu allem Überfluss kamen auch noch heftige Windböen dazu, die Schneeverwehungen verursachten.

Irgendwann ging gar nichts mehr, Lastwagen standen quer, Pkw lagen reihenweise im Graben, Polizeiautos rutschten über die Fahrbahn und die Polizisten mussten sich auf der spiegelglatten Straße an ihren Fahrzeugen festhalten.

Erst als ein Schneepflug die Straße räumte und ein Streufahrzeug anschließend eine Mischung aus Salz, Split und Sand gestreut hatte, ging es im Konvoi die nächsten hundert Kilometer weiter.

In der Zwischenzeit verließ die Fähre den Hafen. Ohne uns.

Die ganze Strecke bis kurz vor Frederikshavn waren die Schneepflüge im Dauereinsatz. Als wir Nordjütland erreichten, hatten wir einen Temperatursturz. Draußen waren minus 15 Grad. Ein Kältehoch hatte inzwischen das Schneesturmtief abgelöst.

Erst am Samstag kurz vor halb elf erreichten wir genervt und müde den Fährbahnhof. Um 10.30 Uhr fuhr schon das nächste Schiff.

Die Fährgesellschaft, wahrscheinlich über das nächtliche Drama auf den Straßen informiert, zeigte sich kulant, ließ die sich gerade schließenden Ladeluken wieder öffnen und wir wurden auf das Parkdeck gewiesen. Noch einmal Glück gehabt.

Übermüdet ruhten wir uns erst einmal die dreieinhalb Stunden auf dem Schiff aus. Die Fähre stampfte durch das ruhige Fahrwasser. Gegen 14 Uhr verließen wir den Göteborger Fährbahnhof und kämpften uns dann über die stark befahrene Stadtautobahn.

Hier war es noch kälter. Unser Temperaturfühler zeigte minus 20 Grad an. Die festgefahrene Schneedecke außerhalb der Stadt knirschte unter unseren Reifen. Gegen 16 Uhr, es wurde schon wieder dunkel und das Thermometer zeigte minus 23 Grad an, erreichten wir endlich unser Haus.

Das Grundstück, und damit auch unser Parkplatz lagen unter einer 30 Zentimeter hohen Schneedecke. Wir stellten unser Auto zunächst am Straßenrand ab, suchten im Schnee die Baumstümpfe und gruben das Tor so weit frei, dass wir uns hindurchzwängen konnten. Dann stapften wir durch den tiefen Schnee bis zu unserem neuen Schuppen, in dem die Schneeschaufeln standen.

Warm angezogen, im Wohnmobil hatten wir die Gasheizung laufen, damit wir uns anschließend wieder aufwärmen konnten, schaufelten wir erst einmal eine Schneise bis zum Haus und eine größere Fläche als Parkplatz frei. Erst als wir das Auto auf unserem Parkplatz stehen hatten, gingen wir zum Haus. Mit klammen Fingern suchten wir die richtigen Schlüssel. Diesmal hatten wir zum Glück alle Schlüssel dabei. Das Thermometer im Haus zeigte bitterkalte minus 22 Grad.

Ein eigenartiger Mäusegeruch stieg mir in die Nase.

Wie immer schalteten wir zuerst den Hauptstromschalter draußen an und anschließend drehten wir im Sicherungskasten alle Sicherungen rein. Ich stellte erst einmal die Tiefkühltruhe an und alle Stromheizungen, die sich im Haus befanden. Vor Kälte zitternd, beklagte ich abermals das Fehlen eines wärmenden Ofenfeuers.

Der Versuch, die Wasserpumpe in Betrieb zu setzen, blieb wie erwartet angesichts dieser Temperaturen erfolglos. Meine Kühltaschen mit dem eingefrorenen Weihnachtsessen deponierte ich vorübergehend auf der Veranda. Hier war es kälter als in jeder Tiefkühltruhe, und bei minus 23 Grad kann ich sie dort erst einmal beruhigt stehen lassen. Der Kühlschrank war kalt genug für unseren Vorrat an frischen Lebensmitteln.

Nach der katastrophalen Anreise traf mich zur Krönung des Tages, sozusagen als Sahnehäubchen obendrauf, fast der Schlag, als ich im Wohnzimmer das Licht einschaltete.

Entsetzt und starr wie eine tiefgefrorene Eisskulptur blieb ich im Durchgang stehen und starrte fassungslos in den Raum. Nicht nur, weil im Wohnzimmer eine Eiseskälte herrschte, nein! Bei dem unwirtlichen Wetter draußen hatten ganze Mäusefamilien in unserem Haus gemütlichere Plätze gesucht und sie bei uns im Wohnzimmer gefunden.

Wenn die Katze nicht da ist, tanzen die Mäuse auf dem Tisch – bei uns wurde das Sprichwort zur Wirklichkeit. Die Kuscheldecken auf dem Sofa waren zerrupft und löchrig, die Sofakissen angefressen und überall auf den Tischen und Polstern lagen Mäuseköttel.

Ich wusste nicht, ob ich darüber lachen oder weinen sollte. Im Sommer, bei plus 25 Grad, hätte ich vielleicht darüber gelacht, aber übermüdet, wie ich war (wenn ich nicht bald ins Bett komme, dann seh' ich rosa Pegasus-Elche), und bei den Temperaturen war mir mehr nach Weinen zu Mute. Wie, um alles in der Welt, sind diese verdammten Viecher nun schon wieder hier reingekommen? Himmeldonnerwetternocheinmal!

Während ich bibbernd den Staubsauger aus dem Schrank holte, um die Spuren des Mäusefestes zu beseitigen, schnappte sich mein Mann die Decken und schüttelte sie über der Veranda aus.

Zum Glück waren unsere Schlafzimmertüren mäusedicht verschlossen gewesen. Ich hätte sonst die Mäuse beim Anblick unserer Kuschelbetten förmlich „Hurra" schreien hören.

Nachdem ich mit dem Staubsauger alle Mäusehinterlassenschaften entfernt hatte, schüttelte ich noch die Sofakissen und die Tischdecken aus. Wegen der ständig offenen Verandatür wurde es natürlich nicht warm im Haus. Einstimmig beschlossen wir, nach der abenteuerlichen Anreise die erste Nacht im unserem vorgewärmten Wohnmobil – die Gasheizung lief auf oberste Stufe – zu nächtigen und auch morgen früh dort zu frühstücken, sofern uns das Wasser nicht auch noch im Wohnmobil einfror. Sicherheitshalber stellten wir den mitgebrachten vollen Zwanzigliterkanister vom Waschraum in die Spüle.

Am Heiligmorgen weckte uns nicht nur ein eisigblauer Himmel, nein die 25 Grad Kälte merkten wir auch im Wohnmobil. Die Heizung lief auf Dauerbetrieb. Wir begnügten uns mit Katzenwäsche und zogen schnell warme lange Unterhosen und Thermohosen an. Damit wir frühstücken konnten, verwandelten wir das Schlafzimmer in eine gemütliche Rundsitzgruppe.

Im Haus herrschten zwar keine Minusgrade mehr, wie Heinz berichtete, aber um sich gemütlich an den Tisch zu setzen, war es immer noch zu kalt. Nur gut, dass unser Wasser nicht eingefroren war, so konnte ich das Kaffeewasser und vier Eier auf dem Gasherd aufsetzen.

Nach dem Frühstück erinnerte ich meine Herren daran, dass wir noch einen Weihnachtsbaum brauchen.

„Das dürfte ja wohl kein Problem sein, schließlich sind wir hier im Wald, da werden wir doch wohl einen Tannenbaum finden", tönte es aus drei Mündern gleichzeitig, und zu dritt zogen sie mit Handschuhen und einer Handsäge bewaffnet los.

Unterdessen versuchte ich in der Wohnmobilküche, das Frühstücksgeschirr mit so wenig Wasser wie möglich abzuwaschen.

Eine Viertelstunde später waren meine Schneemänner schon wieder da und präsentierten mir voller Stolz einen etwas staksigen, aber garantiert tiefgefrorenen Tannenbaum.

„Stellt ihn erst einmal ins Haus, damit er auftaut", riet ich meinen mit Schnee bezuckerten Männern, „und versucht noch mal, das Wasser in Gang zu setzen."

„Erst muss der Baum in den Ständer."

Ich dekorierte in der Zwischenzeit das Wohnzimmer ein wenig weihnachtlich und stellte die mitgebrachte Lichtertreppe ins Wohnzimmerfenster. Auf die drei Tische legte ich meine mitgebrachten Weihnachtstischdecken und auf dem großen Wohnzimmertisch füllte ich zwei bunte Teller. Einen mit Äpfeln, Mandarinen und Apfelsinen, einen weiteren mit Keksen und Süßigkeiten. Die Nüsse füllte ich in eine von Heinz selbst gedrechselte Holzschale.

Der Weihnachtsbaum stand immer noch auf dem Parkettfußboden und fing langsam an zu tropfen. Ich legte schnell ein Wischtuch drunter. „Wenn er aufgetaut ist, könnt ihr ihn in die Ecke auf den Glastisch stellen."

Endlich, am späten Vormittag, stand der Weihnachtsbaum auf seinem Platz.

Meine Jungs, inzwischen mit der Schneeauftautechnik vertraut, machten sich eifrig an die Arbeit und schaufelten Schnee in alle verfügbaren Eimer, damit ich nachher Abwaschwasser fürs Mittagsgeschirr hatte. Hingebungsvoll löffelte Sven dann den Schnee vom Eimer in einen auf dem Herd stehenden Kochtopf und taute ihn auf niedriger Heizstufe auf. Der aufgetaute Schnee kam dann in einem anderen Eimer als Vorratswasser.

Während die noch gefrorenen Kaninchenkeulen neben dem Schneewasser auf dem Herd langsam auftauten, schmückten wir gemeinsam mit den Knaben den Weihnachtsbaum. Die anderen Gefrierboxen legte ich nun endlich in die Tiefkühltruhe, in der es mit 18 Grad minus immer noch wärmer war, als draußen.

Als ich dann das festlich geschmückte Wohnzimmer sah, kam auch bei mir weihnachtliche Stimmung auf und ich konnte über den Mäuseüberfall, der mich gestern fast zur Verzweiflung getrieben hatte, nur noch schmunzeln. Und als wir dann im einigermaßen aufgewärmten Haus am Mittagstisch saßen und unsere leckeren Kaninchenkeulen verzehrten, waren alle Widrigkeiten vergessen.

Dann sah ich doch tatsächlich bei einem zufälligen Blick ins Wohnzimmer, wie sich eine vorwitzige Maus tollkühn am Sofa hochhangelte, auf den Tisch sprang und neugierig die bunten Teller inspizierte. Betört von den verlockenden Düften, die vom Tisch kamen, hatte sie jegliche Vorsicht außer Acht gelassen und musste ihrer kleinen Nase folgend erst einmal erkunden, wo die leckeren Gerüche herkamen und unseren weihnachtlichen Stubentisch inspizieren. Beim Anblick von Lebkuchen, Keksen, Nüssen und anderen Köstlichkeiten blieb der Maus doch fast die Spucke weg.

Mit einem „Ksch- Ksch- Ksch" lief ich empört ins Wohnzimmer und öffnete die Verandatür. Erschreckt sprang die Maus vom Tisch und huschte schnell auf dem Fußboden durch die Tür, die ich mit einem grimmigen Blick und den Worten „bitte schön" aufhielt und schnell wieder verschloss. Durch einen Holzspalt im Verandaboden verschwand sie aus meinen Augen. Aber wie, zum Teufel, war sie hereingekommen.

Das Ganze erinnerte mich an ein Gedicht, das die Kinder irgendwann einmal in der Adventszeit gelernt hatten. Es hieß: „Die Weihnachtsmaus."

Meine Begeisterung für unsere Weihnachtsmaus hielt sich in Grenzen. Am Abend mussten wir die bunten Teller in den Vorratsschrank stellen, um nicht ganze Mäusekolonien ins Haus zu locken, die bei dem kalten Wetter ohnehin warme Plätze suchten. Manchmal hatte ich den Eindruck, wir hatten keine Mäuse, die Mäuse hatten uns.

Nach dem Essen gingen wir gemeinsam raus, um uns die Gänge

rund um das Haus und zum Komposter freizuschaufeln. Das war unser Verdauungssport. Bei dieser Gelegenheit stellte Heinz das von ihm selbst gebaute Futterhaus auf die überkreuzten Birkenstämme – gut sichtbar vor dem Küchenfenster. Ich füllte es sofort mit Fettfutter, Sonnenblumenkernen und geschälten Erdnüssen (ein leckerer Weihnachtsschmaus für alle Mäuse, die sich auch als Erstes daran bedienten). Nach dem Kaffee fieberten meine Ableger der Bescherung entgegen.

Während im Fernsehen Pippi Langstrumpf in Taka Tukaland gegen die Seeräuber kämpfte, stellten wir, weil es schon wieder dämmerig wurde, zwei Dosenfackeln vor der Veranda in den Schnee. Dann erst holten wir die umweltfreundlichen, weil wieder verwendbaren Weihnachtstüten (wir hatten keine Müllabfuhr angemeldet) aus unserem Schlafzimmer.

Die Knaben packten jeder ihre lang ersehnten Fotoapparate mit Zoomobjektiven aus und fanden darüber hinaus auch noch ein gutes Jagdfernglas in ihren Weihnachtstüten. Diverse Kleinteile wie warme Socken und Handschuhe landeten dann auch noch unter dem Weihnachtsbaum.

Heinz freute sich über ein buntes Flanellhemd und besonders über den Kräuterlikör. Eine luftgetrocknete Mettwurst sollte seinen Drang nach Süßigkeiten etwas ausbremsen und ein Nussknacker seine Zähne schonen.

Ich holte aus meiner Tüte einen kuschelig warmen, weinroten Schlafanzug. Auch warme Unterwäsche und ein Paar Hausschuhe, die in Schweden bleiben sollten, fand ich in meiner Weihnachtstüte.

Weil meine Jungs gleich die Ferngläser ausprobieren wollten, zogen wir uns an und gingen ein Stück die verschneite Straße entlang. Die untergehende Sonne warf bunte Farbenspiele in den Himmel. Zwei Rehe, die auf dem verschneiten Feld am Waldesrand standen und mit ihren Hufen nach Futter scharrten, konnte man zwar nicht mehr mit dem bloßen Auge erkennen, aber mit dem Fernglas waren sie trotz einbrechender Dämmerung gut sichtbar.

Bläulich schimmerte der saubere Schnee in der Dunkelheit. Außer dem frostigen Knirschen unter unseren Füßen umgab uns eine melancholische Stille, die nur vom entfernen Heulen eines Wolfes unterbrochen wurde. Sekundenlang hielten wir inne und genossen die friedliche Stimmung. Die Stadt lag in wohltuender Ferne.

Durchgefroren gingen wir zu unserem Grundstück zurück, und was sahen wir? Die Gänge, die wir uns durch den hohen Schnee geschaufelt hatten, wurden fleißig von den Mäusen benutzt. Sie huschten mühelos von einem Mauseloch zum nächsten. „Das ist ja die reinste Mäuserennstrecke", kommentierte ich kopfschüttelnd die vorbeihuschenden Nager.

„Schaut mal, da oben", erst jetzt entdeckten wir die langen bizarren Eiszapfen, die senkrecht wie Stalaktiten von unserem Hausdach herunterwuchsen.

Es wurde ein sehr gemütlicher und beschaulicher Weihnachtsabend, den wir uns hauptsächlich mit dem Kniffelspiel, das wir als Weihnachtsgeschenk von meiner Mutter und Walter bekommen hatten, vertrieben. Bevor wir ins Bett gingen, sicherte ich noch unsere bunten Teller und stellte sie in den Einbauschrank in der Küche, in der Hoffnung, dass er mäusesicher war.

Als wir am ersten Weihnachtstag aufstanden, waren es nur noch angenehme minus zehn Grad. Wenn man sich bei minus 25 Grad im Freien aufhält, ziehen sich schon nach wenigen Minuten die Nasenflügel zusammen, da kommen einem die minus zehn Grad bereits angenehm warm vor.

Wir holten die Skier vom umgebauten Fahrradträger und gleich nach dem Frühstück schnallten wir alle vier die Langlaufskier unter und fuhren ein Stück die verschneite Straße entlang. Dabei fiel mein Blick auf das tief verschneite Feld, auf dem wir gestern Abend die Rehe gesehen hatten. Vorsichtig tasteten wir uns mit den Skistöcken die Treckerauffahrt hinauf, die auf das Feld führte, und im Gänsemarsch – ich vorweg, die Kinder in der Mitte und Heinz als Schlusslicht – glitten wir durch den tiefen, in der Sonne glitzernden Schnee. Wir sahen die Spuren von Rehen, Hasen, Füchsen und auch von Elchen. Es war herrlich.

Immer und immer wieder zogen wir durch unsere selbst angelegten Loipen. Eine ging um das ganze Feld herum. Auf einer anderen, leicht abschüssigen Spur kam man gut in Schwung. Sie führte an mehreren Strommasten vorbei direkt bis zu unserem Grundstück.

Unsere selbst geschaufelten Gänge im Schnee – eine Mäuserennstrecke

Erst gegen Mittag, als uns der Hunger plagte, stellten wir unsere Skier an den grünen Metallzaun.

Die Gefrierbox mit den Rouladen, die ich schon morgens aus der Tiefkühltruhe genommen hatte, stülpte ich nun in einen großen Kochtopf und stellte diesen bei kleiner Stufe zum Auftauen auf den Herd. Dann versenkte ich Kartoffel- und Semmelknödel in einen mit Salzwasser gefüllten Topf und holte den Rest Rotkohl vom Vortag aus dem Kühlschrank. Plötzlich stutzte ich, von irgendwoher zwischen Kühlschrank und Herd hörte ich es schon wieder verdächtig kraspeln.

„Nach dem Essen", so bestimmte mein Mann, den ich sofort herbeikommandiert hatte „müssen wir mal den Herd und den Kühlschrank abrücken, vielleicht finden wir ja das Schlupfloch, wo die Kameraden rein- und rauskommen."

Eigentlich waren wir ja nach dem Essen viel zu träge, um die halbe Küche auseinander zu nehmen, aber der Gedanke an Mäuse, die zwischen meinen Vorräten herumwuselten, ließ uns doch zur Tat schreiten. Wir waren gerade im Begriff, den Elektroherd abzurücken, als ich zwischen dem Kabelgewirr ein Mäusehinterteil mit Schwanz in eine schmale Holzritze, die durch die Zwischenwände irgendwie mit der Außenwelt verbunden war, verschwinden sah.

„Na wartet, euch kriegen wir schon." Schadenfroh holte Heinz aus seinem Werkzeugschrank eine Kartusche Bauschaum und schäumte alle Ritzen hinter dem Herd und dem Kühlschrank aus. „Wenn ihr eure Schwänze jetzt nicht schnell genug in Sicherheit gebracht habt, werden sie mit eingeschäumt."

„So, jetzt ist alles mäusedicht", sagte er zufrieden, als wir den Elektroherd und den Kühlschrank wieder in die richtige Position geschoben hatten.

Hoffentlich! Als wir nur wenige Jahre später die Fernsehkomödie „Mäusejagd" sahen, musste ich über die clevere Maus schmunzeln und dachte an unsere verzweifelten Versuche, unser Haus mäusefrei zu bekommen.

Als wir etwas später einen Spaziergang machten, sahen wir vor Dans Haus ein fremdes Auto stehen. Unbefangen gingen wir zur Haustür und klingelten. Ein Mann in Arbeitslatzhosen öffnete uns die Tür.

Freundlich wünschten wir „God jul", stellten uns vor und fragten, ob er das Haus gekauft habe.

Ja, er habe es vor wenigen Wochen gekauft. Ihm sei die Ruhe auf dem Lande lieber als der Trubel in der Stadt, und wir sollten uns nicht wundern, wenn er noch Renovierungsarbeiten vornehme. Die Garage, so weihte er uns ein, sollte noch mit Holz vertäfelt werden.

Wir erzählten ihm, dass wir nur noch bis in die erste Januarwoche hier wären. Nach Trettondedagjul – Heilige drei Könige, in Schweden ein gesetzlicher Feiertag – würden wir wieder nach Deutschland zurückfahren.

Unsere Frage, ob er wüsste, wo der Vorbesitzer des Hauses hingezogen sei, verneinte er. Wir verabschiedeten uns und wünschten noch schöne Feiertage.

Nach einem ausgiebigen Spaziergang über einen rumpeligen Feldweg, auf dem ein Trecker tiefe Furchen in den Schnee gezogen hatte, kamen wir wieder zu Hause an und stürzten uns durchgefroren auf heißen Kakao, Kaffee und die bunten Teller. Gemütlich saßen wir dann noch

bei Tannenbaumlicht und Kerzenschein im Wohnzimmer und spielten Kniffel. Das Thermometer zeigte nur noch minus fünf Grad.

Ich wunderte mich darüber, dass in unserem von Heinz so liebevoll gebauten Futterhaus noch kein Vogel war und sich an den leckeren Körnchen bediente. Nicht nur das, ich hatte außer ein paar scheuen Eichelhähern, die sich hier morgens zum Frühstück einfanden und abgebrochene Brötchenteile und Weißbrotreste, die wir in den Schnee warfen, schnappten und damit schnell wieder verschwanden, noch weiter keine Vögel gesehen. Noch nicht einmal eine Meise, denn bei einem Blick ins gut gefüllte Futterhaus stellte ich fest, dass noch alles unangetastet war.

Es frustrierte mich. Da hingen nun Meisenknödel vor dem Küchenfenster und auf der Veranda und keine Meise krallte sich daran fest, um sich aus dem Talg die Sonnenblumenkerne herauszupicken.

Die einzigen Vögel, die ich am Tage sah, waren Mäusebussarde, die, laut schreiend auf der Suche nach unvorsichtigen Mäusen über die schneebedeckten Felder flogen.

Wo waren all die anderen Vögel?

Als wir am Morgen des zweiten Weihnachtstages aus dem Fenster schauten, erlebten wir eine Überraschung. In der Nacht hatte es gut 30 Zentimeter geschneit. Auch unsere freigeschaufelten Gänge, von uns ironisch Mäuserennstrecke genannt, waren völlig zugeschneit. Zum Frühsport schaufelten wir uns durch den Schnee und befreiten unser Auto von der weißen Pracht.

Beim Blick auf die Straße stellten wir fest, dass da kein Auto durchkäme, bis irgendwann einmal ein Schneepflug die Straße freiräumen würde. Und das würde wohl kaum vor dem Abend oder nächsten Morgen geschehen. Noch war Feiertag und die Einheimischen hatten ohnehin Urlaub. Wir waren sozusagen von der Außenwelt abgeschnitten.

Aber auch unsere so mühevoll gelegte Loipe war wieder völlig zugeschneit. Noch nicht einmal Tierspuren waren auf dem Feld zu sehen.

Ich schaufelte, unterstützt von meinen Söhnen, mit den Händen erst einmal vier Paar Skier, die in der Nacht umgefallen und eingeschneit waren, aus dem tiefen Schneehügel. Anschließend schnallte ich mir die Skier unter und fuhr erst über die tiefverschneite Straße und dann auf das Feld. Aber nur mit großer Mühe fand ich die Spur von gestern wieder. Da, wo ich die alte Spur vermutete, legte ich in dem jungfräulichen Schnee eine neue Loipe an. Meine Ableger tobten derweil wie junge Hunde in dem frischen Schnee herum.

Nach fast eineinhalb Stunden hatte ich keine Lust mehr, es war zudem auch sehr anstrengend, sich mit den schmalen Langlaufbrettern durch den hohen Schnee zu kämpfen. Schneeschuhe wären sicherlich eher angebracht gewesen. Zur Sicherheit, damit die Skier nicht wieder einschneien konnten, legte ich die Skier lieber auf die Veranda. Eine dicke graue Wolkendecke verdeckte immer noch den Himmel, und Frau Holle wollte uns bestimmt noch mehr Schnee schicken.

Als ich mit meiner verschneiten Hose zur Haustür kam, ertappte ich meine Männer beim Ausmessen der Wände vom Gästehaus.

„Die Heizung funktioniert", berichtete mir Heinz stolz. Er hatte sie im Herbst, weil sie defekt und verbogen war mit nach Deutschland genommen und repariert.

„Morgen, wenn es die Straßenverhältnisse zulassen, fahren wir nach Göfab und holen Holz, damit wir das Gästehaus vertäfeln können." Mein Gatte war entschlossen, das Gästehaus noch in diesem Winter auszubauen und fuchtelte akribisch mit Zollstock, Zettel und Stift umher.

„Guck mal, ob schon Wasser kommt, wenn du ins Haus gehst, ich habe die Wasseranlage in Betrieb gesetzt und alle Wasserhähne geöffnet, so kalt ist es ja jetzt nicht mehr."

Aus den Wasserhähnen kamen hoffnungsvolle gluckernde Geräusche. Und tatsächlich, nachdem es lange gegluckert hatte und die Luft entwichen war, kam eine rostrote Brühe aus dem Wasserhahn in der Küche. Wie eine Schlange auf das Kaninchen starrte ich nun auf den Wasserhahn und wartete auf sauberes klares Wasser. Nichts liebte ich mehr als fließendes Wasser zum Kochen und Abwaschen. Auf warmes Wasser musste ich jedoch vorerst verzichten, das brauchte mehrere Stunden, um im Warmwasserbereiter heiß zu werden. Nach zehn Minuten wurde das Wasser klar und ich hatte zum Kartoffelschälen sauberes Wasser. Dann taute ich meinen Kasselerrollbraten auf und füllte das Sauerkraut, das Björn immer als Ökolametta bezeichnete, in einen Topf.

„Mach aber auch ein paar Semmelknödel dazu", kam es aus Richtung Gästehaus, als ich die Kartoffelschalen zum Komposter bringen wollte. Ich tat ihm den Gefallen und setzte noch einen Topf mit drei Semmelknödeln auf.

Nach einer zweistündigen Mittagspause rollten meine Kinder Schneekugeln auf unserem Grundstück, um einen Schneemann zu bauen. Holzstückchen und Tannen- und Kiefernzapfen, die wir im Herbst gesammelt hatten, sollten Augen, Nase und Mund darstellen.

Anschließend, weil das weiße Baumaterial reichlich vorhanden war, bauten sie mit Heinz seiner Hilfe noch ein Schneeiglu, in das Sven auch gleich nach seiner Fertigstellung hineinkroch und am liebsten auch noch darin schlafen wollte. Ich konnte ihn dann aber doch davon überzeugen, dass sein Bett zum Schlafen gemütlicher und wärmer sei.

Am Abend in der Dunkelheit stellten wir wieder Dosenfackeln in den Schnee, die sich durch ihre eigene Wärme tief in den Schnee gruben und ein seltsam mystisches Bild wie ein aktiver Vulkankrater im Schnee er gaben. Noch lange standen wir auf der Veranda und schauten abwechselnd zu den Dosenfackelkratern und zum sternenklaren Himmel, an dem Millionen Lichtpunkte funkelten.

Am nächsten Morgen hörten wir schon in aller Frühe einen Schneepflug vorbeirauschen. Ich ahnte nichts Gutes und schaute aus dem Fenster in den noch dunklen Himmel. Dicke Schneeflocken wirbelten durch die Luft und hatten unsere Wege schon wieder zugedeckt.

Um diese Jahreszeit wurde es erst zwischen halb neun und neun hell, deshalb legte ich mich wieder ins Bett und hörte im Dämmerschlaf geheimnisvolle Geräusche.

Vom Dachboden war ein leises Trapsen zu hören und ab und zu klapperte ein Brett oder eine Holzlatte. Ich vermutete: Herr Marder fängt sich sein Frühstück. Leichtfüßiges Hin- und Hergewusel, Kraspeln, verzweifeltes Nagen und Scharren waren, nicht lokalisierbar, überall im Haus zu hören, und ich hatte das Gefühl, die Mäuse würden in den Zwischenwänden zum Dachboden hochlaufen. Hier aber wartete schon der Marder.

Irgendwann schlief ich wieder ein und wurde erst wach, als frischer Kaffeeduft in meine Nase zog. Außerdem hörte ich draußen jemanden Schnee schaufeln. Ich stand auf und fand alle Betten leer.

Aus dem Fenster sah ich meine Männer, wie sie verzweifelt versuchten, die Mäuserennstrecke freizuschaufeln, während wattebauschdicke Schneeflocken vom dunkelgrauen Himmel fielen.

„Der Schneepflug hat den ganzen Schnee von der Straße auf unsere Einfahrt geschoben", beschwerte sich Björn beim Frühstück. „Das dauert, bis wir das weggeschaufelt haben, vorher können wir nicht wegfahren."

„Außerdem ist die Straße schon wieder zugeschneit und der Schneepflug kommt bestimmt nicht noch einmal vorbei", beunruhigte sich Sven.

„Egal wie hoch der Schnee ist, wir fahren nachher in die Stadt und holen Holz, ich möchte endlich damit anfangen, das Gästehaus auszutäfeln", sagte mein optimistisch denkender Gatte beim Frühstück und strich sich zentimeterdick Honig auf sein Brötchen. „Außerdem brauchen wir auch Brötchen und frisches Brot." „Und Wiesenwhisky", ergänzte Björn den Einkaufszettel.

Nach dem Frühstück schaufelten wir die Einfahrt frei und entfernten, so gut es ging, mit einem Besen die weiße Pracht von unserem Auto, allerdings blieb der Schnee in Form einer großen Haube auf dem Dach unseres Wohnmobils, wo wir nicht rankamen, liegen. Durch die Gasheizung, die wir eingeschaltet hatten, würde der Schnee vielleicht irgendwann auftauen.

Etwas später kämpften wir uns mühsam über die tiefverschneite Straße und hatten den Eindruck als ob dort noch niemand vor uns entlanggefahren war. Keine Fahrspur war zu sehen, nur die langen roten Straßenmarkierungsstäbe, die Vägverket jeden Spätherbst an die Straßenränder steckte, wiesen uns den Weg.

Für diese Schneeverhältnisse hatten wir das falsche Gefährt. Mit einem Hundeschlitten, oder, wie in Nordschweden üblich, mit einem Schneescooter würden wir viel besser vorankommen.

Normalerweise benötigten wir eine halbe Stunde, um in die Stadt zu kommen, diesmal brauchten wir die dreifache Zeit. Aber auch in der Stadt kämpften die Räumfahrzeuge gegen die Schneemassen an, die sich inzwischen meterhoch an den Straßenrändern auftürmten.

Zuerst fuhren wir nach Göfab, um das Holz für unser Gästehaus zu kaufen. Die Lebensmittel, die wir brauchten, besorgten wir gleich nebenan bei Willys. Anschließend, um der Schneehölle mal für wenige Stunden zu entkommen, gingen wir noch ins Badeland mit Sauna. Endlich einmal wieder heiß duschen, im Eierkocher (Whirlpool) relaxen und in der Sauna bei 80 Grad richtig auftauen. Unser Stammrestaurant gegenüber hatte aber leider geschlossen. Na gut, dann mussten wir eben zu Hause essen.

Wir machten uns wieder auf den beschwerlichen Weg zurück durch den tiefen Schnee. Es schneite immer noch und bevor wir auf unser Grundstück fahren konnten, mussten wir erst wieder die Auffahrt freischaufeln.

Beim Ausladen sah ich aus den Augenwinkeln ein graubraunes Eichhörnchen, das im Vogelhäuschen saß und bei unserer Ankunft wieselflink in der großen Fichte auf unserem Grundstück verschwand.

Aha! Es gibt ja doch noch Feinschmecker, die sich für mein ausgestreutes Futter interessierten. Ich legte gleich noch ein paar ungeschälte Haselnüsse hinein.

„Was gibt es denn heute für uns zu essen?" Björn Frage war berechtigt, denn es war schon Nachmittag und uns allen knurrte der Magen. „Ich habe noch genug von gestern übrig", antwortete ich, „ich schäle gleich Kartoffeln und mache als Nachtisch einen Vanillepudding."

„Oh ja!" war von drei Seiten gleichzeitig zu hören.

Emsig stapelte Heinz das Nut- und Federholz ins Gästehaus, drehte die Stromheizung höher, murmelte Zahlen vor sich hin und verschwand nach dem Essen mit Hammer, Nägeln und Handsäge im Gästehaus. Außer den ständigen Klopfgeräuschen, die entstehen, wenn man Holz auf Holz nagelt, war von meinem Gatten den ganzen Nachmittag und Abend nichts mehr zu hören.

Die Kinder und ich spielten Scrabble.

Draußen viel tonnenweise Schnee.

Am späten Abend, Heinz war immer noch am Nageln, fiel mir auf, dass unsere Lampen sehr verdächtig flackerten. Erst gegen 23 Uhr kam er aus seinem Gästehaus. „So, für heute reicht es, morgen muss ich noch eine Wand vertäfeln, dann bin ich fertig – na", und schaute auf die schon wieder flackernde Stubenlampe.

Endlich hatte es aufgehört zu schneien und wir schaufelten uns mit

Schnee- und Kornschaufeln noch einmal bis zur Einfahrt durch. Damit unser Womo nicht auch noch unter einem dicken Schneepanzer einfror, fegten wir den noch losen Pulverschnee mit einem Handfeger herunter.

Wir standen gerade an unserem Tor, als wir von weitem Autoscheinwerfer sahen, die sich ganz langsam durch den tiefen Schnee vorwärts kämpften. Das Auto bog zum Nachbargrundstück ein. Aha, das war der neue Nachbar. Der Motor verstummte und eine Autotür klappte in der Stille der Nacht. Wenige Minuten später drangen die typischen Geräusche, die beim Schneeschippen entstehen, zu uns herüber.

Wir gingen wieder ins Haus zurück.

Dann war es wieder still, bis, – nein, ich glaubte meinen Ohren nicht – als ich irgendwo jemanden Holz nageln hörte.

Das gibt es doch nicht, mitten in der Nacht!

Ich zog noch einmal meine Jacke an und schlüpfte in meine Winterstiefel und stapfte bei zehn Grad minus durch den knirschenden Schnee zur Toreinfahrt.

In der Garage des neuen Nachbarn brannte Licht und auch die Klopfgeräusche kamen daher. Was in Deutschland undenkbar wäre, ja sogar die Polizei auf den Plan rufen würde, sah man hier offenbar nicht so eng.

Langsam, den herrlichen Winter genießend, ging ich wieder zum Haus zurück und berichtete von meinen Beobachtungen. Ziemlich groggy von dem anstrengenden Tag gingen wir bald schlafen.

Am nächsten Morgen wachte ich fröstelnd auf. Auch vermisste ich das vertraute Brummen der Tiefkühltruhe. Ich griff zum Schalter meiner Nachttischlampe, die über dem Kopfende hing, und wollte Licht einschalten.

Aber die Lampe blieb aus. Sofort setzte ich mich auf und weckte meinen Mann, der noch tief schlummerte. Wir standen auf und überprüften sämtliche Sicherungen im Haus, aber die waren alle in Ordnung.

Heinz zog sich Stiefel und Jacke über, schnappte sich die Taschenlampe, die immer giffbereit in der Küche lag, und ein Messgerät, um den Hauptsicherungskasten draußen zu überprüfen.

„Es kommt kein Strom rein", stellte er fest.

Ich schaltete unseren Weltempfänger, der auf Batterie lief, ein und suchte einen schwedischen Sender. Nach kurzer Zeit fand ich einen, der gerade die Nachrichten sendete. Ich spitzte die Ohren. Es war die Rede von „snöchaos und strömavbrott i Västergötland". Aha!

Ich zog mich an und stapfte mit dem Wasserkanister zum Wohnmobil, um die Gasheizung anzuwerfen und das Frühstück zuzubereiten, denn ohne Strom ging auch die Wasserpumpe im Keller nicht.

„Was is'n los?" Sven kam fröstelnd ins Auto und kuschelte sich in eine Wolldecke auf die Polsterbank.

„Wir haben Stromausfall, wahrscheinlich durch den vielen Schnee." Der Wasserkessel pfiff und ich goss das kochende Wasser in den Kaffeefilter, dann schreckte ich die Eier ab und stellte sie auf den gedeckten Tisch.

Inzwischen kamen auch Björn und Heinz angestiefelt, brachten noch Milch mit, die ich gleich auf dem Gasherd erwärmte, und setzten sich an den gedeckten Tisch: „Hier ist es wenigstens warm."

„Was machen wir denn heute ohne Strom?" fragte Sven berechtigterweise. „Wir können mal nach Uddevalla ins Einkaufszentrum fahren, dort ist es warm und wir können gleich da zu Mittag essen. Außerdem können wir da auch gleich tanken und bei dieser Gelegenheit unseren Zwanzigliterkanister mit Trinkwasser füllen."

Gerade eben rauschte ein Schneepflug an uns vorbei, der die Schneemassen prompt wieder vor unsere Einfahrt schob. Auch das noch, aber wenigstens war jetzt die Straße frei.

Während ich im Wohnmobil das Frühstücksgeschirr abwusch und alles wieder in einen reisefertigen Zustand versetzte, schaufelten meine Herren die Einfahrt frei.

Langsam und umsichtig fuhren wir die 25 Kilometer über eine vereiste und kurvenreiche Straße nach Uddevalla. Unterwegs überholten uns die Einheimischen mit ihren spikesbereiften Pkw.

Auf dem Weg dahin vermisste ich die bunten Lämpchen und die leuchtenden Lichtertreppen, die sonst um diese Jahreszeit die Fensterbänke in den schwedischen Häusern schmückten und etwas Licht in den dunklen Winter bringen sollten. Auch sah ich keine beleuchteten Weihnachtsbäume in den Vorgärten. Alles sah dunkel und wie ausgestorben aus.

Zuerst fuhren wir zur Tankstelle und füllten sowohl den Dieseltank als auch unseren Wasserkanister. Der Wassertank im Wohnmobil war zwar noch gefüllt, das Wasser aber durch die tiefen Temperaturen zu einem Eisblock gefroren.

Der großzügige Parkplatz des Einkaufszentrums war zwar geräumt, aber durch die hohen Schneeberge, die sich am Rande auftürmten und von vielen Kindern als Abenteuerspielplatz angesehen wurden, denn sie turnten auf den Schneebergen herum und rutschten auf dem Hosenboden wieder herunter, erheblich kleiner geworden.

Zum Glück fanden wir gleich einen freien Parkplatz, denn es kamen immer mehr Fahrzeuge, aus denen gut bestiefelt ganze Familien mitsamt Oma und Opa ausstiegen. Wir blieben noch minutenlang im Auto sitzen und beobachteten das lebhafte Treiben auf dem Parkplatz. Dann gingen wir auch hinein in das mit viel Lichterglanz weihnachtlich geschmückte Allesuntereinemdach-Center.

Hier pulsierte das Leben. Im festlich geschmücktem Restaurant standen Gäste mit Kaffee und belegten Brötchen gefüllten Tabletts im Gang und suchten einen freien Tisch.

Weil jeder von uns andere Interessen hatte, vereinbarten wir einen Treffpunkt: um ein Uhr vor dem Restaurant. Dann marschierte Heinz zielstrebig in Richtung Baumarkt, meine Söhne durchstöberten die Musikläden nach CD und ich hatte endlich einmal Zeit, um in aller Ruhe durch die Boutiquen zu schlendern.

Nach Weihnachten purzelten hier die Preise zum Teil um 50 Prozent. Ich achtete immer auf die roten Preisetiketten der „Rea Ware" und genoss es, in aller Ruhe, ohne dass jemand hinter mir stand und seinen Kommentar dazu gab, Hosen und Pullover anzuprobieren. Ein roter Nickipullover hatte es mir angetan, dazu fand ich passend eine schwarze Hose aus einem Mischstoff von Baumwolle und Elasthan. Beides passte auf Anhieb und sah obendrein auch noch sehr sportlich aus.

An der Kasse empfing mich allerdings eine geduldig wartende Schlange, der ich mich anschloss.

Mit meinen Tüten in der Hand kam ich an einem Café vorbei, in dem ich schon einmal gesessen hatte und wo gerade noch ein freier Tisch war. In Schweden ist in den Restaurants fast überall Selbstbedienung, deshalb goss ich mir einen Kaffee ein, legte zwei Päckchen Kaffeegrädde dazu und ging zur Kasse. Ich setzte mich an den letzten freien Tisch, auf dem ein Teelicht für festliche Stimmung sorgte, und hatte einen freien Blick auf die Flaniermeile, beobachtete vorbeilaufende Menschen und genoss meinen Kaffee wie schon lange nicht mehr.

Eine Stunde hatte ich noch Zeit.

In dem großen Sportartikelladen, den ich anschließend betrat, hörte ich deutsche Stimmen, die darüber diskutierten, was man wo am preiswertesten kaufen könne.

Als ich mit meiner Tüte in der Hand punkt dreizehn Uhr zum Restaurant zurückkam, hörte ich schon meinen Mann von weitem lästern: „Mama hat wieder den ganzen Laden aufgekauft."

„Wir haben Hunger", meldete sich Sven zu Wort.

Wir eroberten einen freien Tisch, den gerade eine Familie, die mit Essen fertig war, verließ. Ich scheuchte die Jungs an den Tisch und legte vorsichtshalber noch meine Winterjacke über einen Stuhl.

Glück gehabt.

Während Björn und Sven darum kämpften, den Tisch freizuhalten, reihten sich Heinz und ich in die Schlange zur Essensausgabe ein.

Endlich kamen wir dran.

Die Knaben wollten wie immer Grillkorv mit Pommes.

Wir bestellten viermal Grillkorv mit Pommes, bekamen die Nummer 78 ausgehändigt, bezahlten zweimal Cola und Kaffee dazu und tasteten uns vorsichtig mit dem Tablett zum Tisch.

Schon nach wenigen Minuten hörten wir die Lautsprecherdurchsage „sjuttioåtta." Heinz und ich standen auf und holten die mit Eisbergsalat, gehackten Gurken, in Schweden Bostongurka genannt, und Tomaten garnierten Teller. Gleich hinter unserem Tisch befand sich das Buffet mit Senf, Ketchup und Gewürzen. Die Jungs standen auf und pumpten sich Senf und Ketchup aus dem Automaten auf ihre Würstchen. Wir entschieden uns für Grilkrydda und Ketchup.

„Möchtest du das Karnickelfutter haben?" verächtlich schob Björn die Salatbeilage an den Tellerrand. „Von mir kannste auch noch den Salat und die Tomate haben", Sven war auch froh, das Grünzeug los zu sein, dafür teilte ich eine von meinen beiden Würstchen in zwei Teile und gab sie zum Tausch gegen das Grünfutter meinen Jungs.

Beim Essen berichtete mir Heinz, er hätte im Baumarkt schöne helle Holzpanele für unseren Flur entdeckt und wollte sie mir nach dem Essen mal zeigen.

Wer frisst eigentlich Holzwürmer?

Ziemlich träge trotteten wir nach dem Essen mit Heinz in die Baumarktabteilung und waren einstimmig der Meinung, dass die helle Panele das Richtige für den Flur wäre. Also sortierten wir uns vier Panelplatten aus, schauten nach, ob keine Macken drin waren, suchten den passenden Kleber dazu und marschierten damit zur eigenen Baumarktkasse, um zu bezahlen. Vorsichtig transportierten wir die Platten durch den Schnee zum Auto und verstauten sie reisefertig.

Meine Einkaufstüte legte ich auch gleich in meinen Kleiderschrank.

„Ich bin aber noch nicht fertig, ich war bis jetzt nur im Baumarkt", bemerkte Heinz im Auto so nebenbei.

Also ging wieder jeder seiner Wege und wir verabredeten uns erneut: in einer Stunde am Auto.

Auf dem Rückweg, es wurde schon langsam wieder dunkel, stellte ich glücklicherweise fest, dass die dunklen Fenster, die ich auf dem Hinweg gesehen hatte, inzwischen hell erleuchtet waren. Auch die Tannenbäume in den Vorgärten glänzten im Lichterschein. Hoffentlich war auch bei uns der Strom zurückgekehrt.

Als wir zu Hause ankamen, war alles hell erleuchtet, sogar meine Nachttischlampe. Ich hatte die Lampe zwar heute morgen angeknipst, aber vergessen, sie vor unserer Flucht wieder auszuschalten. Na immerhin, der Strom war wieder da und auch die Heizung wurde wieder warm. Die frostige Kälte hatte inzwischen bizarre Eisblumen an die Fenster gemalt.

Wir waren kaum zu Hause, da hörten wir von irgendwoher Kinderstimmen. Mit einem Spark, das ist ein Schlitten mit hüfthohem Griff und vorderer Sitzfläche, auf dem die beiden Mädchen saßen, kamen Ulla-Britta und Håkan, dick eingemummt in ihren Schneeanzügen, zu uns in den Garten. Sie inspizierten zuerst Svens Schneeiglu und den Schneemann. Sofort verschwanden die Mädchen im Iglu.

Ich öffnete die Verandatür, begrüßte alle mit einem freundlichen

„Hej" und forderte alle auf, ins Haus zu kommen. Ulla-Britta pfiff ihre Töchter aus dem Schneeiglu und gemeinsam stapften sie alle zur Haustür, legten Moonboots und Schneeanzüge in den Flur und setzten sich auf die Couch.

Sie fragten gleich, wie wir den Stromausfall überstanden hätten, so etwas würde hier öfter vorkommen. Ulla-Britta überreichte mir eine Großpackung Teelichter, die in Schweden Wärmeljus genannt werden.

Wir erzählten beim Kaffee, dass wir im Torp-Köpcentrum in Uddevalla waren. Die beiden Mädchen machten sich über die Erdnussflips her, die ich in eine Glasschüssel gefüllt hatte.

Es hatte in den letzten Tagen so viel geschneit, dass viele Äste von den Bäumen unter der Schneelast abgebrochen oder die Bäume ganz umgestürzt waren und die Stromkabel, die hierzulande noch nicht überall unterirdisch verliefen, zerstört hatten. Ulla-Britta und Håkan hatten schon mal tagelang keinen Strom gehabt (wir in den darauffolgenden Wintern auch, bis wir uns ein Notstromaggregat zulegten, danach blieb seltsamerweise ein länger anhaltender Stromausfall aus).

Heinz gab Håkan und Ulla-Britta einen Kräuterlikör aus und ich schenkte den beiden eine Schachtel mit Weinbrandkirschen. Die beiden Mädchen freuten sich über eine Tüte mit Erdnussflips und eine Packung Schokoriegel.

Ich forschte bei Ulla-Britta nach, ob sie auch ein Vogelhaus habe und ob die Vögel dort einkehrten. Munter bejahte sie meine Frage und schwärmte von den vielen Meisenarten, die sich ständig im Futterhaus aufhielten und an den Meisenknödeln hingen, um sich ihr Futter herauszupicken.

Frustriert berichtete ich, dass ich zwar Futter ins Vogelhaus streuen würde, aber außer einem vorwitzigen Eichhörnchen sich noch kein Vogel Futter geholt habe.

Sie meinte, unser Haus hätte jahrelang leer gestanden, deshalb seien die Vögel im Winter da, wo sie kontinuierlich gefüttert würden. Mit der Zeit würde sich das sicherlich ändern.

Dafür hätten wir umso mehr Mäuse, die sich mit Vorliebe im Haus aufhalten und, wenn man sie ließe, ihre Anteile von den bunten Tellern stibitzen würden, gab ich humorvoll zum Besten.

Apropos bunte Teller: Die waren ein sichtlicher Anziehungspunkt für die beiden Mädchen, die genüsslich davon naschten.

Ulla-Britta bot uns an, ihren Kater Sievert auszuleihen, der sei ein guter Mäusefänger, nachdem wir die Story über unsere Ankunft erzählt hatten, dass das Haus eiskalt gewesen sei und zu allem Überfluss überall Mäuseköttel lagen. Sie fragte, ob wir Ersatzschlüssel dalassen könnten, dann würde sie in Zukunft einen Tag vor unserer Ankunft die Stromheizung einschalten und das Haus vorwärmen.

Ja, das war eine gute Idee, und wir hätten dann immer einen Schlüssel als Ersatz, wenn wir mal wieder das falsche Schlüsselbund dabeihatten.

Heinz kramte aus seiner Hosentasche einen Schlüssel heraus. „Den habe ich vorhin in Uddevalla bei Mister Minit nachmachen lassen", und gab ihn Ulla-Britta.

Gegen Abend stand sie auf. Der Hund sei zu Hause eingesperrt und müsse noch mal raus. Sie sortierte die Schneeanzüge und Moonboots, wies ihre Kinder an, sich anzuziehen und verabschiedete sich freundlich, nicht ohne uns für Neujahr zum Abendessen einzuladen. Die beiden Mädchen setzten sich auf den Spark und dann schlitterten sie davon. Håkan blieb noch eine Weile bei uns und unterhielt sich mit uns über Autos, Technik und Häuser.

Als er sich verabschiedete und den Heimweg antreten wollte, zogen auch wir uns noch mal einmal an, um ihn ein Stück durch die Schneelandschaft zu begleiten. Es machte uns einen Riesenspaß, durch den tiefen Schnee zu stapfen. Wir begleiteten Håkan bis nach Hause und meine Söhne benahmen sich auf dem Rückweg wie übermütige junge Hunde im Schnee. In jeden Tiefschneehaufen hüpften sie hinein und kamen bis zur Hüfte völlig weiß wieder herausgekrabbelt.

Sichelförmig stand der Mond am sternenklaren Nachthimmel und wir kamen uns vor, als wären wir allein in dieser herrlichen Welt.

Zu Hause räumten wir noch schnell den Tisch ab, dann verschwanden wir in den Betten und schliefen tief und fest.

„Rrrumbumrumsratsch", das ganze Haus bebte und ich fuhr im Bett hoch. Was war das??? Gleichzeitig knarrten im Kinderzimmer die Betten und kurz darauf erschienen meine Söhne verängstigt im Schlafzimmer.

„Was war denn das?" fragten sie beide wie aus einem Munde. Ich drehte mich zu Heinz um, aber der schien nichts gehört zu haben, denn er schnarchte monoton weiter.

Ich stand auf und schaute mit meinen Kindern aus dem Fenster. Es war noch dunkel draußen. Sven öffnete die Verandatür, „Mama, komm mal her und sieh dir das an". Ich schlurfte mit meinen Hausschuhen auf die Veranda. Vor dem Küchenfenster, auf unserer Mäuserennstrecke, lag eine riesiger Schneeberg. Aha! Der Riesenkrach war also eine Dachlawine. Ich schaute im Wohnzimmer auf das Thermometer. Es zeigte ein Grad minus, und dicke Schneeflocken wirbelten durch die Luft.

Mein Blick auf die Uhr verriet mir, dass sieben Uhr zum Frühstücken noch zu zeitig war. Ich scheuchte meine Ableger wieder ins Bett, was sie nur widerwillig taten, denn der Schneehaufen vor dem Küchenfenster war zu verlockend. „Ihr könnt euch nachher im Schnee austoben", bestimmte ich und kuschelte mich auch noch einmal in die Federn.

Als wir dann gegen halb neun frühstückten, wurde es hell. Ich hob gerade mein Kaffeetasse hoch, als dieselben Geräusche von der anderen Hausseite kamen. Die Jungs stürmten zur Haustür und wurden beim Öffnen beinahe von einer Schneewand, die direkt vor ihnen herunterkam, erschlagen. Nach dem Frühstück schaufelten wir uns erst einmal durch die Schneeberge, um für uns und natürlich auch für die Mäuse wieder freie Zugänge zu schaffen.

Um mir mal eine familienfreie halbe Stunde zu gönnen, machte ich einen Spaziergang durch den tiefen Schnee. An Dans ehemaligem Haus vorbei überquerte ich über eine Brücke den Fluss und sah eine Gruppe von Singschwänen im Wasser schwimmen.

Singschwäne, die im Sommer in Lappland brüten, überwintern direkt bei uns gegenüber am Fluss. Man erkennt sie an den schwarzgelben Schnäbeln und ihren trompetenartigen Rufen.

Langsam, die absolute Stille genießend, schlenderte ich den tief verschneiten holprigen Treckerweg entlang. Ein Trupp Seidenschwänze, der auf Futtersuche von Baum zu Baum flog, begleitete mich. Es gab hier ja doch noch Vögel.

Die Stille wurde nur von den tanzenden Schneeflocken, die auf meinem Anorak landeten, unterbrochen. Mein Blick haftete am Boden, um Elch- und Rehspuren zu entdecken, deshalb sah ich meine Kinder auch erst, als sie gerade mit ihren Winterstiefeln, dicken Anoraks und Mützen verpackt in einen Waldweg einbogen. Sie winkten mir nur kurz zu und verschwanden dann im Wald. Als ich am unbewohnten Gehöft vorbeikam, sah ich ihre Fußspuren im Schnee. Ich überquerte wieder auf einer anderen Brücke den Fluss und entdeckte am Ufer einen frisch angenagten Biberbaum. Durch ein kleines Waldstück gehend, landete ich wieder auf der wenig befahrenen Straße. Eigentlich wollte ich die Straße noch weiter hochgehen, aber ein eisiger Nordwind blies mir auf der ungeschützten Straße die Schneeflocken ins Gesicht. Deshalb drehte ich wieder um und ging, diesmal mit Rückenwind, die Straße entlang nach Hause.

Im Gästehaus hörte ich meinen Gatten nageln, der vermutlich die letzte Holzwand vertäfelte. Von meinen Kindern hörte und sah ich in der nächsten Stunde nichts. Verlaufen würden sie sich nicht, denn sie brauchten ja nur ihre eigene Spur wieder zurückzugehen, dachte ich halbwegs beruhigt und kochte mir einen heißen Tee.

Erst nach eineinhalb Stunden sah ich zwei verschneite Gestalten auf unser Grundstück kommen. Na, immerhin, sie sind wieder da. „Mama, was wir gesehen haben, das glaubst du nicht", plapperten sie munter drauflos, als sie die Haustür öffneten.

„Wo wart ihr denn?"

„Wir sind den Waldweg hinter dem alten Bauernhof langgegangen, und irgendwo, wo er in der Botanik zu Ende ist, da steht ein alter grüner VW-Bus mitten im Busch mit einem langen Schornstein. Da müssen wir unbedingt mal im Sommer langgehen. Ein Hochsitz ist da auch und jede Menge Tierspuren."

Aufgeregt, als ob sie gerade Indien entdeckt hätten, schilderten sie ihren abenteuerlichen Waldspaziergang und ihre Entdeckungen. Meine Ableger schälten sich aus ihren verschneiten Schneehosen und stellten ihre Winterstiefel auf den Schuhwärmer im Flur, den wir anfangs skeptisch betrachtet hatten, weil wir so etwas nicht kannten, der aber nun im Winter bei uns zum Dauereinsatz kam.

„Jetzt wird ein Kakao gelöffelt", freute sich Björn und verschwand in der Küche. „Was gibt es denn heute zu essen?" fragte Sven, von dem bunten Teller naschend. „Ich habe gestern Köttbullar gekauft, dazu mache ich Kartoffelbrei und Erbsen und Möhren." „Au fein."

Nach dem Essen schnallte ich mir noch einmal meine Skier unter und versuchte eine neue Loipe in den tiefen Schnee zu legen. Ich kämpfte mich Meter für Meter durch den tiefen Schnee. Nach einiger Zeit hatte ich wieder eine neue Spur gelegt und es machte einen Riesenspaß in der glattgefahrenen Loipe, denn die Skier glitten immer schneller durch den Schnee. Ich mobilisierte meine Kinder mitzumachen, und zu dritt fuhren wir bis zum Dunkelwerden durch den bis zu den Knien reichenden Schnee.

In der einbrechenden Dämmerung legte sich eine melancholische Stille über das Land, nur das Lied der Singschwäne als Symphonie des Nordens drang vom gegenüberliegenden Fluss zu uns herüber, als wir unsere Skier abschnallten und sie auf die Veranda legten.

Leicht verstaubt und mit Sägespäne paniert tauchte Heinz aus seinem Gästehaus wieder auf. „So, Schluss für heute, das Gästehaus ist fertig."

„Mach dich auf der Veranda erst einmal sauber, bevor du die Sägespäne hier im Haus verteilst", monierte ich sein paniertes Hemd und ging mit ihm raus, um sein Hemd abzubürsten.

Um für die nötige Vitaminzufuhr zu sorgen, schälte ich zwei Apfelsinen und einen Apfel ab und legte sie in Spelten auf einen Teller. „Hmm, das riecht ja hier so entsetzlich gesund", grinste Björn und nahm sich ein Stück von der Apfelsine.

Anschließend, weil die Temperatur wieder sank, und keiner von uns noch einmal in den Schnee wollte, spielten wir stundenlang im Schein unseres beleuchteten Weihnachtsbaums Kniffel.

Am Silvestermorgen erstarrte ich fast beim Blick auf das Thermometer: minus fünfundzwanzig Grad. (Einige Jahre später, auch am Silvestermorgen, hatten wir sogar die Rekordtemperatur von minus siebenundzwanzig Grad). Überall in unserem Hause knackste durch die Kälte das Holz.

Nach dem Frühstück kontrollierte ich das Futterhaus und stellte fest, dass die Eichhörnchen hier anscheinend nicht in der Lage waren, die Schalen der Haselnüsse zu knacken. Während von den geschälten Erdnüssen, die ich ins Futterhaus gelegt hatte, nichts mehr übrig war, waren die ungeschälten Haselnüsse nur angenagt, aber nicht geöffnet. Ich sammelte die Haselnüsse wieder ein und zeigte sie meiner Familie. Sofort nahm sich Björn den Nussknacker, setzte sich in die Küche und öffnete die Haselnüsse, wobei die Nussschalen durch die ganze Küche flogen. Heinz kochte derweil seine Zehnminuteneier, um sich seinen obligatorischen Heringssalat zu machen. Sven und ich schmückten das Wohnzimmer mit bunten Papierschlangen.

Am späten Vormittag wollte Sven, der im Herbst im Angelverein seine Fischerprüfung bestanden und somit einen Angelschein erworben hatte und sich dadurch berechtigt fühlte, sein Mittagessen selbst zu angeln, mit seiner Angelausrüstung zum Fluss gehen.

Auch mein Einwand, zum Angeln sei es viel zu kalt, die Fische würden sowieso nicht beißen, hielt ihn nicht von seiner verrückten Idee ab.

Mit Angelruten und mehreren Beuteln zog er los, tauchte aber schon nach zehn Minuten wieder auf, öffnete die Haustür und warf fluchend einen Stoffbeutel in den Flur. Statt der Tüte mit dem Angelzubehör hatte er aus Versehen seine Sockentüte gegriffen und war damit zum Fluss marschiert. Dazu muss ich bemerken, dass es sich auf all unseren Reisen bewährt hatte, Socken und Unterwäsche erst in Stoffbeutel zu stecken, bevor sie in den Wohnmobilschrank oder in die Reisetasche kamen. Im Haus brauchten wir dann nur noch die Beutel mitzunehmen, und wir hatten keine einzeln herumfliegenden Socken.

Unter Hinterlassung von großen nassen Schneeflecken auf unserem rotbunten Küchenläufer stiefelte er nun in sein Zimmer und tauschte den Sockenbeutel gegen die Angelzubehörtüte. Dann klappte die Haustür erneut und der Schnee knirschte laut unter seinen Stiefeln, während er wieder zum Fluss marschierte.

Bei einer Temperatur von immerhin noch minus zwanzig Grad wollte ich auch mal kurz vor die Haustür gehen und zog mich wie ein Eskimo an. Selbst zum Skilaufen war es jedoch zu kalt. So stapfte ich mit meinen dicken Stiefeln nur am Waldrand entlang und schaute in den frostig blauen Himmel, an dem gerade die Singschwäne mit lautem Rufen an mir vorbeizogen.

Beinahe hätten meine Stiefel einen großen schwarzen Käfer zertreten, der tot unter einer Kiefer lag. Neugierig hob ich den Käfer auf und nahm ihn mit ins Haus. Ich legte den toten Käfer auf den Küchentisch und zog erst einmal meine dicke Jacke aus. Durchgefroren setzte ich mir Milch für einen heißen Kakao und die Kartoffeln und Eier für den Kartoffelsalat auf den Herd, dabei fiel mein Blick auf den Käfer, der zaghaft ein Beinchen bewegte. „Das gibt es doch nicht. Ein Käfer mit Frostschutz?"

Ich setzte mich zu dem Käfer an den Küchentisch und sah gespannt zu, wie der Käfer langsam auftaute. Nachdem ein Beinchen nach dem anderen auftaute, bewegte er jetzt auch seinen langen Fühler und wurde zusehends lebendiger. Sicherheitshalber, damit er nicht vom Tisch fallen konnte, setzte ich ihn in eine Plastikschale und beobachtete nebenbei den lebendigen temperamentvoll krabbelnden Käfer.

Vollgepackt mit Angelruten und Gedöns kam Sven steifgefroren wieder zurück. „Na, hast du einen Fisch gefangen?" „N-n-ein", bibberte er und stellte seine Angelsachen auf den Flur.

„Schade, ich habe schon die Kartoffeln für den Kartoffelsalat aufgesetzt, den wir zu deinem Hecht essen wollten, aber wenn du keinen Fisch mitgebracht hast, gibt es eben Würstchen dazu", uzte ich und schnitt Eier, Gurkensticks, einen Apfel und zwei Zwiebeln klein.

„Guckt euch mal den Käfer an, der war vorhin tiefgefroren", sagte ich zu meiner inzwischen versammelten Familie. „Und was passiert, wenn man den Käfer wieder nach draußen bringt?" fragte Björn, den zappelnden Käfer antippend. „Ich nehme mal an, der friert wieder ein", sagte ich und gab meinem Forscherdrang nach, nahm die Plastikschale und stellte sie mitsamt Käfer bei inzwischen immer noch eisigen minus fünfzehn Grad auf die Veranda. Hurtig, damit es im Wohnzimmer nicht auskühlte, verschloss ich wieder die Verandatür. Nach zehn Minuten waren wir alle neugierig und schauten zu dem Käfer. Wie erwartet, bewegte er sich nicht mehr.

Vorsichtig nahm ich den tiefgefrorenen Käfer in seiner Schale, stieg in meinem dicken Pullover und langen Stiefeln die Verandastufen hinunter, stiefelte durch den tiefen Schnee bis zur Fichtengruppe, die mitten auf unserem Grundstück stand, grub mit meinen behandschuhten Händen den Schnee ein wenig zur Seite und setzte den Käfer ins schützende

Gebüsch. „Wenn er nicht von einem hungrigen Vogel oder anderem Getier gefressen wird, dann wird er zum Frühjahr wieder auftauen. Vielleicht sehen wir ihn dann wieder", hoffte ich.

Ich schüttete die inzwischen garen Pellkartoffeln in die Spüle, ließ sie etwas abkühlen, pellte sie ab und schnitt sie in Scheiben zu den anderen Zutaten dazu. Noch etwas Joghurtdressing mit Kräutern dazu und endlich war ich mit dem Kartoffelsalat fertig.

Mit den Worten „Fackeln im Schnee" stellte Björn, der sich für Kerzen und Fackeln verantwortlich fühlte, gegen Abend wieder zwei Fackeln vor unserer Veranda in den Schnee.

Bei „Dinner for one" aßen wir Kartoffelsalat mit Würstchen und verbrachten den Silvesterabend mit Gesellschaftsspielen. Nebenbei lief im schwedischem Fernsehen eine Musiksendung.

Nach dem Frühstück am Neujahrsmorgen wollte Heinz die hässliche dunkelgrüne Tapete im Flur abreißen, um die neuen hellen Holzplatten, die wir bisher im Wohnzimmer liegend auf dem Fußboden gelagert hatten, anzunageln. Gemeinsam räumten wir die Flurgarderobe ab, und ich wollte diese Gelegenheit endlich nutzen, um die Tropfwasserauffangschale von dem Schuhwärmer zu säubern.

Damit wir uns auf dem engen Flur nicht gegenseitig auf die Füße traten, spielte Sven für Heinz den Handlanger und Björn half mir beim Plündern des Weihnachtsbaumes. Mit dem Staubsauger entfernte ich dann die letzten Reste von den Festtagen.

Am späten Vormittag lugte die Sonne neugierig zwischen den Wolken vor, und bei nur fünf Grad unter null war es verhältnismäßig warm. Ich schnürte wieder meine Skistiefel an und schnallte mir die Skier noch auf der Grundstückseinfahrt unter. Diesmal fuhr ich gleich zur Loipe, die nur fünf Meter weiter begann. Als ich den Waldrand erreichte, staunte ich über die vielen Tierspuren, die spurgenau in der Loipe zu sehen waren. Ich hatte den Eindruck, die einheimische Tierwelt hatte in der Nacht meine Skispur als Straße benutzt, in der es sicher bequemer zu laufen war als sich durch den Tiefschnee kämpfen zu müssen. Ich entdeckte die kleinen paarhufigen Spuren von Rehen und eine Tatzenspur, vermutlich von einem Fuchs. Mit dem Blick am Boden glitt ich weiter durch den Schnee und staunte über eine riesige Elchspur, die meine Loipe buchstäblich zertreten hatte – ein Elch kann bis zu fünfhundert Kilo wiegen – außerdem hatte der Elch meine selbstgelegte Skispur als Toilette benutzt und gleich mehrere Haufen von den olivengroßen Kötteln in meine Loipe gesetzt.

Vorsichtig, damit ich nicht in den tiefen Schnee stürzte, verließ ich mit meinen Skiern die Spur und versank knietief in dem weichen Schnee. Ich gab es aber auf, noch einmal eine neue Loipe anzulegen.

Wie Sterne funkelten die Eiskristalle, die von der Sonne angeleuchtet wurden, im sauberen Schnee, als ich durch die noch intakten Teile meiner Loipe glitt. Irgendwo knacksten am Boden liegende Äste im Wald. Über mir hielt ein Mäusebussard im Gleitflug Ausschau nach Beute und landete direkt vor mir auf einem Strommast.

Bis zum Mittag drehte ich meine Runden im Schnee, und als ich mit meiner verschneiten Skihose die Haustür öffnete, hatte der Flur eine neues Gesicht bekommen.

Meine Herren waren gerade dabei, die Flurgarderobe wieder anzubringen. Außerdem installierte Heinz bei dieser Gelegenheit auch gleich einen der Rauchmelder an die Flurdecke, die wir im Doppelpack bei der letzten Einkaufstour durch die hiesigen Plunderläden erworben hatten. Den anderen nahmen wir mit nach Deutschland und dübelten ihn an unsere Flurdecke. Damit waren wir wohl so ziemlich die Ersten in Deutschland, die so einen Brandwarner in der Wohnung hatten, der schon ohrenbetäubend schrill Alarm schrie, wenn mal ein Hähnchen im Grill war, oder die Schnitzel in der Pfanne bruzzelten. Erst viele Jahre später wurden auch diese Geräte in Deutschland modern.

Zum Mittag aßen wir unsere Reste vom Kartoffelsalat und vom Heringssalat. Die grellen Sonnenstrahlen, die uns beim Mittagessen in der Nase kitzelten, verführten uns nach dem Essen zu einem ausgiebigen Spaziergang durch die herrliche Winterlandschaft.

Gegen Abend marschierten wir dann zu unseren Nachbarn hinüber. Vor ihrer Haustür leuchteten zwei Dosenfackeln im tiefen Schnee. Schwanzwedelnd und freudig bellend empfing uns der Hund Buster, der die Katzenbrekkis, die Sven eigentlich für den Kater in die Hosentasche gesteckt hatte, sofort witterte und dann nicht mehr von seiner Seite wich.

In einer wohligen Wärme und einer noch sehr weihnachtlichen Atmosphäre, denn überall in der Küche und im Wohnzimmer standen und saßen die kleinen Weihnachtswichtel auf den Tischen und Schränken, die man in Schweden Jultomte nennt, setzten wir uns an den schon gedeckten Tisch.

Aus dem Wohnzimmer kam gähnend Kater Sievert, reckte und streckte sich, sprang zu mir auf den Schoß und rollte sich wieder ein. Dabei schnurrte er so laut, dass selbst der Hund, der sich von Sven Stück für Stück die Katzenbrekkis erbettelte, die Ohren spitzte.

Bei Kartoffelgratin, Salat, schwedischem Glökk und deutschem Glühwein unterhielten wir uns angeregt über Schweden, Elche und schwedische Einkaufscenter. Dabei gab uns Ulla-Britta den Tipp, doch mal nach Ullared zu fahren, dort könne man besonders preiswert einkaufen. Sie zeigte uns eine große gelbe Plastiktüte mit Aufschrift und Lageplan des Konsumtempels und erklärte uns, wie wir dort hinkommen konnten.

Mitternacht war schon vorbei, als wir durch den Schnee wieder nach Hause stiefelten. Vor unserer Toreinfahrt blieben wir noch einmal stehen und schauten auf das tiefverschneite Feld. Leider konnten wir wegen der Dunkelheit keine Tiere sehen.

Dann war Trettondedag jul, Heilige Drei Könige, und ein gesetzlicher Feiertag in Schweden.

Schon zwei Stunden lang waren wir am Packen, weil wir die Heimreise antreten mussten. Gegen neun Uhr morgens, es wurde gerade hell, waren wir fertig. Wir drehten noch einmal eine obligatorische Runde ums Haus, dann fuhren wir mit dem Auto auf die Straße und schlossen das Tor mit den beiden Baumstümpfen, die wir erst aus dem tiefen Schnee buddeln mussten.

Am Tag zuvor hatte ich noch das Futterhaus entleert und das verschmähte Vogelfutter auf die Treppe zum Gästehaus gestreut. Es war der einzige schneefreie Ort draußen, weil wir die Steinstufen immer vom Schnee freigefegt hatten und Heinz schon im Sommer bei der Dachreparatur ein kleines Vordach über die Stufen gesetzt hatte. Das Futterhaus kam vorerst in den neuen Schuppen. Wahrscheinlich würden die Mäuse über einen so reich gedeckten Tisch laut hurra schreien und sich fleißig vermehren.

Traurig verließen wir unser Haus in unserer Wintermärchenlandschaft, denn nun fing auch bei uns der Alltag wieder an.

Durch eine romantische, tiefverschneite Landschaft fuhren wir bis nach Göteborg. Nach einer ruhigen Fährfahrt kamen wir in Dänemark an und je mehr wir uns der deutschen Grenze näherten, desto weniger wurde der Schnee. In Deutschland lag dann nur noch etwas Puderzucker auf den Feldern, und als wir bei bedecktem Himmel am nächsten Tag zu Hause eintrafen, dominierte wieder die Farbe Grau.

Am Montag begann die Schule und wir mussten das Geld für die nächste Schwedenfahrt verdienen. Eine kleine Erinnerung blieb uns trotzdem: Wir hatten jeden Tag mit der Videokamera dokumentiert und bereiteten den Film nun auf, um ihn anschließend auf einer Videocassette für die Nachwelt zu erhalten.

Planungen für das Gästehaus

Als ich mich eines Morgens mit einer Freundin zum Frühstück traf, erzählte sie mir so beiläufig, dass ihre Kinder ein neues Hochbett bekommen hätten und das alte Etagenbett noch gut erhalten im Schuppen stehe, für den Sperrmüll zu schade sei, aber keine Verwendung mehr finde.

Nachmittags informierte ich meinen Gatten darüber, und am nächsten Wochenende schauten wir uns das auseinander genommene, nur aus Brettern bestehende Bett an. Kritisch begutachtete Heinz jedes Teil, ließ mich zurück und holte unser Womo. Durch das geöffnete Heckfenster luden wir den Brettersalat ein.

Zu Hause verschwand mein Holzwurm, der am glücklichsten ist, wenn er was zum Bauen, Basteln, Sägen und Schrauben hat, erst einmal mit seiner Beute im Keller und kam erst wieder zum Vorschein, als er sein fertiges Werk präsentieren konnte. Aus dem alten, nicht unseren Maßen entsprechenden Bett hatte er ein präzise für unser Gästehaus passendes Etagenbett gezimmert. Aus dem übriggebliebenen Material, einer Lochwand, die als Leiter diente, und einigen Brettern, zauberte er noch zwei Regale für das Gästehaus. Als Leiter sollte meine alte ausgediente rundsprossige Etagenbettleiter dienen. Vorhandene Schubkästen wurden so umgebaut, dass sie der neuen Größe entsprechend unter dem neuen Bett Platz fanden.

Die Lattenroste wurden der neuen Bettgröße angepasst und in einer Polsterei, die auch Schaumstoffe verkaufte, ließen wir uns maßgerechte Polster zuschneiden. Meine Mutter und ihr Lebensgefährte hatten noch honigfarbenen Bezugsstoff von ihrem Campingbusausbau übrig, den sie uns für die Matratzen zur Verfügung stellten. „Das schenken wir euch, dafür dürfen wir auch im Sommer drin übernachten."

Auf einem Din-A4-Bogen entwarfen wir dann die Inneneinrichtung für das Gästehaus.

Ein rechteckiger Tisch sollte an die Wand unter dem Fenster geschraubt werden. Aus dem Nachlass der Oma hatten wir noch zwei gut erhaltene Stühle, die an je einer Tischseite stehen sollten. Ein älterer, aber noch gut erhaltener Zweiplattenelektrokocher, ebenfalls von der Oma, sollte auf das eine Regal, das neben dem Bett geplant war. Aus Restholz entwarf Heinz dann noch einen Besteckkasten für das Regal. Bestecke und Geschirr waren zum Glück reichlich vorhanden. Auch für eine kleine Garderobe mit Kleiderhaken und Hutablage fanden sich in den Holzvorräten noch die passenden Stücke.

Als wir durch einen Teppich- und Haushaltswarenladen stöberten, entdeckten wir unter den Restposten, die in einem weißen Korb an der Wand standen und deutlich mit roter Eddingfarbe gekennzeichnet waren, einen bräunlich gemusterten Teppichrest in genau der richtigen Größe. „Für einen Appel und ein Ei", wie sich Heinz immer ausdrückt, wenn er ein Schnäppchen gemacht hat, erstanden wir den Teppichrest. Unser Schlafzimmer, in dem wir alles gelagert hatten, glich nun einem Möbelhauslager, und ich ersehnte den Tag herbei, an dem wir wieder in unser schwedisches Häuschen fahren konnten.

Die innenarchitektonische Planung unseres Gästehauses war abgeschlossen und die ersten Verwandten und Bekannten fragten schon nach, wann sie uns mal in Schweden besuchen könnten. Kopfzerbrechen bereitete uns allerdings die Wasserversorgung im Gästehaus, denn wir hatten dort keinen Wasseranschluss und wollten auch wegen der Frostgefahr im Winter, der in unserer Gegend bis minus dreißig Grad kalt war, keine Wasserleitung legen.

Wochenlang liefen wir durch die Sanitärabteilungen der Baumärkte, ohne dass uns eine optimale Lösung einfiel. Verzweifelt klapperten wir anschließend die Haushaltswarengeschäfte und Campingzubehörläden ab. Als wir vor dem Regal mit den Wasserkanistern standen, kam uns die rettende Idee. Wir nahmen uns einen weißen Zehnliterkanister mit Schraubverschluss aus dem Regal und fahndeten nach einem äußerst stabilen Kunststoffwasserhahn. Der überwiegende Teil der Wasserhähne war meinem Mann nicht stabil genug, nicht umsonst hatten wir immer einen als Ersatz dabei, denn auf jeder Urlaubsreise, mit dem Wohnmobil oder noch früher mit dem Wohnwagen hatte unter der Belastung jedesmal ein Wasserhahn seinen Geist aufgegeben.

Aus den Fächern mit den verschiedenen Wasserhähnen nahm er jedes Teil heraus und begutachtete es misstrauisch. Endlich schien er das Richtige gefunden zu haben, denn diesen grauen, sehr robust aussehenden Wasserhahn hielt er nun schon minutenlang in der Hand, drehte ihn mehrmals um die eigene Achse und bewegte stereotyp den Schwenkhahn hin und her. „Ich glaube, mit diesem hier können wir es versuchen", bestätigte er meine Vermutung.

Der Verkäufer musste uns wohl beobachtet haben, denn mit einem Fragezeichen im Blick kassierte er die beiden Artikel ab.

„Jetzt müssen wir aber noch zu einem Baumarkt", bestimmte Heinz. Und mit einem aquablauen Winkelstück, einer Kartusche Silikon und dem dazu passenden Aquarienschlauch verließen wir den nächsten Laden. Zu Hause verzog sich mein Gatte in den Keller und wünschte, nicht gestört zu werden.

Nach einiger Zeit kam er wieder zum Vorschein und präsentierte mir triumphierend sein Kunstwerk. Das Winkelstück, das über das eine Ende des Schlauchs gestülpt war, hatte er in den Schraubverschluss gesetzt und mit Silikon abgedichtet. Am anderen Ende des dreißig Zentimeter langen Wasserschlauchs hatte er den Wasserhahn montiert.

„Einmal Probelauf im Badezimmer", sprach's und verschwand. Neugierig geworden, ging ich hinter ihm her. Er hatte nur wenige Liter im Kanister, stellte ihn auf den Kopf und öffnete den Wasserhahn. Ohne dass etwas daneben tropfte, floss das Wasser aus dem grauen Kunststoffhahn in das Waschbecken, während er den Kanister oberhalb vom Waschbecken in der Hand hielt.

Zufrieden verschwand er wieder in sein Tüftelatelier. Oben vernahm ich dann die Geräusche der Tischkreissäge und wenige Minuten später hörte ich ihn nageln.

Irgendwann klingelte es an unserer Wohnungstür. Ich öffnete sie und sah zuerst nur einen Holzkasten, den mein Mann mit beiden Händen vor sich hielt.

„Was ist das denn für ein Affenkasten", unkte ich.

„Du wirst dich wundern, was das wird", er stellte den Affenkasten auf den Wohnzimmertisch, holte den Wasserkanister, öffnete die noch nicht verzierte Tür und stellte den Wasserkanister kopfüber auf dem dafür vorgesehem Brett, das in der Mitte für den winkelbestückten Schraubverschluß einen Freiraum hatte. dann zog er den Schlauch durch das dafür vorgesehene Loch und schraubte den Wasserhahn an das untere schräge Ende des Kastens. Triumphierend sah er mich an: „Ein Problem ist gelöst, ohne Strom, Wasserpumpe und Wasserleitung haben wir trotzdem eine Wasserversorgung. Der einzige Nachteil ist, wenn der Wasserkanister leer ist, müssen wir ihn wieder auffüllen."

„Und wo soll das Wasser hinlaufen, wir haben doch überhaupt kein Waschbecken?"

„Die Frage ist berechtigt, wir werden uns demnächst mal umsehen, ob uns da auch noch eine Lösung einfällt, vielleicht reicht eine Plastikschüssel aus, die ich mit Holz verkleide."

Also zogen wir am nächsten Tag wieder los und durchkämmten die Haushaltsabteilungen der Warenhäuser. Bei einem unserer Streifzüge fiel mir eine türkisgrüne Plastikschüssel ins Auge. „Sieh mal hier, wäre das nicht was für uns?" Mein Mann nahm sie in die Hand, drehte und wendete sie mehrmals, nahm mit den Augen Maß und meinte dabei: „Wir können es ja mal versuchen."

Zu Hause angekommen, bohrte er in der Mitte des Bodens ein circa drei Zentimeter großes Loch. „Das wird der Abfluss." Aus passenden Holzresten, die er noch im Keller liegen hatte, werkelte er eine Holzeinfassung, die auch als Waschtisch und Ablage für Zahnpasta und Seife

Unsere selbst konstruierte Wasseranlage im Gästehaus

dienen sollte. In das Abflussloch klebte er mit Silikon dann noch einen Schlauch, der das Abwasser nach draußen leiten sollte. Als nützliche Verschönerung klebten wir auf die Tür des Affenkastens noch einen Spiegel, der mit lackierten Holzscheiben eine dekorative Umrandung bekam. Damit war die Wasserversorgung für das Gästehaus geklärt.

Alle fertigen Teile türmten sich nun im Keller oder bei uns im Schlafzimmer. Brauchte ich mal neue Sprudelflaschen aus dem Keller, musste ich erst ein Dutzend Regalbretter zur Seite stellen, und im Schlafzimmer stolperte ich jedesmal, wenn ich ein Trockentuch oder etwas anderes Lebensnotwendiges aus den Schränken holen wollte, zuerst über den Affenkasten nebst Schläuchen. Um an meinen Kleiderschrank zu kommen, musste ich erst den aufgerollten Teppich zur Seite schieben. Darüber hinaus stapelten sich vor meinen Schränken auch noch diverse Lebensmittelkisten.

Das war allerdings auch die Zeit, in der sich mein kleiner Zeh als weniger widerstandsfähig erwies, als die vielen Kisten und Holzbretter. Und hatte sich der linke Zeh von dem „Ungeschickt-läßt-grüßen"-Stoß wieder erholt, verstauchte ich mir den rechten.

Vier Wochen vor unserer nächsten Fahrt flatterte dann auch noch ein Prospekt von einem skandinavischen Betten- und Möbelhaus in den Briefkasten. „Im Prinzip bräuchten wir ja auch noch einen vernünftigen Schrank fürs Wohnzimmer", sinnierte ich laut, als ich beim Frühstück den Prospekt durchblätterte.

Am nächsten Tag musste ich dann auch noch über einen in Folie verpackten Bretterhaufen steigen, um ins Bett zu kommen. „So lässt er sich am besten transportieren", behauptete mein Gatte und passte auf, dass sein Weg zum Bett frei blieb.

Winterfrühling

Mit einem bis unter das Dach vollgepackten Wohnmobil zogen wir am Gründonnerstag los, nicht ohne vorher Ulla-Britta zu informieren und sie zu bitten, die Stromheizung einzuschalten.

Am Karfreitag waren wir mittags endlich da.

Als wir die Haustür aufschlossen, erlebten wir eine angenehme Überraschung. Erstens war das Haus gemütlich warm, und als wir unsere Lebensmittelkisten auf den Küchentisch stellen wollten, fanden wir ein Din-A4-Blatt Papier, auf dem „Välkommen i Sverige" draufstand. Dekoriert war er mit selbst gemalten Frühlingsblumen, und in etwas kleinerer Schrift stand unter den Blumen „för den liten hunger några pannkaka, hälsningar Ulla-Britta." Neben dem Zettel lagen, eingewickelt in Alufolie, fertige Eierkuchen.

„Das ist aber lieb von ihr", freute sich Björn und wickelte die Eierkuchen gleich aus.

Heinz suchte in den Lebensmittelkisten nach einem Glas Erdbeermarmelade, dann setzten wir uns an den Tisch und ließen das vollgepackte Auto warten. „Hmm, die sind ja noch warm", schwärmte Sven und nahm sich den Nächsten. Gut gestärkt räumten wir danach das Auto aus.

Das Etagenbett nebst Matratzen und Lattenroste kam erst einmal auf die Veranda. Der Klapptisch, die Stühle und die Garderobe stellten wir provisorisch ins Gästehaus, denn bevor die Möbel aufgestellt werden konnten, musste erst der Teppich ausgerollt werden. Nur die Affenkastenwasserversorgung montierte Heinz mit Hilfe seiner Söhne gleich.

Dann schleppten wir den Bretterhaufen ins Wohnzimmer und machten uns gemeinsam ans Werk, aus dem Brettersalat die Wohnzimmervitrine zu zaubern. Nach dem Studieren der Gebrauchsanweisung blickten wir wenigstens halbwegs durch, was wohin gehörte, trotzdem schafften wir es, zuerst eine Wand verkehrt herum anzuschrauben. Ich stutzte: „Irgend etwas stimmt doch nicht", und drehte den Zettel mit den Hyroglyphen noch einmal um. „Das Teil B ist verkehrt rum." „Ach deshalb sieht das so komisch aus", sagte mein Gatte stöhnend und schraubte die Seitenwand wieder ab, drehte sie um hundertachtzig Grad und schraubte sie wieder dran.

„Jetzt passt aber alles", stellte er zufrieden fest und gemeinsam schoben wir den Vitrinenschrank an die Wand. „Siehste, wenn man weiß, wie es funktioniert, versteht man auch die Gebrauchsanweisung", ich konnte mir den ironischen Kommentar nicht verkneifen, während sich Heinz genussvoll seine Friedenspfeife stopfte.

Jetzt hatte ich endlich Zeit, mich auch um meine Sachen zu kümmern. Kritisch schaute ich mich erst einmal um, ob wir nicht wieder eine Mäuseinvasion hatten. Nein, diesmal war alles in Ordnung und sauber. Lediglich eine kleine Waldspitzmaus war auf ihrem Eroberungszug in die Küchenspüle geraten und im Spülbecken elendig verhungert. Ihre verzweifelten Versuche, etwas zu fressen, zeigten die Knabberspuren in meinem Abwaschschwamm.

Während die Kinder und ich todmüde in unsere Betten fielen, nachdem wir alles Nötige ausgepackt hatten, schnappte sich Heinz das alte Fahrrad, das wir seit dem Herbst hatten, und radelte mit einigen Mitbringseln zu Håkan rüber, um sich auch in unserem Namen zu bedanken.

Am Ostersamstag, beim Frühstück, schmunzelte Heinz: „Håkan meint, es könne noch mal schneien, aber ich glaube da nicht dran." „Na wir werden ja sehen, im Gegensatz zum letzten Jahr habe ich gestern schon bei unserer Ankunft flüchtig die ersten Krokusse gesichtet. Aber nachher können wir mal zum Halleberg fahren, da waren wir den ganzen Winter nicht", forderte ich unternehmungslustig.

Nach dem Mittagessen fuhren wir dann die dreißig Kilometer in Richtung Halleberg zur Elchsafari.

Als wir durch Vänersborg fuhren, begegneten uns lauter bunt geschminkte und mit Kopftüchern verkleidete Kinder, die mit ihren Eltern durch die Stadt zogen. Minutenlang blieben wir in einer Parkbucht stehen und beobachteten das Treiben, das uns ein wenig an die Rosenmontagsümzüge erinnerte.

Aber eigentlich wollten wir ja zum Halleberg. Nur zögernd trennten wir uns von dem lustigen Treiben und fuhren endlich zum Plateauberg. In Schrittgeschwindigkeit tasteten wir uns die schmale Straße entlang und verrenkten uns die Hälse, um irgendwo im Wald einen Elch zu erspähen. Hier und da lagen noch Schneeflecken in den Wäldern und auch in den zum Teil noch weißen Straßengräben sah man viele Elchspuren.

Hinter einer engen Kurve schrie Sven plötzlich: „Da!" Tatsächlich, vor uns stand eine kräftige Elchkuh mit ihren Zwillingskälbern vom Vorjahr. Aber irgendetwas störte sie. Mit angelegten Ohren lief sie ständig hinter ihrem Nachwuchs her. Waren sie weit genug von ihr entfernt, stellte sie ihre Ohren wieder auf. Wir fuhren an den Straßenrand und stellten den Motor ab. Minutenlang beobachteten wir das seltsame Verhalten.

Ich stellte fest, dass die Elchkuh sehr rundlich und damit wohl auch tragend war. „Sie wird vermutlich ihre Vorjahreskälber entwöhnen und vertreiben wollen, weil sie im Mai, nach zweihundertvierzig bis zweihundertsechzig Tagen Tragzeit, ein oder bei älteren Kühen auch zwei neue Kälber bekommen wird", vermutete ich. „Es sieht ganz danach aus, als ob sie ihren Kindern unmissverständlich klarmachen will, dass sie sich in Zukunft alleine durchs Leben schlagen müssen", erklärte ich meinen Kindern.

Die beiden Elchkälber verstanden die Welt nicht mehr und versuchten ihr Glück noch mal. Wieder näherten sie sich ihrer Mutter. Diesmal legte sie ihre Ohren aggressiv zur Seite und lief mit riesigen Schritten hinter einem der Kälber her, dann machte sie kehrt und scheuchte ihren zweiten Nachwuchs in den Busch. Die Jungelche sahen wir nie wieder. Sie dürften wohl begriffen haben, was Mama meinte, und hatten sich ein eigenes Revier gesucht.

Schweigsam fuhren wir die Straße zum Ekebacken hinein und stellten fest, dass auf dem Elchbadeteich noch eine mehrere Zentimeter dicke Eisschicht lag. Draußen wehte ein ungemütlich kalter Wind, deshalb hielten wir uns nicht lange auf, und fuhren die schmale Waldstraße, die durch den Halleberg führte, wieder zurück.

Nach zwei Kilometern stand ein halbstarker Elch auf der Straße. Rechts, in einer Einbuchtung, parkte ein schwedisches Auto. Neben dem Auto lag ein Jutesack, auf dem rohe Kartoffeln lagen. Elche mögen rohe Kartoffeln und oftmals locken die Einheimischen die Elche mit Kartoffeln und Äpfeln aus dem Wald. Argwöhnisch und vorsichtig schlich der Elch sprichwörtlich wie die Katze um den heißen Brei, in diesem Fall war es das Auto mit den Kartoffeln, und traute sich nicht näher heran, weil sich der Jutesack durch den stark blasenden Wind bewegte.

Schließlich stieg sein Gönner aus dem Auto, nahm das Ende des Jutesackes und schüttete die Kartoffeln auf den Waldboden, rollte den Sack ein und stieg wieder in sein Auto.

Vorsichtig umkreiste der Elch das Auto. Schritt für Schritt näherte er sich den Kartoffeln, sah aber keine potentielle Gefahr mehr, und so konnten wir dem Elch bei seinem Festmahl zusehen.

Die Dämmerung erinnerte uns an den Heimweg.

Schon von weitem sahen wir ein Osterfeuer auf einem freien Feld. Wir parkten auf Martins Grundstück und begrüßten das halbe Dorf, das sich um das wärmende Feuer versammelt hatte. Heinz bekam eine Dose schwedisches Bier spendiert. Ich lehnte dankend ab.

Die einheimischen Kinder verteilten an jeden einen so genannten Påskbrev, das sind kleine, mit Blumen bunt bemalte und zusammengefaltete Briefchen, auf denen man sich ein frohes Osterfest wünscht.

Abwechselnd unterhielten wir uns mit den Einheimischen.

Dann, zu vorgerückter Stunde, entfernte sich Martin mit einem Korb Silvesterraketen einige Meter vom Osterfeuer, und mit viel enthusiastischem Gejohle wurden Raketen gezündet und mit lauten Böllerschüssen und bunten Leuchtkugeln der Frühling begrüßt.

Am Ostersonntagmorgen zeigte das Thermometer vier Grad unter null. An dem Tag wollten wir das Gästehaus einrichten.

Nachdem wir alles, was der Raum beherbergte, ins Freie befördert hatten, rollten wir den Teppich aus. Dann nahmen wir uns den Brettersalat – die einzelnen Bretter hatte Heinz vorsorglich gekennzeichnet – und bauten das Etagenbett auf. Von den schon fertigen Regalen stellten wir eins ans Fußende, hinten an die Wand, und das Zweite bekam seinen Platz neben dem Kopfende an der Seitenwand zwischen der Affenkastenwasserversorgung und dem Bett. Den elektrischen Zweiplattenkocher stellten wir, weil auch dort eine Steckdose vorhanden war, auf das Regal am Fußende. Hier war auch noch Platz für die Besteckschublade. Nachdem wir den Tisch an seinen vorbestimmten Platz geschraubt und die Stühle davorgestellt hatten, schraubte Heinz nur noch die Garderobe gleich rechts neben dem Eingang an die waagerecht vertäfelte Holzwand.

Zuletzt verschönerten wir noch den Raum mit der neuen Gardine, die wir als Rest in einem Teppich- und Stoffladen gekauft hatten, und montierten das zurechtgeschnittene Fensterrollo, das wir noch zu Hause im Bettkasten gefunden hatten.

Zu viert standen wir dann auf den Steinstufen vor der geöffneten Tür und bewunderten unser innenarchtiktonisches Meisterwerk.

„Das sieht ja aus wie eine echte Fischerhütte", schwärmte Sven, „darf ich im Sommerurlaub hier schlafen?" „Na freilich, oder meinste, wir wollen im Sommer dein ganzes Angelgedöns bei uns im Haus haben?" beruhigte ich meinen jüngsten Ableger.

„Und damit du dir deine Fischfinger waschen kannst, probieren wir jetzt den Wasserkanister aus", bestimmte Heinz und füllte drei Liter Wasser in den Kanister. Erwartungsvoll stellte er ihn auf den Kopf in sein dafür vorgesehenes Fach, schloss die Spiegelschranktür und drehte mit den Worten „Premiere, Wasser marsch" den Wasserhahn auf.

Plätschernd lief das Wasser in das grüne Waschbecken Marke Eigenbau. Das Abwasser wurde durch einen Schlauch nach draußen geleitet. „Zum Zähneputzen und für die Katzenwäsche reicht es, duschen sollte man im Haus." Heinz war mit seiner Arbeit zufrieden.

Während wir unser Gästehaus einrichteten, hatte sich am Himmel eine dicke grau-blaue Wolkendecke gebildet. Und zum Abendessen fing es zaghaft an zu schneien. Als wir schlafen gingen, fielen sogar dicke Watteflocken vom Himmel.

Als mich Heinz am nächsten Morgen mit den Worten „draußen liegt fast ein Meter Schnee, wir sind völlig eingeschneit und kriegen die Haustür nicht auf" weckte, fühlte ich mich in den April geschickt.

„Was für ein Datum haben wir heute?" fragte ich verschlafen. „Der erste April", tönte es aus dem Kinderzimmer.

Aha! Also doch ein Aprilscherz. Ich zog die Bettdecke etwas höher.

„Mama, guck mal aus dem Fenster!" Ungläubig wälzte ich mich aus den Federn, zog das Schlafzimmerrollo hoch und glaubte nicht, was ich da sah. Sämtliche Bäume bogen sich unter der schweren weißen Pracht, und von meinen Krokussen, die schon vorsichtig ihre neugierigen Köpfe aus dem Boden gestreckt hatten, war nichts mehr zu sehen. Auch alle Tannenbäume hatten dicke weiße Pudelmützen auf.

„Koch erst mal Kaffee", forderte ich meinen Gatten auf, während ich im Badezimmer verschwand.

Ich zog mich an. „Wir haben keine Winterstiefel dabei", bedauerte ich, „und auch keine Skier."

„Ich habe meine Gummeistiefel mit", triumphierte Sven. „Ich auch", pflichtete ihm sein Bruder bei.

„Die werdet ihr wohl anziehen müssen, um die Haustür freizuschaufeln."

„Und wie kommen wir zum Schuppen, um die Schneeschaufeln zu holen?" fragte Sven berechtigterweise.

„Ihr zieht eure Gummistiefel an und steigt vorsichtig die Verandastufen hinunter, die ich jetzt mit dem Besen freifege. Dann kämpft ihr euch mit dem Besen durch den Schnee bis zum Schuppen und fegt die Schuppentür frei, holt die Schneeschaufeln heraus und schaufelt euch damit bis zur Haustür durch."

Ausstaffiert wie Weihnachtswichtel zogen die Knaben nach dem Frühstück los und versanken kurz darauf bis über die Hüften im Schnee. „Bleibt mal stehen", rief Heinz seinen Sprößlingen von der geschützten Veranda aus zu, „ich werfe euch mal einen Zollstock zu, damit könnt ihr messen, wie tief der Schnee ist."

Geschickt fing Björn den Zollstock auf, öffnete ihn und versenkte einen erheblichen Teil davon im Schnee. „Knapp sechzig Zentimeter."

„In einer Nacht! Fast unglaublich. Wenn wir das zu Hause erzählen, hält man uns für sehr phantasiereich. Und das zu Ostern. Hatten die Schweden nicht gerade erst den Frühling mit buntem Feuerwerk begrüßt?"

Zehn Minuten später polterte es an der Haustür. Vorsichtig öffnete ich sie von innen und hätte sie beinahe Sven an den Kopf geknallt, denn der stand gerade davor und schaufelte die Schneemassen von oben die Treppe hinunter. Aber immerhin, sie ließ sich wieder öffnen.

Jetzt zogen auch wir unsere Halbstiefel an und stapften hinaus in die verschneite Landschaft.

Während man in Mitteleuropa jetzt einen Osterspaziergang durch die schon frühlingshaften Gärten machte und Krokusse, Osterglocken und Forsythien begrüßte, schaufelten wir tonnenweise Schnee. Zum Komposter, Schuppen und zur Grundstückseinfahrt legten wir uns wieder unsere im Winter bewährte Mäuserennstrecke an.

„Na, sieh mal einer guck!" sagte ich amüsiert, als ich erst eine, dann schnell dahinter eine weitere weiß bepuderte Maus unseren gerade freigeschaufelten Weg entlanghuschen sah. „Unsere Schneemäuse sind wohl über den erneuten Wintereinbruch genauso verblüfft wie wir."

Apropos Grundstückseinfahrt: Bisher war noch kein Schneepflug vorbeigekommen und kein Fahrzeug hatte sich durch den tiefen Schnee gewagt. „Wahrscheinlich würden sie auch hilflos steckenbleiben. Ich glaube, wir brauchen doch ein Schneemobil, wie es in Nordschweden üblich ist", sagte ich, während wir entsetzt dahin starrten wo wir die Straße vermuteten. „So'n Ding ist für uns viel zu teuer für die dreimal, die man es hier benutzt", wiegelte Heinz ab, und versuchte mit einem Handfeger unser Auto von der Schneehaube zu befreien.

Bis zum Mittagessen kämpften wir uns durch die Schneeberge. Bevor ich in die Küche ging, schaltete ich Punkt zwölf unseren kleinen Fernseher an. In den schwedischen Nachrichten sprach man von einem Schneechaos in Westschweden und davon dass tausende Haushalte von der Außenwelt abgeschnitten seien. Viele hätten auch Stromausfall wegen umgestürzter Bäume und abgebrochener Äste. Die Räumfahrzeuge seien schon in ihren Sommerquartieren und mit einem erneuten Einsatz hätte niemand gerechnet. Man solle sich in Geduld fassen und zu Hause bleiben.

Na, zum Glück hatten wir ja wenigstens noch Strom, und nach einem

Rundumblick in den Kühlschrank stellte ich beruhigt fest, dass unsere Lebensmittelreserven noch für mindestens zwei Tage reichen würden.

„Vielleicht kommt ja morgen ein Schneepflug voebei."

Am Nachmittag verfinsterte sich der Himmel erneut und Frau Holle schüttelte wieder gründlich ihre Betten aus. Aus lauter Verzweiflung spielten wir den ganzen Nachmittag und Abend Canasta und Scrabble.

Am nächsten Morgen hatte sich die Schneedecke um weitere zwanzig Zentimeter erhöht. Gemeinsam schaufelten wir abermals die Wege und das Auto frei, aber auf den Schneepflug warteten wir vergeblich. Aber zu Ostern eingeschneit zu sein, war ja auch mal ganz romantisch. Und Schneehasen als Osterhasen sollte es ja auch geben.

„Heute gibt es Nudeln mit Tomatensoße", kündigte ich an, nachdem ich meine Fressalienkisten durchgesehen hatte. Fleisch war alle, einkaufen nicht möglich, auf der Straße lag eine achtzig Zentimeter hohe Schneedecke. Zum Glück hatten wir genug Kartoffeln aus Deutschland mitgebracht, und das Brot reichte auch noch für mindestens zwei bis drei Tage.

„Hauptsache, es ist genug Nougatcreme da", sagte Björn gleichmütig, er machte sich nichts aus Brot mit Wurstbelag.

„Die Frühstücksbrötchen und die Milch reichen noch bis morgen, dann müssen wir aber einkaufen fahren."

Anders als im Winter konnten wir mit der weißen Pracht nichts anfangen, denn wir waren auf Frühling eingestellt und hatten weder Winterstiefel noch Schneehosen mit, und Jeans würden angesichts der Schneetiefe nullkommanix durchnässen. Also blieb uns nichts anderes übrig, als im Haus zu bleiben, was meine Kinder zutiefst bedauerten.

In den schwedischen Medien, die uns über die aktuellen Ereignisse auf dem Laufenden hielten, zeigte eine Hubschrauberaufnahme das ganze Ausmaß des Schneechaos. Mehrere hundert Quadratkilometer waren von den Schneefällen überrascht worden, viele Haushalte immer noch ohne Strom. Auch bei uns hatten schon mehrmals die Lampen verdächtig geflackert.

Der Wetterbericht verprach für die nächsten Tage allerdings Besserung. Das Schneefalltief zog weiter.

Mit unserem Handy telefonierten wir mit meiner Mutter, die sich schon Sorgen gemacht hatte, weil sie nichts von uns hörte.

Zuerst schwärmten wir von unserem Gästehaus, dann erklärten wir, warum wir noch nicht angerufen hatten. Auf unserer schwedischen Telefonkarte für das Handy war nicht mehr viel Geld, und eine neue kaufen konnten wir wegen der Straßenverhältnisse nicht. Um sie nicht unnötig zu beunruhigen, verschwiegen wir allerdings das ganze Ausmaß von dem Schneechaos. „Piep" machte es und die Verbindung war unterbrochen. Jetzt war die Handykarte endgültig leer. Aber man konnte uns ja noch anrufen.

Am Abend, wir schauten gerade die schwedischen Nachrichten, klingelte das Handy. Walter, der Lebensgefährte meiner Mutter und langjährige Freund von uns, war am Apparat. Er wollte sich vergewissern, ob das Gästehaus bezugsfertig war, denn er würde gern mit einem Angelfreund kommen, um auch noch mit Sven zu angeln, bevor wir wieder nach Hause fahren. „Das Gästehaus ist fertig", bejahte Heinz seine Frage, „aber hier liegt fast ein Meter hoch Schnee, viele Straßen sind unpassierbar, und wir sind schon seit zwei Tagen von der Außenwelt abgeschnitten, weil kein Schneepflug vorbeikommt und die Straßen freiräumt."

„Ich meine ja auch nicht morgen, sondern erst nächste Woche, damit der Sven auch noch was davon hat und mit uns angeln kann." „Na gut, dann kommt ruhig, vielleicht ist ja der Schnee bis dahin aufgetaut. Irgendwann muss es ja Frühling werden."

Sven wartete schon ganz ungeduldig, denn er wollte noch mit Walter sprechen. Jetzt kam er ans Telefon „Walter, bring mir bitte mein Angelfutteral und meinen Kescher mit." „Ja, mach ich." „Piep", jetzt war auch noch der Akku leer. „Wo ist das Ladegerät?" forschte ich. „Noch im Auto", antwortete Heinz. Ich schlüpfte in meine Trekkinghalbschuhe und stapfte freiwillig durch den matschigen Schnee, weil ich ohnehin noch mal an die frische Luft wollte, holte das Akkuladegerät aus dem Auto, legte es in die Küche und verschwand noch mal nach draußen, um mir die weiße Winterlandschaft anzusehen.

Als ich die zwei Steinstufen, die zu unserem neuen Schuppen führten, hinaufging, fiel mein Blick auf ein abstraktes Gebilde am Waldrand, das mich mit etwas Phantasie an ein Seehundgesicht erinnerte. Es war

Seehundgesicht aus Schnee

der im Sommer von Moosen und Flechten bewachsene Stein, auf den der Schnee diese künstlerische Figur gezaubert hatte. Vorsichtig, um nicht auf dem glitschigen Schnee auszurutschen, ging ich zum Haus zurück, holte meinen Fotoapparat und stiefelte noch einmal zum Seehundgesicht zurück, um es per Foto der Nachwelt zu erhalten.

„Na, dann wird ja nächste Woche feierlich das Gästehaus eingeweiht", sagte ich freudig zu meiner Familie, als ich wieder ins Haus trat und meine nassen Schuhe auszog. „Wer kommt denn noch mit?" fügte ich neugierig hinzu. „Andreas", antwortete Sven. Andreas war der ehemalige Azubi aus Walters Kfz-Werkstatt und ein neues Mitglied im Angelverein.

Am nächsten Tag regnete es Bindfäden, dadurch sackte der Schnee in sich zusammen.

Am Vormittag, wir saßen noch am Frühstückstisch, sahen wir durch unsere Tannenhecke die orangenen Blinkleuchten vom Schneepflug an uns vorbeifahren. Na, endlich!

Nach dem Frühstück starteten wir unser Auo und fuhren erst einmal in die Stadt. Meterhohe Schneeberge, die von den Räumfahrzeugen an den Straßenrand gekarrt waren, machten ein Parken in der Innenstadt unmöglich. Erst auf einem Großparkplatz konnten wir unser Wohnmobil sicher abstellen. Mit Regenschirmen bewaffnet, patschten wir durch den schmutziggrauen Schneematsch in der Stadt. Diese Gelegenheit nutzten wir auch gleich, um in einer Cafeteria ein leckeres Kugeleis zu essen.

Nach diesem ausgiebigen Stadtbummel fuhren wir noch ins Trestadcenter, um Lebensmittel einzukaufen. Wir horteten drei Liter Milch, zwei Zehnerpakete Brötchen, eine Packung fertige Köttbullar, Schnitzel zum Einfrieren und eine abgepackte Portion Gulasch, die ich gleich heute noch zubereiten wollte. Zwischen frischen roten Paprika und Zwiebeln, die ich für das Gulasch brauchte, lagen intensiv duftende Porreestangen. Ich packte gleich ein Fünferbund in den Einkaufswagen. Jetzt noch die Getränke: Die Knaben wollten Cola, ich Mineralwasser und Heinz suchte in den Getränkekisten nach seiner Grapefruitbrause. Wir stellten uns einen Zwölferkasten zusammen, was entschieden preiswerter war, als wenn wir alles einzeln gekauft hätten.

Halt! Ich hatte das Brot vergessen und lief noch einmal in die Backwarenabteilung zurück. Sven suchte sich anschließend noch Salami aus und sicherheitshalber nahmen wir auch noch ein großes Stück vom Käse mit dem Elchlogo mit.

„Eigentlich könnten wir hier auch gleich zu Mittag essen, dann musst du zu Hause nicht kochen", manchmal hatte mein Gatte auch gute Ideen. „Au fein, wir hatten sowieso mal wieder Hunger auf Pommes", freuten sich die Knaben, und wir setzten uns, nachdem wir unsere Einkäufe im Auto verstaut hatten, ins angrenzende Restaurant.

Als wir zu Hause den kompletten Einkauf auf den Küchentisch stellten, meinte Sven lakonisch: „Jetzt haben wir genug zu essen, da können wir ja wieder einschneien."

Der Wetterbericht gab allerdings Entwarnung, und als ob die Wetterfrösche Überzeugungsarbeit leisten müßten, brachten sie eine Reportage vom Hornborger See in Västergötland. Die ersten Kraniche waren aus ihren Winterquartieren in Spanien zurück an den Hornborger See gekommen. Es war die Rede von mehreren tausend Tieren, weitere würden in den nächsten Tagen erwartet, sie warteten noch auf der Insel

Rügen auf die richtige Thermik, um sicher die Ostsee im Nonstopflug überqueren zu können. Dutzende Ornithologen seien bereits vor Ort, um sich das Schauspiel nicht entgehen zu lassen.

Während in der Küche auf dem Herd mein Gulasch im Kochtopf schmorte, blätterte ich im Autoatlas herum und suchte den Hornborger See. Ich fand ihn schließlich, als Sumpfgebiet eingezeichnet, im Städtedreieck zwischen Skara, Skövde und Falköping.

Da wollte ich auch hin und rechnete schon mal die Kilometerzahl zusammen.

Wie wir von unseren früheren Aufenthalten in Skara wussten, gab es dort unter anderem auch einen Stormarknad, einen Allesuntereinemdach-Konsumtempel.

„Wenn wir nach Skara fahren, möchte ich auf jeden Fall bei Jula rein", verkündete Heinz. Mit einer ungewohnten Einstimmigkeit pflichteten meine Kinder ihrem Vater bei.

„Wir werden ja wohl so viel Zeit haben, dass wir in den Stormarknad, nach Jula und zu den Kranichen kommen. Am besten, wir machen eine Zweitagesfahrt daraus, dann kommt jeder auf seine Kosten und am Hornborger See wird man ja wohl übernachten können. Himmel mein Gulasch!" Ich stürzte in die Küche und konnte gerade noch verhindern, dass mein Fleisch vollends verschmorte. Nachdem ich noch etwas Wasser zugeben hatte, stellte ich den Herd aus. Das Mittagessen für den nächsten Tag war fertig.

Der Tanz der Kraniche

Bei strahlend blauem Himmel fuhren wir zwei Tage später morgens um neun Uhr los. Der Schnee war durch den Regen und die Frühlingssonne in sich zusammengeschmolzen, obwohl immer noch ein weißer Teppich auf Feldern und Wiesen lag. Aber die Straßen waren wieder passierbar und je näher wir der einhundertdreißig Kilometer entfernten Stadt Skara kamen, desto grüner wurde die Landschaft. Rund um Skara war der Schnee völlig verschwunden.

Als Erstes wollten meine Herren nach Jula. Dieses Geschäft führt von Heimwerkerartikel über Arbeitskleidung, bis hin zu Freizeit und

Campingartikeln, aber auch Haushaltsgeräte alles im Sortiment, was ein Hausbesitzer benötigt. Heinz hatte immer den neuesten Katalog und freute sich, hier endlich einmal in aller Ruhe shoppen gehen zu können.

Während das Familienoberhaupt mit seinem Nachwuchs zuerst in die Heimwerkerabteilung marschierte, trieb es mich in das Campingzelt, das draußen auf dem Freigelände aufgebaut war und Campingfreunde und Freiluftfanatiker schon mal auf die kommende Sommersaison einstimmen sollte. Vom Trekkingrucksack über aufblasbare Luftmatratzen bis zum Gaskocher und Campinggeschirr aus Melamin, gab es hier alles, was man zum Campingleben brauchte.

Hinter mir hörte ich holländische Stimmen.

Ich drehte mich um und sah ein Familie mit drei halbwüchsigen Kindern, die darüber diskutierten, welcher Rucksack wohl für die nächste Trekkingtour der Richtige sei, denn jedes Familienmitglied hielt ein anderes Modell in der Hand.

Wie sie sich nun entschieden, bekam ich nicht mehr mit, denn ich wechselte das Zelt gegen die Haushaltsgeräteabteilung im ersten Stock und lief meiner Familie in die Arme, die gerade vor einem Stromgenerator stand.

„Irgendwann müssen wir uns wohl so ein Gerät anschaffen", sinnierte Heinz so vor sich hin.

„Aber vorher kriege ich einen schönen Holzofenkamin", tat ich meinen Wunsch kund. Ich schaute auf die Uhr. „Wie weit seid ihr denn? Mir knurrt langsam der Magen."

„Wir müssen noch ins Campingzelt, da waren wir noch nicht", bestimmte Heinz und seine beiden Ableger nickten zustimmend. „Na, dann los, ich komme noch mal mit, obwohl ich schon alles durch habe."

Nachdem meine Herren jedes einzelne Teil des Campingsortiments in die Hand genommen hatten und meine Sprösslinge abenteuerliche Pläne für ihre Zukunft schmiedeten – Sven schwärmte schon davon, später einmal den Sarek Nationalpark zu durchwandern – marschierten wir zu unserem Auto zurück, um zum Stormarknad zu fahren.

Zielstrebig suchten wir das Restaurant auf und setzten uns an den letzten freien Tisch am Fenster. Die Knaben holten sich an der Selbstbedienungstheke jeder ein Glas Cola. Heinz und ich gossen uns Kaffee ein und bestellten viermal Grillkorv mit Pommes. Gut gestärkt bummelten wir danach durch den Laden und erwarben für die Jungs zwei wunderschöne rotblaue Jogginganzüge.

Zufrieden fuhren wir aus Skara wieder hinaus und suchten den Hornborger See.

„Da!" rief ich, „da steht ein Schild, Trandansen rechts ab." Tranor heißt auf Deutsch Kraniche, Trandansen demnach wörtlich übersetzt Kranichtanz.

Dem Schild folgend, fuhren wir die Straße entlang. Am Himmel sahen wir Dutzende Kraniche fliegen, die entweder kamen oder untermalt von ihren lauten trompetenartigen Rufen paarweise zu ihren Brutgebieten nach Mittel- und Nordschweden weiterflogen. Andere waren auf den umliegenden Feldern auf Nahrungssuche. Als wir in der Nähe des kleinen Örtchens Bjurum zu dem ausgeschilderten Parkplatz mit Informationszentrum fuhren, sahen wir schon von weitem die weißen Dächer von Wohnmobilen und Wohnwagen.

Auf einem ebenen, großzügig bemessenen Parkplatz stellten wir unser Fahrzeug, damals noch kostenlos, ab. Ich schaute mich zuerst einmal um und entdeckte unter anderem noch drei deutsche, vier holländische, und zwei belgische Campingfahrzeuge zwischen den norwegischen und schwedischen Wohnmobilen. Drei schwedische Omnibusse standen auf einem Busparkplatz vor dem Informationszentrum.

Dutzende Fotografen und Ornithologen hatten sich mit Stativ und Teleobjektiv bewaffnet und standen vor dem Holzzaun, der die zahlreichen Vögel vor allzu aufdringlichen Zuschauern bewahren sollte.

Bei nur wenigen Grad über null hatten sie ihre Outdooranoraks an und Faserpelzkragen hochgezogen. Ein eisiger Wind peitschte über das freie Feld. Als wir ausstiegen, schlug uns der ohrenbetäubende Lärm von mehreren tausend Kranichen entgegen.

Wir reihten uns mit Ferngläsern, Fotoapparaten und Videokamera zwischen den anderen an das Stakett. Die Geräuschkulisse der majestätisch anmutenden Vögel machte es uns schwer zu kommunizieren. Neben mir stand eine schwedische Mittfünfzigerin mit Jagdfernglas, die ihre Begeisterung nach jeder Seite kundtat: „Titta, nu dansa de."

Irgendwie kamen wir ins Gespräch, und es stellte sich heraus, dass sie eine Deutsche war, die aus dem mittelschwedischen Dalarna angereist war und schon lange hier in Schweden verheiratet war.

Sie zeigte auf ein Kranichpaar, das ununterbrochen seinen Frühlingstanz vollzog. Der imposante Tanz der Kraniche ist ein Paarungsspiel, bei dem die Vögel, die monogam leben, sich verneigen, umeinander kreisen und übermütige Luftsprünge vollführen.

Weil ein neuer Schwarm Kraniche angeflogen kam, sah ich zum Himmel und erschrak. Dunkle Wolkenberge türmten sich bedrohlich am Himmel und wir zogen es vor, in unser beheiztes Wohnmobil zu gehen, um in gemütlicher Runde Kaffee zu trinken. Nach wenigen Minuten wurde es stockfinster. Ein greller Blitz erhellte die unheimlich gespenstische Atmosphäre.

Jetzt flüchteten auch die Hartgesottenen. In Windeseile verschwanden wertvolle Fotoapparate und riesige Objektive in schützenden Taschen. Mit den ausgeklappten Stativen unterm Arm liefen auch die letzten Fotografen in ihr schützendes Domizil.

Auf den Blitz folgte ein dumpfer Donnerschlag, der die Erde erbeben ließ. Vor Schreck zog ich den Kopf ein und die Schultern hoch. Dann folgte ein Hagelschauer, der mich an apokalyptische Weltuntergangsstimmung erinnerte.

Was mögen jetzt die Kraniche machen, die ungeschützt im Sumpfgebiet und auf den Feldern stehen, dachte ich mir.

Das Trompeten der Vögel war verstummt. Leider standen wir mit unserem Auto so weit von den Tieren entfernt, dass wir sie nicht mehr sehen konnten.

Hart prasselten die Hagelkörner auf unser Wohnmobildach nieder.

Mit meinem Fernglas versuchte ich, die Vögel zu erspähen. Vergeblich, die heftigen Hagelschauer ließen keinen Blick auf die Tiere zu. Ich nahm an, sie würden sich der Wetterseite abwenden und geduldig darauf warten, dass sich das Unwetter verzieht.

Nach einer Dreiviertelstunde wurde es wieder heller. Die dunkle Wolkenwand zog weiter und ein paar neugierige Sonnenstrahlen blinzelten durch die ersten Wolkenlöcher.

Wie auf ein geheimes Kommando öffneten sich die Türen der Wohnwagen und Wohnmobile und Menschen mit ihren Fotoausrüstungen kamen wieder zum Vorschein und gingen zum Stakett. Auch ich zog wieder meinen Anorak an, schnappte meinen Fotoapparat und mein Fernglas und gesellte mich dazu.

Ein paar zaghafte trompetenartige Laute stimmten das Konzert wieder an. Majestätisch, trotz der zentimeterdicken Schicht von Hagelkörnern und als wenn nichts geschehen wäre, führten die Kraniche ihr Balzritual fort. Das Schauspiel ging bis zum Abend weiter. Erst als es dämmerig wurde, erhob sich Schwarm für Schwarm mit lautlosen Schwingen und wie verabredet flogen sie zu ihren geschützten Nachtquartieren.

Als auch das letzte Kranichpaar verschwunden war, wurde es auf dem sumpfigen Feld lebendig. Aus winzigen, vielleicht gerade mal zwei mal zwei Meter großen Holzhüttchen traten Naturfotografen, die die spektakulärsten Bilder einfangen wollten, heraus, verstauten ihre Ausrüstung, reckten und streckten sich und gingen zu ihren Fahrzeugen.

Später erfuhr ich, dass man diese Hüttchen mieten kann und vor Sonnenaufgang einziehen musste. Und man durfte sie erst nach Sonnenuntergang, wenn auch der letzte Kranich in sein Nachtquartier abgeflogen war, wieder verlassen.

Dann hörte ich Treckergeräusche und sah zwei große Trecker mit Anhänger, die zum Kranichfeld fuhren und dort Mais, Getreide und Kartoffeln gleichmäßig verteilten.

Am nächsten Morgen wurden wir von den Kranichen geweckt. Ihre durchdringenden Laute brachten uns schnell auf die Beine. Nach dem Frühstück stellten wir uns wieder an den Zaun. Die Hagelkörner waren noch immer nicht geschmolzen. Lautstark zeigten die imposanten Vögel ihre Frühlingsgefühle.

Am späten Vormittag machten wir einen ausgiebigen Spaziergang und entdeckten noch andere Vogelarten, die hier im Naturschutzgebiet eine sichere Heimat gefunden hatten.

Die ersten Omnibusse kamen und spuckten Dutzende Vogelliebhaber aus, die als Erstes in einem in der Nähe stehenen Holzgebäude verschwanden. Neugierig geworden, näherten wir uns dem Gebäude. „Naturrum" stand mit großen Buchstaben an der Eingangstür.

Als wir eintraten, begrüßte uns in Lebensgröße ein ausgestopfter

Kranich, der in seinem natürlichen Lebensraum ausgestellt war. Daneben, auf einem Monitor, konnten wir die Kraniche von draußen sehen. An einer Informationstafel war der Kranichzug von Nordeuropa bis Spanien, einige fliegen sogar bis nach Nordafrika, und zurück aufgezeichnet.

Auf der anderen Seite im Naturrum war eine kleine Cafeteria, in der, auf den rustikalen Holzbänken ein Teil der Omnibusgäste saß. Nebenan, an der Wand war eine helle Tafel, auf der stündlich die Zahl der ankommenden Kraniche vermerkt wurde. Die ehrenamtlichen Kranichzähler enterten während des Kranichzuges den Kirchturm von Bjurum, um laufend über die neuesten Zahlen informiert zu sein. Gerade eben schrieb jemand die Zahl dreitausendeinhundertfünfzig auf die Tafel.

Die Reisebusgäste standen auf und gingen durch eine zweite Tür nach draußen, um mit den großen Fernrohren, die hinter dem Gebäude standen, die Kraniche zu beobachten.

Wir nutzten die Gelegenheit, holten uns einen Kaffee, die Jungs wollten Orangensaft und jeder eine Zimtschnecke, und setzten uns an einen freigewordenen Tisch.

Von hier aus beobachteten wir eine Weile lang das menschliche und tierische Treiben. Als am Himmel wieder dunkle Wolken aufzogen, die sich bedrohlich näherten, marschierten wir schnellen Schrittes wieder zum Womo zurück, verstauten alles wieder bruch- und fahrsicher, starteten den Motor und verließen den Parkplatz, der sich inzwischen mit neuangekommenen Fahrzeugen gut gefüllt hatte. Ein großer bunter Regenbogen begleitete uns. Als wir wieder auf der Hauptstraße waren, ging hinter uns die Welt unter.

Auf direktem Wege fuhren wir nach Vänersborg zurück, und weil wir noch Zeit hatten, machten wir einen Abstecher zum Halleberg.

Und wen sahen wir da? Einen Naturfotografen, der am vorigen Abend aus einer der kleinen Holzbutzen auf dem Kranichplatz herausgekrabbelt war. Er hatte seinen Fotoapparat mit einem riesigen Teleobjektiv auf ein Stativ gesetzt, eigentlich hätte ein normales Objektiv gereicht, denn der Elch stand, mit angelegten Ohren am hinteren Teil seines Fahrzeugs. Ungeschützt stand der Fotograf mit seinem Stativ vor dem Pkw und versuchte, die Bilder seines Lebens zu schießen.

Der Elch machte sich einen Spaß daraus, den Fotografen zu ärgern, und schritt mit seinen langen staksigen Beinen an der Seite des Fahrzeugs vorbei, in Richtung Motorhaube. Gleichzeitig nahm der Fotograf sein Stativ in die Hand und wechselte auf der gegenüberliegenden Seite von vorn nach hinten.

Inzwischen füllte sich die Straße, und mehrere Touristen und Einheimische beobachteten amüsiert das Schauspiel. Das Spiel wiederholte sich mehrmals, bis dem Elch die Lust verging, Menschen zu ärgern. Er schnaubte zweimal kräftig aus seinen langen Nüstern und trabte entnervt in den Wald. Noch minutenlang hörten wir es im Dickicht knacksen.

Zwei weitere Wohnmobile, die auch am Hornborger See neben uns standen, und das imposante Schauspiel des Kranichtanzes filmten, begrüßten uns auf der Hallebergstraße mit Lichthupe.

Am Abend, inzwischen waren wir wieder in unserem Haus eingetroffen, erreichte uns ein Telefongespräch aus Deutschland. Walter fragte nach, wie das Wetter sei und ob die Straßen inzwischen schneefrei wären, er wolle sich morgen mit Andreas auf den Weg machen. „Die letzten Schneereste, die sich bisher hartnäckig gehalten haben, werden wohl in den nächsten Tagen schmelzen, also dann bis morgen, gute Fahrt."

Als Walter und Andreas am nächsten Tag eintrafen, goß es Bindfäden. Wir packten nur noch die mitgebrachten Lebensmittel in den Kühlschrank, saßen noch eine Stunde in gemeinsamer Runde zusammen und dann verschwanden die beiden mit ihren Reisetaschen in das vorgewärmte, neu eingerichtete Gästehaus.

Ausgeschlafen und guter Dinge erschienen sie am nächsten Morgen bei strahlendem Sonnenschein am Frühstückstisch und schmiedeten Pläne für den Tag.

Bewaffnet mit Angelausrüstung, einer Thermoskanne mit Tee, deutschem Bier und belegten Broten, die sie in einer Campingkühlbox verstauten, fuhren meine Petrijünger zum Boot, um auf dem See das Mittagessen zu angeln. Nur Björn, der sich nichts aus Angeln macht, und ich blieben verwaist zu Hause. Von den Sorgen über das Mittagessen entbunden, konnte ich endlich mal in Ruhe ein Buch lesen.

Stunden später, die Sonne ist inzwischen hinter einer grauen Wolkendecke verschwunden, hörte ich ein Auto kommen. Ich legte mein Buch, in das ich mich vertieft und die Welt um mich herum vergessen hatte, zur Seite, schlüpfte in meine Schuhe und ging zur Toreinfahrt. Stolz präsentierte mir Sven zwei mittelgroße Hechte, die sie in einem Schilfgürtel im See gefangen hatten.

Während Walter, Andreas und Sven die Fische küchenfertig filetierten, sollte ich schon die Kartoffeln schälen und einen Salat aus den gestern mitgebrachten Tomaten, Gurken und Eisbergsalat bereiten.

Dann übernahmen die Herren das Kommando in der Küche.

Während ich draußen einen Spaziergang durch den tauenden Schnee machte, zogen mir leckere Düfte in die Nase.

„Essen ist fertig!" rief mich Sven wieder herein.

Das panierte Hechtfilet in der Pfanne sah wirklich lecker aus. Und dass die Kartoffeln zweimal gesalzen wurden, einmal von mir nach dem Schälen und einmal von Walter vor dem Kochen, fiel den Feinschmeckern gar nicht auf. Mit Kräuterbutter und dem Salat war es ein leckeres Mittagessen.

Irgendwie schien es sich herumgesprochen zu haben, dass Walter und Andreas etwas mit Autos zu tun hatten. Am nächsten Tag, unsere drei Angler verstauten gerade ihre Angelausrüstung im Auto, hielt ein schwedisches Fahrzeug neben ihnen auf der Einfahrt an.

Der Fahrer stieg aus und stellte sich als Erik vor. Er habe ein deutsches Automodell, bei dem der Zahnriemen ausgewechselt werden müsste, ob ihm jemand dabei helfen könne? fragte er vorsichtig. „Kein Problem," antwortete Andreas, „ich wollte sowieso im Mai eine Woche Angelurlaub mit meinem Sohn hier machen, da könnte ich das Ersatzteil gleich mitbringen und einbauen. Ich brauche aber die technischen Daten von dem Fahrzeug, damit ich das richtige Ersatzteil besorge. Am besten du bringst mir die Unterlagen heute Abend mal auf ein Bier vorbei." So lernten wir Erik und seine einige Jahre jüngere Frau kennen.

Bei deutschem Bier und einer Tasse Kaffee kamen wir ins Plaudern. Wir erzählten, ich weiß nicht zum wievielten Male, unsere Geschichte vom Hauskauf und zeigten nicht ohne Stolz unsere Fortschritte bei den Renovierungsarbeiten. Die Krönung war das liebevoll eingerichtete Gästehaus. Erik und seine Frau standen davor und staunten, was man aus so einem kleinen Raum alles machen konnte.

Während Erik, der selbst Hobbyjäger war und eine eigene Jagdpacht hatte, beim letzten Schluck Bier die Geschichte von der Elchkuh erzählte, die mit ihren Zwillingskälbern im heimischen Garten den Apfelbaum plünderte, und er und seine Frau deshalb zu spät zur Arbeit kamen, weil sich keiner getraut hatte, der sturen Elchkuh mit den Kälbern entgegenzutreten, um sie zu verscheuchen, blätterte seine Frau in der „ELA", das war damals die Vänersborger Tageszeitung, die bei den „Onsdagsprylen" (Flohmarkt am Mittwoch) aufgeschlagen war, und fragte uns, ob wir etwas suchten. „Ja," antwortete ich wahrheitsgemäß, „jag söker en liten tvättmaskin." Wir standen auf und ich zeigte ihr die schmale Stelle in der Küche, wo ich eine kleine Waschmaschine unterbringen wollte.

Nachdenklich nahm sie mit den Augen Maß und meinte, sie hätte noch eine schmale Waschmaschine im Keller stehen, die zwar schon älter, aber wenig benutzt wäre und noch gut funktioniere. Aufatmend fragte ich, ob wir sie besichtigen könnten. Natürlich, am nächsten Tag könnten wir kommen und uns die Maschine ansehen.

Auch die Männer wurden sich schnell einig. Anfang Mai wollte Andreas eine Woche Angelurlaub machen und so nebenbei das Auto von Erik reparieren. Bliebe noch zu erwähnen, dass ich drei Tage später eine solide, weil noch aus Edelstahl gebaute, neuwertige Waschmaschine hatte, die inzwischen schon über zehn Jahre bei mir ihren Dienst erfüllt und keinerlei Anzeichen von Altersschwäche zeigt.

Die Osterferien näherten sich dem Ende und wir mussten an die Heimreise denken. Walter und Andreas blieben noch eine Woche länger.

Mit Angelzeug und Zahnriemen im Gepäck fuhr Andreas im Mai mit seinem Sohn in den Urlaub und tauschte während seines einwöchigen Aufenthaltes den Zahnriemen in Eriks VW aus. Heinz schmiedete Pläne, mit einem Arbeitskollegen in der Himmelfahrtswoche nach Schweden zu fahren. Ein Kollege von ihm wollte wissen, ob sich unsere Datscha für einen Familienurlaub im Sommer eignete. Da mein Mann immer gleich das Nützliche mit dem Praktischen zu verbinden pflegt, hat er diesen Kollegen zu einer Woche Urlaub zum Kennenlernen der Umgebung eingeladen, um auch gleich in dieser Woche die morsche Wetterseite der Außenfassade am Haus zu reparieren, denn auf der Giebelseite musste die Holzbeplankung ausgetauscht werden. Zu zweit mache das im Frühsommer sicher mehr Spaß, als wenn wir im Hochsommer bei dreißig Grad Hitze daran arbeiten müssten.

Als die beiden am Sonntag wieder nach Hause kamen, stand Peters Entschluss fest, er wollte mit seiner Frau und seinem Sohn in den Sommerferien im Juni zehn Tage Urlaub bei uns in Schweden machen und im Anschluss wollten wir noch zwei Tage zusammen verbringen. Die Jungens konnten angeln und ein zünftiger Grillabend wurde auch vorbereitet.

Mit dem WoMo zum Klarälv

Mit einem dreieinhalb PS starken Bootsmotor, den wir von einem Hausnachbarn erwarben und einem neuen Elektrogrill, den ich im Mai bei einem Lebensmitteldiscounter gekauft hatte, sowie zwei Gartenliegen von meiner Mutter, die nutzlos auf dem Boden standen, fuhren wir ausnahmsweise mal in den Urlaub, ohne unser Wohnmobil als Möbeltransporter zu missbrauchen.

Als wir mittags in Schweden auf unserem Grundstück eintrafen, erwartete uns ein kniehoher Rasen, der danach schrie, gemäht zu werden. Und völlig entsetzt sah ich die verkrauteten Kieswege. Stöhnend, bei schwülwarmen siebenundzwanzig Grad und strahlend blauem Himmel, machte ich mich nach dem Ausladen an die undankbare Aufgabe die Kieswege rund um das Haus unkrautfrei zu hacken, während meine Herren mit Feuereifer den Rasenmäher anwarfen und sich beim Mähen abwechselten.

Sollte Urlaub nicht eigentlich dazu dienen, sich zu erholen?

Endlich, gegen Abend, die Sonne stand immer noch sehr hoch am Himmel, waren wir mit dem größten Teil unserer Arbeit fertig. Bis auf den völlig zugemoosten Kiesweg vor den Schlafzimmern, den ich mir für den nächsten Tag aufgehoben hatte, waren die Kieswege wieder unkrautfrei. Jetzt hatte der neue Tischgrill, der seinen Platz auf der schwarzen Kommode hate, die auf der Veranda stand, Premiere. Nachdem ich gut einen Liter Wasser in die Fettauffangschale gefüllt hatte, legte Heinz die mitgebrachten Bratwürste auf den Grillrost, die wir dann genussvoll mit Weißbrot, Tsatsiki und Gurken-Tomatensalat, verspeisten.

*Kreuzotter
beim Sonnen-
bad auf unserem
Grundstück*

In drei Tagen wollte Peter mit seiner Familie kommen, bis dahin mussten wir alles klar Schiff haben. Einen Tag wollten wir gemeinsam verbringen und anschließend, in der Zeit, in der Peter mit seiner Familie das Haus bewohnte, wollten wir endlich mal wieder Campingplatzatmosphäre genießen und eine Rundreise über Dalarna nach Värmland zum Klarälv machen.

Nachdem ich am nächsten Tag den letzten Kiesweg vom Moos befreit hatte, holte ich aus unserem neuen Schuppen eine zusammengeklappte Gartenliege, cremte mich dick mit Sonnenmilch ein, schlug mein mitgebrachtes Buch auf und genoss die wärmenden Sonnenstrahlen. Irgendwann fielen mir die Augen zu und ich legte mein Buch auf den kurzgemähten Rasen. „Weißt du eigentlich, dass am Kopfende nur einen Meter neben dir auf der Wiese schon seit mindestens einer Stunde eine Kreuzotter liegt und sich sonnt?" weckte mich Heinz aus meinen Träumen. Vorsichtig, um sie nicht zu verscheuchen, drehte ich mich um und sah ein dickes grauschwarzes Kreuzottermännchen neben mir liegen. Leider bewegte ich mich auf der Liege doch etwas unvorsichtig, denn die Kreuzotter schlängelte sich erschreckt zur zwei Meter entfernten Tannenhecke und rollte sich in der Sonne wieder ein. Hier blieb sie bis zur Abendkühle liegen und verschwand dann in den angrenzenden Graben.

Kreuzottern sind zwar giftig, aber wenn sie sich nicht bedroht fühlen weder aggressiv noch angriffslustig. In gebührendem Abstand kann man sie in aller Ruhe bei ihrem Sonnenbad beobachten.

Mit der Strecke inzwischen schon vertraut, trafen zwei Tage später Peter mit Frau, Sohn und Schwiegermutter pünktlich ein und brachten Grillfleisch, Bier und gleich mehrere Pakete Bratwürste mit. Christian, der altersmäßig mit Sven gleichkam, packte auch gleich seine Angelruten und Blinker aus, zog Gummistiefel an und verschwand mit Sven nach der allgemeinen Begrüßungszeremonie am Fluss. Wir hatten von Folke die offizielle Angelerlaubnis bekommen und in Form von flüssigen Naturalien bezahlt. Folke freute sich über jede Flasche Whisky oder deutsches Bier.

Die Einheimischen waren sogar dankbar, wenn einige Petrijünger die großen Hechte aus dem Fluss fischten. Denn Hechte haben Flusskrebse im wahrsten Sinne des Wortes zum Fressen gern. Und genau diese Krebse sind in Schweden ein Heiligtum. Alljährlich findet im August das große Krebsfest statt. Man sitzt gemeinsam mit gefalteten Papierhüten auf dem Kopf am Tisch und isst von speziellen, mit Krebsservietten dekorierten Krebstellern, gekochte Krebse, die dann mit reichlich Aquavit heruntergespült werden.

Stolz brachten unsere beiden Juniorangler nach einer Stunde einen mittelgroßen Hecht mit, der von den Männern gleich küchenfertig zubereitet wurde.

Den ganzen Abend duftete unsere Umgebung nach gewürztem Grillfleisch, Bratwürsten und gegrilltem Hecht, aber auch nach Mückenmitteln, die wir in Form von Einreibecreme für die Haut und als Teelichter auf dem Verandatisch stehen hatten. Lautstark, mit heiseren Bellgeräuschen, die durchdringend durch den Wald hallten, beklagten sich die

Rehe über die Düfte. „Wenn die Rehe noch näher kommen, fangen sie auch noch an zu niesen," grinste Björn und nahm sich die zweite Bratwurst.

Kater Sievert kam auf ein Schälchen Kondensmilch vorbei, begrüßte unsere Gäste mit freundlichen Kopfnüssen, setzte sich, nachdem er sich gründlich den Bart geputzt hatte auf die oberste Verandastufe und beobachtete eine Amsel, die auf unserem Rasen nach Regenwürmern suchte. Erst als die Abendkühle und die immer mehr werdenden Blutsauger ein für uns unerträgliches Maß erreichten, wurden die Schlafplätze verteilt.

Nach einer erholsamen Nacht frühstückten wir gemeinsam auf der Veranda, dann verabschiedeten wir uns und fuhren auf der Straße 45 Richtung Karlstad.

1995 trat Schweden der Europäischen Union bei und erklärte, von uns unbemerkt, die Gültigkeit der internationalen Campingkarte CCI für nichtig. Fortan galt auf schwedischen Campingplätzen nur noch die Skandinavische Campingkarte – es lebe Europa! Mit unserer CCI Campingkarte, die wir auch in Deutschland, Holland, Dänemark und Norwegen erfolgreich eingesetzt hatten, fuhren wir zum ersten Familiencampingplatz nach Karlstad.

Ahnungslos legte ich an der Rezeption meine CCI Karte vor und war entsetzt, als man diese plötzlich nicht mehr akzeptieren wollte. Mit geschickter Überredungskunst und dem Versprechen, nur eine Nacht zu bleiben, aber sofort zu bezahlen, durften wir schließlich auf den Platz, sollten es aber niemandem erzählen.

Es wurde dann aber doch noch ein schöner Tag, wir lagen am Strand in der Sonne und die Kinder badeten im Vänersee. Am Abend gab es dann noch einen Grillkväll mit Livemusik. Eine schwedische Band, die im Sommer auf Campingplätzen und in Folketsparks für gute Laune und Unterhaltung sorgte, baute ihre Instrumente neben dem Strand auf.

Bis in die Nacht hinein wurde schwedische Popmusik und Folklore gespielt. Zwanglos, entweder alleine oder zu zweit tanzten Kinder und Erwachsene dazu. Die knusprig braungegrillten Spanferkel auf dem Grill waren schnell verteilt und wurden mit verschiedene Brotsorten und Salate verzehrt.

Am nächsten Morgen packten wir gleich nach dem Frühstück unsere

Campingutensilien wieder ein und verließen den Campingplatz, um in Richtung Borlänge zu fahren. Hier wollten wir einige Bekannte besuchen. Aber vorher fuhren wir noch zu dem Stormarknad nach Bergvik an der E 18 in Karlstad, um das Mittagessen zu kaufen und um einfach mal durch die Geschäfte zu bummeln.

Über Filipstad, Hällefors, Kopparberg und Ludvika trafen wir bei nicht gerade sommerlichem Wetter am frühen Nachmittag in Borlänge ein. Wir steuerten den Campingplatz Mellsta an und waren angenehm überrascht, weil man unsere falsche Campingkarte ignorierte und wir ohne Probleme auf den Platz kamen.

Ich schälte erst einmal Kartoffeln und kümmerte mich um das Mittagessen, während meine Ableger auf ihren mitgenommenen Fahrrädern den Campingplatz erkundeten.

Am Nachmittag fuhren wir zu den Häusern der verstorbenen Pflegeeltern meines Mannes und stellten fest, dass sie bereits verkauft wurden.

Bei strömenden Regen und nur vierzehn Grad verließen wir am nächsten Tag den Campingplatz und fuhren in Richtung Insjön, um bei Clas Ohlson einen ausgiebigen Stöbertag einzulegen. Erst am Abend besuchten wir dann schließlich eine andere bekannte Familie in Djura und übernachteten auch dort.

Durch eine abenteuerliche reizvolle Landschaft fuhren wir am nächsten Vormittag über Floda, Järna und Vansbro nach Malung zum Campingplatz Bullsjön. Meine Kinder liebten früher diesen Platz wegen des attraktiven Spielplatzes, Heinz wegen der kostenlosen Sauna, die allabendlich zwei bis drei Stunden angeschaltet wurde, und ich konnte mich für die Hausboote begeistern, die auf dem Västerdalälv herumschipperten und immer einen Abstecher auf dem angrenzenden Bullsjön zum Campingplatz machten.

Auch hier machte man wegen unserer Campingkarte keine Probleme. Nur das Wetter wollte nicht so mitspielen, es war kalt und regnerisch. Außerdem vergällten uns die Millionen von Knotts den Aufenthalt draußen. So spielten wir nach dem abendlichen Saunabesuch bis zum Schlafengehen Canasta.

Anfangs wunderte ich mich darüber, dass auf dem Campingplatz alle

Bäume, die am Flussufer des Västerdalälvs standen, hüfthoch mit einem Drahtgeflecht umwickelt waren, aber das Rätsel konnte ich noch am gleichen Abend lösen. Wir waren gerade dabei, unsere Betten umzubauen, als im Schutz der Dunkelheit ein Biber das Flussufer emporkletterte und unbemerkt von den Campinggästen zwischen Zelten, Wohnwagen und Campingbussen den passenden Baum zum Abendessen aussuchen wollte. An einigen Bäumen blieb er stehen, stützte sich auf seinen breiten ledernen Schwanz und stellte vermutlich fest, dass dieser Baum für ihn ungeeignet war. Enttäuscht watschelte er wieder zum Ufer und verschwand so lautlos, wie er gekommen war. Im Bett hörte ich dann später in der Ferne ein Nagen, das so klang als ob jemand ein hartes Brötchen annagte. Aha, der Biber hatte sein Abendessen doch noch gefunden.

Nach einem kleinen Stadtbummel am nächsten Vormittag, wir mussten dringend einige Lebensmittel einkaufen, führte uns eine abenteuerliche Wildnisstraße von Malung nach Stöllet zum Klarälv. In Stöllet tankten wir erst einmal. Dann fuhren wir flussaufwärts Richtung Sysslebäck. Wir waren schon des Öfteren den Klarälv entlanggefahren, aber nur von Karlstad bis zur Abzweigung nach Malung. Diese Strecke war für uns auch Neuland.

Der Klarälv fließt hier aus Norwegen kommend durch ein wildromantisches Tal, während die Landschaft in Nordvärmland immer hügeliger wird.

In der Nähe von Likenäs standen am gegenüberliegenden Ufer, zu dem eine Brücke führte, auf einem nicht asphaltierten Parkplatz mehrere deutsche Autos.

Neugierig geworden, stellten wir uns einfach dazu und gingen am Flussufer entlang. Ein Schild: „Flottfärd på Klarälv" wies uns den Weg. Hier war also der Veranstalter, der die Floßfahrten organisierte, die wir schon häufiger flußabwärts gesehen hatten. Auf dem Klarälv kann man entweder nur für einige Stunden oder auch für mehrere Tage mit einem Floß, das man sich aus Baumstämmen selber zusammenbauen muss, flußabwärts treiben lassen. Anschließend überlässt man das Floß sich selbst und die Baumstämme landen in den nahegelegenen Sägewerken. Das eigene Auto wird von dem Veranstalter an die vorher verabredete Stelle gefahren.

Amüsiert schauten wir zu, wie eine Gruppe Jugendlicher aus Baumstämmen ein Floß zu bauen versuchte, das nur mit Seilen und ohne einen Nagel zusammengehalten wurde. Daneben war die komplette Ausrüstung, Zelt und Campingkocher, was für eine mehrtätige Fahrt auf dem Klarälv nötig war, in großen Kisten verstaut. Wer aber absolut keine Lust hatte, sich ein solches Gefährt selber zu bauen, und trotzdem eine Floßtour unternehmen wollte, konnte auch ein sicheres Pontonfloß mieten und sich damit beschaulich flußabwärts treiben lassen.

Wir fuhren bis Sysslebäck weiter und stellten unser Wohnmobil auf dem Parkplatz vor dem Campingplatz ab. Zuerst schauten wir uns nur neugierig die Gegend an und zufällig entdeckte ich auf einem der malerischen Hügel jenseits des Flusses zwei sich bewegende dunkle Flecke. Ich nahm mein Fernglas zur Hilfe und erspähte ziemlich weit oben zwei große Elche.

Während meine Familie die Elche beobachtete, machte ich mich optimistisch auf den Weg zur Rezeption. Der Campingplatz war gut besucht, wie ich auf den ersten Blick feststellte. Das sollte mich aber nicht davon abhalten, in die Rezeption zu gehen, die in einem der Holzhäuser untergebracht und auch gleichzeitig ein Kiosk war, der Eiscreme, diverse Lebensmittel und natürlich auch Ansichtskarten mit Floßfahrern verkaufte. In den Regalen an den Wänden standen Elche aus verschiedenen Materialen – als Kuschelelch für das heimische Sofa oder auch als geschnitzter Holzelch für den Wohnzimmerschrank. Auch Serviettenständer, in denen die Servietten zwischen zwei schwarzen Metallelche gesteckt wurden, sollten die Touristen zum Kauf animieren. Leider war man hier mit unserer CCI-Karte weniger kulant. Die freundliche Dame wollte mir stattdessen eine schwedische Campingkarte verkaufen, die ich dankend ablehnte. Die CCI-Karte akzeptiere man hier nicht. Na, dann eben nicht!

Mit meiner falschen Campingkarte in der Hand marschierte ich wieder zum Womo zurück, berichtete meiner Familie den Stand der Dinge und klappte geräuschvoll die Autotür wieder zu. Heinz hatte während meiner Abwesenheit den Wassertank bis oben hin gefüllt und die Campingtoilette geleert, so dass wir gut versorgt weiterfahren konnten. Wir verließen den Parkplatz und fuhren Richtung Höljes weiter.

Und siehe da! Nur wenige Kilometer hinter dem Örtchen Sysslebäck sahen wir auf der linken Seite am gegenüberliegendem Flussufer Wohnwagen, Wohnmobile und Zelte stehen. Nur, wie sollten wir dorthin kommen? Ein kleines Schild an der Straße mit der Aufschrift „Vildmarkscamping" wies uns den Weg. Wir bogen links ab, überquerten eine Brücke, die über den Klarälv führte, und erlebten eine Überraschung. Am Flussufer standen reichlich deutsche, holländische, norwegische und schwedische Touristen mit ihren Campingbehausungen. Vor jedem Stellplatz befand sich eine schon aus Steinen gefertigte Grillstelle.

Wir suchten die Rezeption und fanden eine einem Bauwagen ähnliche Hütte, an der eine Hinweistafel in verschiedenen Sprachen, unter anderem auch in Deutsch, angeschlagen war.

Wir lasen: „Herzlich willkommen im Vildmarkscamp, wenn du hier campen möchtest, leg bitte zwanzig Kronen in einen der leeren Briefumschläge, wirf diesen in den Schlitz des braunen Holzkastens und such dir einen schönen Platz. Wir wünschen einen schönen Urlaub." Daneben war ein Hinweis, wo man die erforderlichen Angelkarten erwerben konnte.

Das machten wir auch. Direkt am Flussufer des Klarälvs, fanden wir einen schönen Stellplatz.

Es war zwar nur ein spartanisch einfacher Platz mit Plumpsklo und einfacher Wasserstelle draußen, aber landschaftlich sehr reizvoll und obendrein preiswert und unkompliziert. Unmittelbar vor uns im Fluss stand ein mit Wathosen bekleideter Fliegenfischer, der seine Angel durch das Wasser peitschte, in der Hoffnung eine Forelle oder einen Lachs aus dem Wasser ziehen zu können.

Vor Aufregung hopsend fragte Sven, ob sie nun endlich die Fahrräder bekämen, die wir extra für die Kinder auf den Heckträger geschnallt hatten. Aber Björn war schon zur Stelle und montierte die beiden Mountainbikes ab. „Hier gibt es schöne Waldwege, habe ich gesehen, ich mache mit Sven eine Fahrradtour." „Aber passt auf, hier treiben sich nicht nur Elche, sondern auch Bären und Wölfe in den Wäldern herum. Und in einer halben Stunde ist das Mittagessen fertig", rief ich den beiden noch hinterher.

Anfang des Jahres hatte ich in einer schwedischen Jagdzeitung gelesen, dass sich in dieser Gegend ein Wolfsrudel etabliert hatte. Allerdings wird sie wohl kaum jemand zu Gesicht bekommen, denn Wölfe sind sehr scheu und gehen dem Menschen eher aus dem Wege, als sie anzugreifen. Aber mit einer Bärenmutter, die ihr Kind beschützen will, ist nicht zu spaßen. Mit Wohlwollen sah ich meine Jungs losradeln. Ich hatte Vertrauen in meine Kinder, die mit uns schon oft durch die Wildnis gefahren waren und den respektvollen Umgang mit der Natur bereits von klein auf gelernt hatten.

Ich kümmerte mich um das Mittagessen, das heute aus gebratenen Köttbullarn, Kartoffeln und Erbsen- und Möhrengemüse bestand.

Pünktlich und bestimmt auch sehr hungrig kamen die beiden nach einer guten halben Stunde wieder angeradelt. Wir stellten unseren roten Campingtisch nach draußen und genossen in dieser herrlichen Landschaft unser Mittagessen. Nach dem Essen zogen sie wieder mit ihren Fahrrädern los, um die Gegend zu erforschen.

Neben uns, in der Sonne, räkelte sich eine schwarze Katze. Ihr weißes Gesicht und ihre schneeweißen Pfötchen, die aussahen, als hätte sie vier weiße Söckchen an, gaben ihr ein besonders apartes Aussehen. Sie war mit einer langen Laufleine an einem schwedischen Wohnwagen festgebunden und fing sofort an zu schnurren, als ich mich ihr näherte.

Erst jetzt sah ich, dass gut alle dreißig bis fünfzig Meter im Klarälv ein Angler stand und seine Fliegenfischerrute durch das stark strömende Wasser zog. Flussaufwärts entdeckte ich zwei olivgrüne Kanus, die wenige Meter von uns entfernt anlandeten. Ihnen entstieg eine Familie mit zwei Kleinkindern. Sie grüßten uns freundlich, als sie aus ihren Kanus krabbelten und sich aus den roten Schwimmwesten schälten.

Ich setzte das Kaffeewasser auf den Gasherd und kochte für meine Kinder einen Vanillepudding.

Um die Gemütlichkeit zu unterstreichen, holte Heinz die hochlehnigen Campingstühle aus dem Hochdach unseres Wohnmobils und stellte sie drei Meter von unserem Campingtisch entfernt ans Flussufer. Aus Bequemlichkeit stellten wir unsere orangefarbenen Kaffeetassen auf den Rasen, die sofort von einer neugierig zu uns geflogenen Goldammer untersucht wurden. Ich zerkrümelte einen Butterkeks. Dankbar pickte sie die Krümel von der Wiese, umrundete aber immer noch mit einem langen Hals unsere Kaffeetassen.

Klingeling, klingeling ertönte es plötzlich und meine Ableger standen wieder vor mir. Die Goldammer flüchtete.

„Auf dem Tisch im Wohnmobil steht eine Schüssel mit Vanillepudding", sagte ich zu meinen Söhnen.

„Au fein!" Mit ihren Puddingschüsseln in der Hand kamen sie nach draußen, setzten sich an den roten Campingtisch und berichteten munter, was sie alles auf ihrer Fahrradtour gesehen hatten.

Angespornt von den anderen Anglern, kramte Sven seine Angelausrüstung aus dem Hochdach und versuchte, auch einen Fisch zu fangen.

Die Katze neben uns wurde unruhig, denn ihr Besitzer kam gerade mit zwei großen Fischen zum Wohnwagen zurück. Sie schnurrte ihrem Herrchen um die Beine, als er die Fische vor ihren Augen ausnahm. Die bettelnde Katze bekam ihren Anteil. Dann wurde in der Grillstelle mit Hilfe von trockenen, angenagten Biberhölzern, die hier zuhauf am Klarälvufer herumlagen, ein Lagerfeuer angezündet und der Fisch auf ein Grillrost in die Glut gelegt.

Auf der anderen Seite des Flusses hielten mehrere Autos. Ihnen entstiegen in langen Wathosen mehrere Angler, die sich gleichmäßig am Ufer verteilten.

Auf unserem abendlichen Spaziergang, den Heinz vornehmlich mit Pfeife und Videokamera vor dem Gesicht absolvierte, um die Szenerie für die Nachwelt zu erhalten, zählten wir mindestens zwanzig Angler, die mit Wildnishüten als Mückenschutz am Ufer und auch im Wasser standen, um das Mittagessen für den nächsten Tag aus dem Fluss zu ziehen. Zu Hause vertonten wir später diese Videoszene mit dem Lied „Angeln entspannt" von Truck Stop. In der Ferne hörte man ein leises Donnergrollen.

Noch lange saßen wir am Abend in unserer Rundsitzgruppe im Heck unseres Wohnmobils und schauten nach draußen auf den reißenden Fluss. Nur mit Mühe fanden wir an diesem Abend den Weg ins Bett.

Das Gewitter war derweil in der Ferne an uns vorbeigezogen.

Der nächste Morgen empfing uns mit tief hängenden Schäfchenwolken, die wie Wattebausche an einem Zwirnsfaden am Himmel hingen und über uns hinwegzogen. Vor uns standen schon wieder – oder immer noch? – zwei Angler bis zum Po im Wasser. Hatten die etwa im Wasser geschlafen oder waren sie so früh aufgestanden?

Es fiel uns schwer, nach dem Frühstück diesen Platz zu verlassen, aber wir wollten ja noch bis Höljes weiterfahren. Vorbei an den Stromschnellen „Strängsforsen", die wir nach einer kurzen Wandertour besichtigten, kamen wir nach Höljes. Hier begrüßte uns eine überdimensionale, haushohe, trollähnliche Holz-Skulptur, die ein Akkordeon in den Händen hielt und in dessen Bauch das Touristbüro untergebracht war. Nur einen Steinwurf entfernt war der ICA Landhandel, ein Lebensmittelgeschäft.

Um uns Informationsmaterial zu besorgen, betraten wir zuerst den Troll. Hier sammelten wir Prospekte über Nordvärmland, den Klaräv und den Höljessee, der inzwischen aufgestaut ist und zur Energiegewinnung genutzt wird. Am Fuße des Stausees, direkt im Berg, befindet sich ein Wasserkraftwerk, das den Strom für die Einwohner liefert. Die nächste Führung im Wasserkraftwerk war mittags um zwei.

Um unseren Vorrat an Milch, Brot, Brötchen, Würstchen und frischem Obst wieder aufzufüllen, gingen wir zunächst in den Lebensmittelladen. Es war ein richtiger Krämerladen, wo der Kamm bei der Butter, die Angelschnüre neben dem überteuerten Blumenkohl und die Patronen für Jagdgewehre neben den Molkereierzeugnissen ausgelegt waren. Amüsiert schlenderten wir mit unserem Einkaufskorb durch den Laden.

Auf ebener Etage gab es die Grundnahrungsmittel. Im Kühlregal standen Milch, Joghurt, und Käse. Auch Wurst und Fleischwaren, haltbar verpackt, lagen gut sortiert im Kühlfach. Aber als wir den Laden auf der Suche nach frischem Obst und Brot weiter inspizierten, sahen wir neben dem sehr teuren Gemüse und Obst in einem Ständer unmittelbar daneben Angelruten und in einer Plastikschale geplisterte Köder, Angelhaken und künstliche Fliegen. Gleich um die Ecke war ein Regal mit Haushaltswaren aus Porzellan und Kunststoff, außerdem Plastikeimer.

Bei unserem Rundgang kamen wir endlich an den Backwaren vorbei. Hier deckten wir uns erst einmal mit Brot, Brötchen und, weil gerade frisch ausgepackt, auch mit Kuchen ein.

Eine knarrende Holztreppe führte uns in die Kelleretage des Ladens, die auch als Verkaufsraum genutzt wurde. Es war die reinste Fundgrube. Vom Campinggaskocher über Unterwäsche, bis zu Wat- und Gummistiefeln gab es auf wenigen Quadratmetern alles, was man hier mitten in der Wildnis brauchte. Selbst Baumarktartikel wie Nägel, Schrauben und Werkzeuge fehlten nicht. Das Ganze war wenig übersichtlich geordnet, im Prinzip lag alles chaotisch auf irgendwelchen Verkaufstischen herum und ich hatte den Eindruck, als ob hier schon lange keiner mehr aufgeräumt und die Waren sortiert hatte. Es wäre ein lehrreiches Anschauungsobjekt für deutsche Verkaufspsychologen und Marketingexperten gewesen, die immer noch gutgläubig an der These festhalten, wenn man in einem Geschäft das Sortiment ständig umräumt, müssen die Kunden mehr suchen und entdecken bei ihrem Streifzug durch den Laden noch Artikel, die sie sonst nicht gekauft hätten. Aber hier, mitten im Busch, waren die phantasiereichen Umsatzvermehrungsapostel anscheinend noch nicht angekommen.

Nachdem wir unseren Einkaufskorb mit den wenigen Artikeln, die wir brauchten, gefüllt hatten, gingen wir zur Kasse. Die Kassiererin war gerade damit beschäftigt, den neuangekommenen Käse in das Kühlregal zu legen. Also mussten wir warten. Scheinbar war das ein Ein-Mann-, pardon, ein Ein-Frau-Betrieb. Geduldig stellten sich noch zwei Schweden, die einen Kasten Sprudel und zwei Paar Anglerstiefel in den Händen hielten, hinter uns und warteten mindestens fünf Minuten, bevor sie ihr Geld loswurden.

Auf dem Parkplatz brutzelte ich dann die gerade erworbenen Fischstäbchen, die mit Kartoffelbrei aus der Tüte das Mittagessen waren. Nach dem Essen fuhren wir zum Höljessee und besichtigten das Kraftwerk, das in den Bauch des Berges gesprengt worden war. Der zwölf Kilometer lange See hat hier eine Fallhöhe von achtundachtzig Metern. Das Wasser, das die Turbinen antreibt, wird in einem fünf Kilometer langen unterirdischen Auslauftunnel dem Klarälv wieder zugeführt. Dadurch lässt sich auch das Wasser im Klarälv regulieren. In einem großen Becken werden sogar Lachse gehalten. Wieder ans Tageslicht gelangt, schauten wir uns noch die Stelle an, an der das Wasser aus dem Kraftwerk wieder in den Klarälv geleitet wurde.

Zum Kaffeetrinken suchten wir uns einen schönen Wildnisparkplatz am See, um den kleine einfache Sommerhäuser standen. Während ich den Kaffee kochte, suchten meine abenteuerlustigen Söhne nach etwaigen Spuren von Wildtieren und fanden zwischen Moosen und flechtenbewachsenen Steinen Bärenlosung. „Ich möchte gern mal einen lebenden Bären sehen", erklärte Sven mutig und suchte mit seinem Fernglas die urtümliche Umgebung ab.

Nach dem Kaffee machten wir noch einen ausgiebigen Spaziergang durch die wunderschöne Landschaft, sahen aber weder einen Elch, noch einen Wolf geschweige denn einen Bären.

Für die Nacht stellten wir uns auf den Campingplatz von Höljes, der keinerlei Probleme wegen unserer Campingkarte machte.

Am nächsten Morgen fuhren wir durch diese herrliche Landschaft wieder langsam flussabwärts. In Branäs entdeckten wir ein Wintersport-Touristencentrum mit Skiliften und kauften in einem kleinen Lebensmittelladen ein Paket frische Schnitzel für den Mittag.

Langsam, hier mal haltend, dort mal schauend, fuhren wir die Straße 62 entlang und fanden nach etlichen Kilometern südlich von Stället auf der rechten Seite einen wohnmobilfreundlichen Parkplatz wieder, der an der Straße als öffentliche Badestelle gekennzeichnet war. Hier hatten wir auf unseren früheren Skandinavientouren schon des Öfteren gehalten und auch übernachtet. Vorsichtig fuhren wir den holprigen und sandigen Waldweg zum Badestrand entlang, und stellten fest, dass auch schon andere Camper diesen geheimen, paradiesischen Platz für sich entdeckt hatten. Ruhig und bedächtich versuchten holländische Touristen ihr Mittagessen zu angeln. Andere wiederum glitten mit ihren Kanus durch das in der Sonne glitzernde Wasser. Nachdem wir uns einen schönen Stellplatz zwischen zwei Büschen ausgesucht hatten, sprangen meine Jungs auch schon aus dem Auto. Mit kurzen Hosen testeten sie barfuß das Flusswasser und bespritzten sich gegenseitig. Ich dagegen schälte Kartoffeln und Heinz klopfte auf einem großen Findling draußen die Schnitzel.

„Mama, Mama, guck mal schnell!" Sven kam aufgeregt angelaufen und zeigte zum Klarälv. „Ooh, schön." Ein aus Baumstämmen selbst gebautes Floß mit Igluzelt, Campingkocher, Getränkekiste und vier Personen, die nur spärlich bekleidet auf ihren Klappstühlen saßen, von denen zwei eine Angel in der Hand hielten, glitten nur durch die Strömung getrieben an uns vorbei. Wehmütig winkten wir ihnen zu. Ein freundliches „hallo, gute Reise" erwiderten die jungen Leute, offenbar aus Deutschland, auf dem Floß. Es erinnerte mich an die Abenteuer von Tom Sawyer und Huckleberry Finn auf dem Mississippi von Mark Twain, die ich mal in Kindertagen im Fernsehen gesehen hatte.

Oh Schreck! Beinahe hatte ich die Schnitzel vergessen, aber mein rettender Mann war schon zur Stelle und hatte sie in der Pfanne gewendet.

Wir bauten unseren roten Campingtisch mit den vier Sitzplätzen vor unserem Wohnmobil auf und genossen unter freiem Himmel mit Blick auf den langsam vorbeiströmenden Klarälv unser Mittagessen.

Gleich nach dem Essen liefen meine Ableger wieder zum Fluss. Auf einer Sandbank, die sie durch das kniehohe Wasser erreichten, bauten sie sich eine Sandburg. An ihnen vorbei zogen winkend noch mehrere Floßfahrer, die mittels langer Stangen die Richtung ihres Gefährts bestimmen konnten. Heinz und ich holten die hochlehnigen Campingstühle aus dem Hochdach und genossen die Stille, die gelegentlich von schreienden Möwen unterbrochen wurde, wenn ein Angler einen Fisch gefangen hatte und ihn gleich am Flussufer küchenfertig zubereitete.

„Können wir heute Nacht nicht hierbleiben?" rief uns Sven von der Sandbank herüber, die er mit einer Schaufel schon völlig umgestaltet hatte.

„Doch, wir bleiben bis morgen früh hier stehen, das erspart uns auch die völlig überflüssige Diskussion um die Campingkarte. Zu essen haben wir genug und den Wassertank haben wir vor der Abfahrt in Höljes auf dem Campingplatz bis oben hin gefüllt."

Den ganzen Nachmittag hielten wir uns an dem romantischen Flussufer auf, gingen ein wenig spazieren und entdeckten hier und da noch ein versteckt stehendes Wohnmobil oder Zelt, das den engen mitteleuropäischen Gefilden entflohen war. Als es gegen Abend kühler wurde, kamen meine Söhne ins Auto, zogen ihre robusten Trainingsanzüge und Gummistiefel an und verschwanden wieder.

Zu uns gesellte sich noch eine Familie aus Berlin, die mit ihren drei halbwüchsigen Knaben auf Abenteuerurlaub war. Sie begrüßten uns freundlich und holten gleich nach ihrer Ankunft die beiden Kanus vom Dach ihres großen Wohnmobils, zogen Schwimmwesten an und paddelten lautlos davon. Der Jüngste, ungefähr zehn Jahre alt, warf stolz eine Angel ins Wasser. Als sie nach gut einer Stunde zurückkamen, legten sie sechs mittelgroße Fische auf unseren Schnitzelstein, der sofort von schreienden Möwen umlagert wurde. Mit Zähnen und Klauen und lautem Händeklatschen verteidigten die zehn bis fünfzehn Jahre alten Brüder die Fische, während das Familienoberhaupt am Flussufer ein Lagerfeuer entfachte. Die inzwischen von dem ältesten Sohn und der Mutter zu küchenfertigen Filets verarbeiteten Fische wurden in Alufolie verpackt und auf ein Grillrost über die Glut gelegt.

Freundlich winkten sie uns zu sich herüber. Gemeinsam saßen wir dann um das Lagerfeuer und unterhielten uns über Reisen in Schweden. Der Nachwuchs fachsimpelte übers Angeln. In der Ferne, irgendwo versteckt im Wald, ertönten Gitarrenklänge. Unsere Grillkorv, die wir noch in unserem auf Gasbetrieb umgestellten Kühlschrank hatten, wurden von meinen Kindern auf schmale Reisigstöcke gespießt und in der Glut gegrillt. Mit Brot und Ketchup gab das ein schönes Abendessen.

Langsam zog ein Biber an uns vorbei. Ich wünschte, ich könnte die Zeit anhalten, so ruhig und friedlich war es hier. Wie ein Ballett tanzten Mückenschwärme surrend um uns herum und versuchten an ihre Nahrung zu kommen, in dem sie auf unseren dicken Jeanshosen landeten. Erschlug man eine Mücke, so ließen sich gleich zwei weitere an derselben Stelle nieder.

Irgendwann hatten wir genug von den aufdringlichen Vampiren und zogen uns ins sichere Wohnmobil zurück. Kaum waren wir im Bett, da hörte ich über meinem Kopf ein monotones Summen. „Hier ist noch eine Mücke drin", stellte ich genervt fest. „Eine? Mindestens ein Dutzend." Entschlossen griff sich Heinz die Mückenpatsche, rollte sich aus seinem Bett und tobte, mit der Mückenpatsche auf Schränke und Wände schlagend, durchs Wohnmobil.

„Brauchst du noch einen Nachtisch zum Abendbrot?" feixte er, als er mir schön dekorativ in einem Obstschälchen mindestens fünfzehn tote Mücken präsentierte und sich nach seiner Betätigung als Kammerjäger wieder zufrieden ins Bett legte. Gestochen haben uns dann nur noch die Knotts, die so winzig wie Gewitterfliegen waren und deshalb dem Angriff des Kammerjägers entgingen.

Am nächsten Vormittag verabschiedeten wir uns von den Berlinern und tingelten die Straße weiter flussabwärts Richtung Karlstad.

Weit kamen wir aber nicht. Weil wir hier mal anhielten und dort ein schönes Fleckchen entdeckt hatten, schafften wir nur wenige Kilometer und kamen dann auch noch bei Ransäter an einen schönen Campingplatz am Klarälv. Vorsichtig optimistisch ging ich mit meiner Campingkarte zur Rezeption.

„Wenn wir nur eine Nacht bleiben und gleich bezahlen, dürfen wir auf den Platz." Na, also, mehr wollten wir doch gar nicht.

Sven holte seine Angelutensilien aus dem Auto und versuchte, einen Fisch zu fangen, und Björn erforschte mit seinem Fahrrad die Umgebung. Bis zum Dunkelwerden standen wir am Flussufer und beobachteten zwei Biber, die mit belaubten Birkenästen im Maul durch das Wasser schwammen.

Am nächsten Vormittag erreichten wir wieder Karlstad und fuhren diesmal auf der anderen Seite des Vänersees über Kristinehamn, Gullspång und Mariestad zum Berg Kinnekulle, der sich dreihundert Meter aus der Ebene erhebt und eine reichaltige Flora und Fauna hat. Leider akzeptierte man auf dem Campingplatz in Hällekis unsere CCI-Karte nicht und so stellten wir uns zum Übernachten auf einen öffentlichen Parkplatz auf die Bergkuppe. Von hier aus hatten wir eine herrliche Aussicht über das Tal.

Meine Familie äußerte am nächsten Tag den Wunsch, weil wir sowieso schon in der Nähe waren, noch einmal nach Skara zu fahren, um bei „Jula" und im Stormarknad shoppen zu gehen. Als Erstes gingen wir im Stormarknad ins Restaurant und studierten die Speisekarte, denn die Jungs, und wir auch, hatten mal wieder Hunger auf Grillkorv mit Pommes. Gemütlich saßen wir beim Essen und schwärmten uns gegenseitig die schöne Klarälvreise vor. Als Sven dann später auch noch eine olivgrüne Angelhose und das dazu passende graugrün karierte Hemd gefunden hatte, strahlten seine Augen wie zwei Sterne.

Über Lidköping und Grästorp landeten wir wieder in Vargön. Die Knaben waren auf den Geschmack des Wildcampens gekommen und bettelten, noch eine Nacht auf dem Halleberg zu bleiben. Also fuhren wir den Halleberg hoch und bogen zum Parkplatz Ekebacken rechts ein. Kaum angekommen, schnallten sie die Fahrräder ab und verschwanden. Neben uns standen noch zwei weitere Wohnmobile, einer aus der Schweiz und ein Holländer. Sie waren wohl auf einer Wandertour, denn beide Fahrzeuge waren leer.

Gegen Abend kamen meine Radfahrer zurück und brachten einen Riesenhunger mit. Auf dem ganzen Parkplatz duftete es nach Restaurantküche, als wir Rührei mit Würstchen in der Pfanne hatten. Ich beschlagnahmte einen der beiden Picknicktische aus schon sehr verwittertem Holz, die neben dem Parkplatz standen, und stellte vier Campingteller und Plastikbecher darauf. „Guten Appetit", wünschte uns ein Herr, der gerade aus einem Pkw stieg. „Danke."

Nach dem Essen hatte keiner mehr Lust, einen Spaziergang zu machen. Außerdem würde der Elchsafaribus bald kommen. Das Schauspiel, wenn bieder gekleidete Touristen fragten: „Wo ist der Elch?" wollten sich meine Herren nicht entgehen lassen. Also zog ich mit Fernglas und Fotoapparat alleine los.

Auf dem Waldweg kam mir ein Mann mit Stativ und Fotoapparat entgegen. Er schüttelte den Kopf, was so viel heißen sollte, ich habe keinen Elch gesehen.

Hinter einer früheren Sennhütte, die nun den Jägern und Forstbediensteten als Unterschlupf diente, bog ich nach rechts in einen noch schmaleren Waldweg ein. Gedankenverloren schlenderte ich ganz langsam den Weg entlang, blieb ab und an mal stehen und schaute mich mit dem Fernglas um, um danach wieder einige Schritte weiterzugehen. Mutterseelenallein war ich hier mit meiner Welt. Oder doch nicht? Neben mir im dichten Gebüsch raschelte es plötzlich. Erschrocken drehte ich mich um und traute meinen Augen nicht. Aus dem Dickicht tauchte, genüsslich an Bäumen knabbernd, eine halbwüchsige Elchkuh auf.

Huschala! Damit habe ich ja gar nicht gerechnet.

In respektvollem Abstand blieb ich stehen. Nicht aber der Elch, der mit großen Schritten geradewegs auf mich zukam. Zugegeben, mir klopfte das Herz bis zum Hals, das hier war kein Zoo-Elch, sondern, wenn auch den Anblick von Menschen gewöhnt, ein Tier der freien Wildbahn. Was sollte ich tun? Ein sich bedroht fühlender Elch kann sogar einen erwachsenen Bären mit seinen kräftigen Hufen in die Flucht schlagen.

Vor dem Elch davonlaufen war sinnlos, der Elch war mit seinen achtzig Stundenkilometern wesentlich schneller als ich

Völlig allein, keine Menschenseele weit und breit und ohne den Schutz eines sicheren Autos stand ich nun einem Elch, der die Größe eines Pferdes hatte, in nur eineinhalb Metern gegenüber. Ich hätte ihn anfassen können. Er machte auch keinerlei Anstalten sich wieder von mir zu entfernen. Ich beobachtete die langen Lauscher des Elches, denn wenn er die Ohren anlegte, konnte es für mich gefährlich werden.

Aber noch standen die Ohren senkrecht.

Misstrauisch beäugte er mich.

Um ihm zu signalisieren, dass ich ihm nichts tue, trat ich zwei Schritte zurück und setzte mich auf einen nur etwa sechzig Zentimeter hohen Felsen, der am Wegesrand stand. Daneben lagen noch einige kleine und große Steine. Einen davon nahm ich vorsichtshalber in die Hand, um, falls nötig, damit zu werfen, wenn der Elch mich angreifen sollte.

Dieser hatte aber nur die frischen Birkenblätter im Sinn, die er geräuschvoll vor meinen Augen verputzte.

Um den Elch – und auch mich – zu beruhigen, redete ich belangloses Zeug. Schritt für Schritt stolzierte er majestätisch am Waldrand entlang und knabberte mal hier vom Busch und probierte mal dort einen Zweig.

Mindestens zwanzig Minuten, die mir wie Stunden vorkamen, verharrte ich leise und ehrfürchtig und mich kaum rührend auf dem Stein, bis der Elch gut fünfzehn Meter von mir entfernt war und sich kauend im Zeitlupentempo wieder in den Wald begab. Ich witterte meine Chance, ohne Blessuren an ihm vorbeizukommen.

Vor Schreck hatte ich sogar vergessen, meinen Fotoapparat zu benutzen. Schade, es wären bestimmt schöne Bilder geworden.

Verstohlen blickte ich auf die Uhr. Ach ja, der Elchbus kommt ja auch gleich. Vorsichtig erhob ich mich und ging – diesmal etwas zügiger – den Waldweg zum Parkplatz zurück.

Als ich zum Auto zurückkam, fand ich meinen Mann schnarchend im Heck, während mein Nachwuchs auf den Vordersitzen Radio hörte, dabei ständig in eine Erdnussflipstüte griff und knuspernd wie hungrige Eichhörnchen auf den Elchsafaribus wartete.

Als Erstes weckte ich meinen Gatten, dann erzählte ich aufgeregt meine abenteuerliche Begegnung mit dem Elch. Nur wenige Minuten später hörte ich das knatternde Geräusch des Oldtimersafaribusses. Er blieb wieder mitten auf dem Parkplatz stehen.

Wie erwartet, entstiegen ihm einige bieder gekleidete Safaritouristen. Andere wiederum zogen Safarilook, der sich eher für eine Großwildsafari in der afrikanischen Savanne eignen würde, vor. Suchend blickten sie sich um. „Na, wo sind denn nun die Elche?"

Die Reiseleiterin erzählte in verschiedenen Sprachen etwas über die Geschichte und Natur von Halle- und Hunneberg, während der Fahrer einen großen zusammenklappbaren Campingtisch aufbaute und Saftbecher und schwedische Kekse servierte.

Um der Gruppe einen Erfolg zu gönnen, ging ich zur Reiseleiterin, sprach sie auf Schwedisch an und erkärte ihr, wo sie einen Elch sehen konnten, denn der Elch, den ich zum Anfassen nah beobachten konnte, stand noch immer gemächlich kauend im Gebüsch.

Stolz führte ich den Tross von über zwanzig Touristen zu dem friedlich vor sich hin kauenden Elch. Als ich mich ihm bis auf zehn Meter Abstand näherte, hielt mich die Touristenführerin ängstlich zurück, und warnte lapidar, dass Elche gefährlich werden könnten. Das wusste ich selber. Aber dieser Elch kannte mich ja bereits. Nur gut, dass sie nicht gesehen hatte, wie der Elch vorhin in nur eineinhalb Metern vor mir stand.

Staunende Touristen, die vermutlich noch nie im Leben einen frei lebenden Elch so nah gesehen hatte, drängelten sich gegenseitig. Fotoapparate klickten und Videokameras surrten. Zwischendurch erzählte die Touristenführerin in verschiedenen Sprachen etwas über das Leben der Elche und über die alljährlich stattfindende königliche Elchjagd.

Unbemerkt zog ich mich zurück und machte einen Spaziergang zum Aussichtspunkt, von wo man einen herrlichen Blick über den Vänersee hatte und bis zur Halbinsel Vänersnäs sehen konnte.

Als ich wieder auf dem Weg zum Parkplatz war, kam mir fröhlich schwatzend der Touristentrupp entgegen, um auch die Naturstufen zum Aussichtspunkt hinabzusteigen. Als die Safarigruppe zum Parkplatz zurückkam, sahen sie noch einen weiteren Elch, der gegenüber, am Waldrand, an einem Salzleckstein, der auf einem abgesägten Baum befestigt war, leckte. Danach machten sich die Touristen über den Saft und die Kekse her, die in der Werbung des Touristbüros als Überraschung werbewirksam angepriesen worden waren. Als die Keksschale und die Saftbecher leer waren, klappte der Busfahrer die Campingtische wieder zusammen und warf die leeren Pappbecher in einen extra dafür mitgebrachten Müllbeutel. Die Touristen forderte er auf, wieder in den Bus zu steigen. Mit einer rauchschwarzen Abgasfahne verabschiedete sich der Safaribus.

Dafür gesellte sich ein postgelbes Wohnmobil aus Süddeutschland zu uns. Freundlich begrüßte uns die Familie mit einem Teenager.

Mit der süddeutschen Familie kamen wir schnell ins Gespräch. Auch sie hatten vor, hier zu übernachten. Wir enterten einen der beiden Picknicktische, die neben dem Parkplatz standen, und stellten sofort Mückenverscheuchwindlichter auf den Tisch. Dann plünderte jeder seinen Kühlschrank und mit deutschem Bier, Erdnussflips, Käsekräcker und belegten Broten saßen wir bis spät in die Nacht an dem Tisch und unterhielten uns amüsiert über das Thema Reisen in Skandinavien. Ich gab meine heute erlebte Elchgeschichte zum Besten und hatte aufmerksame Zuhörer. Erst als die surrenden Plagegeister allzu aufdringlich wurden, räumten wir den Tisch ab und wünschten uns gegenseitig eine gute Nacht.

Meine Jungs äußerten am nächsten Morgen den Wunsch, vor der Rückfahrt zum Ferienhaus noch einmal in den Wasserpalast zu gehen. Gut erfrischt kauften wir dann im Trestadcenter Grillfleisch, Holzfällersteaks und Würstchen, dazu Tomaten, eine große Salatgurke und Eisbergsalat. Das Brot hatte ich vergessen, also noch einmal zurück in die Backwarenabteilung. Ich nahm ein Toastbrot und ein Vollkornmischbrot aus dem Regal und legte sie vorsichtig auf die anderen Waren in den Einkaufswagen. „Wir brauchen noch Wiesenwhisky", Björn wetzte noch einmal schnell in die Meiereiabteilung, während sich Sven aus den drei verschiedenen Colasorten seine Marke aussuchte.

Als wir am Nachmittag in unserem Ferienhaus eintrafen, wurden wir schon erwartet. Auf der Wiese räkelte sich Nachbars Kater Sievert in der Sonne.

„Der ist schon seit drei Tagen hier, wir werden ihn gar nicht wieder los", berichtete Peter humorvoll und holte den Holzkohlegrill aus dem

Schuppen. „Bei so vielen Personen reicht der Tischgrill nicht."

Ich hängte zuerst die Badesachen zum Trocknen auf den Wäscheständer und stellte ihn in die Sonne. Dann wurden wir alle aktiv. Der Verandatisch wurde auf die Wiese gestellt und daneben klappten wir den roten Campingtisch aus dem Auto auf. Mit Wachstuchtischdecken – noch Erbstücke von der Oma – verschönerte ich die Tische, pflückte bunte Sommerblumen, die am Feldrand wuchsen, und stellte sie in zwei verschiedene Blumenvasen dekorativ auf die Tischdecken.

Grillen ist Männersache, auch bei uns. Wir Frauen durften dann aber die Tische decken und uns um die Salate kümmern. Geschirr war zum Glück genug vorhanden. Aus dem Wald hinter uns hörten wir wieder das typische asthmatische Rehkonzert.

„Bei der Räucherei hier müssen die Rehe ja husten", meinte Björn scherzhaft, als wir uns erschrocken umsahen. Sven schleppte mehrere Ketchupflaschen mit verschiedenen Geschmacksrichtungen auf den Tisch.

Gut gelaunt saßen wir stundenlang draußen, unterhielten uns über unsere Reisen und verscheuchten mit unserer Räucherei sogar die Mücken. Auch Sievert, der gleich um unseren Tisch schlich, bekam sein Würstchen ab. Erst am späten Abend wurden die Plagegeister allzu aufdringlich und als auch unsere Antimückenwindlichter, die wir auf die Tische gestellt hatten, nichts mehr ausrichten konnten – Sven hatte bei einer hektischen Handbewegung auch noch die Ameisen ernährt, als er sein halb gefülltes Colaglas auf den Rasen kippte –, räumten wir auf, wuschen noch das Geschirr ab (das war Frauensache), und zogen uns ohne Sven, der wieder mit Christian in seiner Fischerhütte schlafen wollte, in unser Womo zurück.

Der nächste Morgen war von Abschiedstränen geprägt. Bewegt und mit feuchten Augen stiegen unsere Gäste ins Auto. Christian wollte sich nicht von Sven trennen und musste mehrmals aufgefordert werden, endlich zu kommen, weil sonst noch die Fähre ohne ihn fahren würde. Erst mit dem Versprechen irgendwann wiederzukommen stieg er ein und winkte noch lange, als sie abfuhren.

Es duftete nach frischem Heu, denn ein Bauer aus der Nachbarschaft war schon seit sechs Uhr morgens dabei, seine Wiesen zu mähen und auf den bereits gemähten Wiesen das Heu zu wenden.

Die erste Bootsfahrt

Wir wollten heute mit unserem Boot den See erkunden. Heinz tankte den Dreieinhalb-PS-Motor bis oben hin voll und montierte ihn auf den Fahrradträger am Heck unseres Womos. Die langen Paddel passten gut durch das geöffnete Heckfenster ins Auto. Ich war für das leibliche Wohl verantwortlich und füllte die blaue Kühlbox mit Colagetränken, Kakaotrunks in Tetrapack, Bananen, belegten Broten, Kuchen und für meinen Gatten zwei Flaschen kostbares deutsches Bier. „Vergiss den Flaschenöffner nicht", schallte es von irgendwoher. Dann füllte ich noch den fertigen Kaffee aus der Kaffeemaschine in die Thermoskanne, goss einen Schuss Dosenmilch dazu und stellte die Kanne neben die Kühlbox. Sven packte einen Angelstuhl und seine Angelausrüstung ein. Ich nahm einen großen Plastikbeutel und sammelte Sonnenmilch, Fernglas, Fotoapparat und Ersatzklamotten für uns ein. Für die nötige Sonnenbrille sorgte jeder selber. Mit Wildnishüten und Gummistiefel zogen wir los.

Die acht Kilometer bis zu unserer Bootsbucht waren schnell gefahren. Vorher hielten wir noch an einem gelben Haus an und kauften als Angelerlaubnis für den See die erforderliche „Fiskekort".

Unser Boot, das in einer Bucht bei einem bekannten Landwirt auf einer Kuhweide lag, auf der zottelige schottische Hochlandrinder weideten, musste noch umgedreht und etwas gesäubert werden.

Vorsichtig öffnete ich gummibestiefelt den Elektroweidezaun und Heinz bugsierte unser Wohnmobil auf die Rinderweide. Anschließend schloss ich schnell wieder das Gatter. Neugierig kamen die zottigen Rindviecher angelaufen, um uns kuhäugig anzuglotzen.

Mit unseren Elbkähnen, die wir zu Recht an den Füßen trugen, denn die Hinterlassenschaften der Tiere verteilten sich auf breiter Ebene, schlappten wir über die Kuhweide. Mit einem kräftigen Hauruck drehten wir das Boot um und trugen es ins Wasser. Von den Blicken der Hornviecher verfolgt, marschierte Heinz mit dem Motor über die Weide und befestigte ihn am Heck des Bootes. Wir sputeten uns, unsere Siebensachen ins Boot zu kriegen, denn die zotteligen Hornviecher waren uns nicht geheuer. Außerdem hatten wir keine Lust, uns mit den lebenden Rasenmähern anzulegen oder gar von ihnen aufspießen zu lassen. Diese zeigten sich aber von unseren Ängsten wenig beeindruckt und kamen mißtrauisch immer näher. Im Halbkreis standen sie um unser Auto herum und stierten uns an.

Beinahe hätte ich vergessen, die Campingtassen einzupacken, die ich dann noch aus dem Wohnmobilküchenschrank holen musste. Wir waren erleichtert, als wir es endlich geschafft hatten, heil und unversehrt ins schwankende Boot zu klettern. Björn gab dem Boot noch einen kräftigen Schubs und mit den Paddeln kämpften wir uns Meter für Meter aus dem Dickicht von Schilf und Seerosen.

Die Sonne spiegelte sich im Wasser, als Heinz den Motor anwarf.

Aus der Bucht kommend, bogen wir zuerst rechts (steuerbord) ab, um diese Seite des Sees zu erkunden. Über die vielen kleinen Ferienhäuser, die am Ufer des Sees mal mehr, mal weniger versteckt zu sehen waren, staunten wir doch ein wenig. Deren Bewohner, falls sie gerade anwesend waren und sich auf ihren Bade- und Bootsstegen meist textilfrei sonnten, hoben freundlich winkend die Arme.

Um die Stille des Sees zu genießen, stellten wir zwischendurch den Motor aus und wechselten uns beim Rudern ab.

Mit meinem Fernglas entdeckte ich am gegenüberliegenden, etwa zweihundert Meter entfernten Seeufer eine riesige Biberburg. Jetzt übernahm ich das Kommando und die Paddel und ruderte ganz langsam, um die scheuen Biber nicht zu verscheuchen, auf die Biberburg zu. Trotz aller Vorsicht und trotz des Schweigens, zu dem ich meine Familie aufgefordert hatte, kriegten wir keinen der normalerweise nachtaktiven Biber zu sehen.

Um uns die Biberburg einmal genauer anzusehen – der Eingang für die Biber liegt immer unter der Wasseroberfläche – legten wir an einer für uns günstigen Stelle mit dem Boot an. Von der Uferseite aus wirkte die Biberburg noch viel größer als von der Seeseite. Emsig sammelten meine Söhne einige von diesen typischen abgenagten Biberhölzern ein, aus denen Heinz später zu Hause dekorative Kerzenständer für Teelichter drechselte.

Mit unseren gesammelten Schätzen stiegen wir wieder ins Boot. Meine Ableger hatten Durst und stachen die Trinkhalme in ihre Kakaotrunks. Ich öffnete mir ein Flasche Passionsfruchtlimonade und Heinz köpfte seine Bierflasche.

Schweigend saßen wir nur einige Meter vom Ufer entfernt im Boot, tranken unsere Getränke und beobachteten die sich im Wasser spiegelnden Schäfchenwolken. Plötzlich knackste es hinter uns im Wald und wir hörten Tritte. Leise und vorsichtig kam ein Reh, das sich ungestört fühlte, aus dem Gebüsch und näherte sich dem Ufer.

Zum Anfassen nah stand es vor uns und trank einige Schlucke aus dem See. Danach knabberte es noch genüsslich von den frischen Zweigen, die am Seeufer standen, und stolzierte anschließend wieder zurück in den Wald. Vor Staunen blieb den Jungs der Mund offen stehen und wie festgenagelte Pantomimen blieben sie regungslos sitzen. Auch wir wagtennicht, uns zu rühren, dehalb konnten wir das Reh auch nicht mit der Videokamera festhalten, die in einer Kameratasche vor Spritzwasser geschützt unter dem Sitz stand.

Abwechselnd ruderten wir nun auf dieser Seeseite wieder zurück und kamen dabei an unserer Bucht vorbei, in der gerade mindestens zwanzig Kanadagänse mit ihrem Nachwuchs schwammen.

In einem Schilfgürtel schräg gegenüber forderte Sven uns auf zu ankern. Hechte halten sich mit Vorliebe in den Schilfgürteln auf, um hier gut getarnt auf Beutefang zu gehen. Er bammelte seine Blinker an den Haken und warf die Angel ins Wasser. Nur wenige Minuten später, als ob ein gieriger Hecht nur darauf gewartet hatte, sich den Bauch vollzuschlagen, zuppte es auch schon an der Leine. Sven rollte die Angelschnur auf und zog einen gut achtzig Zentimeter großen Hecht aus dem See. Er zappelte und spritzte so wild um sich, dass wir alle nass wurden und Sven Mühe hatte, ihn ins Boot zu bekommen.

Endlich hatte Sven es geschafft, den dicken Fisch an Bord zu hieven. Geschickt bekam der mit einem speziellen Holzteil einen Schlag auf den Hinterkof, dann verstauten wir ihn in eine spezielle Angelkühltasche.

Heinz warf den Bootsmotor wieder an, um die linke Seite des acht Kilometer langen Sees zu erkunden. Hier standen weniger Ferienhäuser am Ufer. Nach knapp eineinhalb Kilometern kamen wir an einer Felshalbinsel vorbei, die wir auch ansteuerten. Seemännisch perfekt sprang Sven an Land, um das Boot mit dem Seil an einem einsam stehenden Baum anzubinden. Freudig überrascht stellten wir fest, dass hier jemand eine Holzbank aufgestellt hatte. Ich holte die Kühlbox (nicht die mit dem Fisch) und die Kaffeekanne aus dem Boot und Sven bugsierte seine Angelausrüstung nebst Angelstuhl an Land.

Als ich den Kaffee in unsere Campingtassen goss, flog ein neugieriger Fischadler über unsere Köpfe hinweg. Empört stieß er einen lauten Schrei aus wegen der Eindringlinge in seinem Revier. Björn, Heinz und ich setzten uns auf die Bank und aßen Zimtschnecken. Sven machte sich nichts aus süßem Kuchen. Er schnappte sich sein Salamibrot, warf die Angel ins Wasser und setzte sich auf seinen grünen Angelstuhl.

Mindestens zwei Stunden verweilten wir an dieser schönen Stelle. Während Heinz, Björn und ich den Wald hinter uns erforschten, fing Sven zwei mittelgroße Barsche, die er mit dem Hecht gleich zerlegte und sie küchenfertig in Plastikdosen in seiner Kühltasche verstaute.

Unser nächstes Mittagessen war gesichert.

Als die Sonne hinter einer Wolke verschwand, packten wir unsere Sachen wieder ins Boot. Vorsichtig stiegen wir in die schwankende Nussschale, während Sven fachmännisch den Seemannsknoten löste und das Seil ins Boot warf. Er gab dem Boot noch einen kleinen Schubs und kletterte mit seinen Gummistiefeln hinterher. Mit den Rudern tasteten wir uns vorsichtig durch die im Wasser liegenden Felsen. Als wir alle Steine passiert hatten, warf Heinz den Motor wieder an.

Nach einem weiteren Kilometer tauchte vor uns eine schmale, schilfbewachsene Durchfahrt auf, die in eine große Bucht führte. Mit gedrosseltem Motor navigierten wir durch den Schilfgürtel. Auf der linken Seite ankerten zwei Boote. In dem einen versuchte eine Familie mit drei in Schwimmwesten verpackten Kindern im Alter von drei bis zehn Jahren, Fische für das abendliche Grillfeuer zu angeln. Wir grüßten sie freundlich, als wir ganz langsam, damit es keine größeren Wellenbewegungen gab und die Kinder ein unfreiwilliges Bad nahmen, an Ihnen vorbeifuhren.

In dem zweiten Boot, nur zwanzig Meter entfernt, saß ein Rentnerehepaar und genoss einfach nur den schönen Tag, während die Angel im Wasser lag. Auch sie grüßten uns freundlich. Als wir die schilfbewachsene Passage hinter uns ließen, staunten wir über die kleine bewaldete Felseninsel, die exakt, als ob sie dort jemand hingezogen hätte, mitten

Blick von der Felshalbinsel im See

in der Bucht lag. Mit unserem Boot umrundeten wir diese romantisch anmutende Insel. Am Ufer der idyllischen Bucht standen kleine einfache Sommerhäuser. Vor jedem Haus dümpelten an den hölzernen Anlegestegen ein oder auch manchmal zwei kleine Motorboote.

An einer seichten Stelle der Insel gingen wir an Land. Björn kletterte aus dem Boot, schnappte sich das Seil und band es geschickt an einem Baum fest. Danach verließen auch wir unser schwankendes Gefährt und zogen es näher an das Ufer.

Vom Forscherdrang getrieben, inspizierten wir die unbewohnte Insel, dabei entdeckte ich von Bibern angeknabberte Baumstämme und mehrere Kothaufen von großen Vögeln, vermutlich von den Kanadagänsen, die wir unterwegs gesehen hatten. Keine Menschenseele störte hier den Naturfrieden. Wir kamen uns vor wie Robinson. Ich holte erst einmal die Kühlbox und die Kaffeekanne aus dem Boot, dann setzten wir uns auf einen vom Biber gefällten Baum und genossen die ungestörte Natur. Dabei sammelten wir gleich ein paar abgenagte Biberäste ein.

Eine neugierige Möwe flog tief über unsere Köpfe hinweg. Heinz spendierte ihr ein Stück von seinem Kuchen, das sie gierig im Vorbeiflug vom Boden aufnahm.

Von irgendwoher hörten wir Motorengeräusche. Aha! Die Familie mit den Kindern kam vom Angeln zurück, umrundete die Insel und legte an einem Bootssteg vor einem kleinen Ferienhaus an. Aufgeregt schnatternd stiegen die Kinder aus dem Boot. Stolz hielt jedes einen Fisch in der Hand. Bald darauf leuchtete am Seeufer vor dem Haus ein romantisches Lagerfeuer.

Nach einer beschaulichen Stunde sammelten wir unsere Habseligkeiten wieder ein, stiegen ins Boot, durchquerten wieder den Schilfgürtel und schipperten diesmal am rechten Seeufer zurück. Dabei entdeckten wir eine kleine, versteckt liegende seichte Badestelle, an der schon zwei Boote standen, deren Besitzer ein textilfreies Bad in dem für skandinavische Verhältnisse warmen Wasser nahmen.

Um nicht als Störenfriede unangenehm aufzufallen, fuhren wir im gebührenden Abstand an der Badestelle vorbei. Wir wollten in den nächsten Tagen noch einmal wiederkommen, um die Badestelle, an der auch ein Grillplatz im Wald eingerichtet war, zu erforschen. Es musste auch eine Straße hierherführen. Im Vorbeifahren hatte ich ein kleines blaues Zweimannzelt im Wald stehen sehen. Daneben glitzerte ein Motorrad in der Sonne.

Als wir nach fünfeinhalb Stunden wieder in unserer Bucht anlegten, fing der Himmel an, sich bedrohlich zu beziehen. In der Ferne hörten wir ein leises Grummeln. Hurtig packten wir unsere Sachen ins Auto, diesmal unbehelligt von den Hornviechern, denn sie weideten gerade hinter dem Haus des Landwirtes. Sicherheitshalber, damit bei Regen kein Wasser ins Boot laufen konnte, drehten wir es gemeinsam um, nachdem wir es an Land geschleppt hatten.

Wir beeilten uns, nach Hause zu kommen, denn das Gewitter rückte immer näher und eine gespenstische Finsternis überzog am frühen Abend das Land.

Auf der nicht asphaltierten, gut vier Kilometer langen Waldstraße, die man wegen der Schlaglöcher nur langsam befahren konnte, stolzierte majestätisch ein kapitaler Elchbulle mit einer großen Kehlwamme von rechts nach links über die Straße. Sofort hielten wir an, aber so schnell, wie er gekommen war, so schnell war er auch wieder im Wald verschwunden. Noch nie war es uns geglückt, auch nur einmal so einen kapitalen Elchbullen zu filmen oder zu fotografieren. Die Elchkühe hatten hier weniger Berührungsängste, die bekam man leichter vor die Kamera.

Trotzdem schafften wir es gerade noch, trocken nach Hause zu kommen und wenigstens unsere wichtigsten Sachen nebst Kühltasche mit den Fischen auszupacken.

Während ich die Fische in ihren Plastikdosen im Kühlschrank verstaute, zuckten die ersten Blitze, die den dunklen Raum urplötzlich aufhellten. Ein ohrenbetäubendes dumpfes Krachen, das den Fußboden erbeben ließ, folgte kurz darauf. Unsere Küchenlampe fing verdächtig an zu flackern. Dann prasselten Hagelkörner auf uns nieder.

„Wer schießt denn da mit Kieselsteinen?" fragte Sven und schaute besorgt nach oben. „Das wird das Dach schon aushalten", beruhigte ich meinen Nachwuchs, obwohl mir auch nicht ganz geheuer war. Innerhalb weniger Minuten waren der Rasen und die Kieswege mit einer zentimeterhohen weißen Schicht aus Hagelkörnern bedeckt. „Nur gut, dass wir das Boot noch umgedreht haben", Heinz fühlte sich in seiner Meinung bestätigt.

Bizarre Wolken formierten sich am Himmel, hinter denen einige vorwitzige Sonnenstrahlen hervorlugten. Grollend zog das Gewitter unter Hinterlassung einiger abgekickter Lupinenblüten weiter. Meine Ableger machten sich einen Spaß daraus, mit der Kehrschaufel über den Rasen zu streichen, um die Hagelkörner einzusammeln.

Unser Handy klingelte. Walter war am Apparat und erkundigte sich nach dem Wetter. Er wollte in den nächsten Tagen mit meiner Mutter hochkommen, damit er noch einmal mit Sven angeln konnte, bevor wir wieder nach Hause fahren würden.

„Wir haben gerade den Weltuntergang überlebt", antwortete ich, aber in den nächsten Tagen erwarten wir ein beständiges Hoch, ihr könnt also ruhig kommen. Und bringt deutsches Brot und Svens Lieblingssalami mit. Also dann bis Mittwoch."

Es war Sonntag. Als ich spät am Abend im Dunkeln noch einmal eine obligatorische Runde über unser Grundstück drehte, hüpften mehrere dicke Erdkröten und ein Frosch über den Kiesweg, die ich erst einmal aufsammelte und zum Fotografieren auf einen Stein setzte.

Am Montagmorgen stand Heinz früh auf. Er wollte endlich den aus Deutschland mitgebrachten „Jordfelsbrytare" (das Ding heißt wirklich so), also den FI-Schalter, der seit geraumer Zeit in schwedischen Häusern Pflicht war, einbauen.

Mir schwirrten andere Gedanken im Kopf herum: Der Wasserstand in unserem Brunnen war nicht mehr sehr hoch. Ich fürchtete, das kostbare Nass könnte knapp werden und sah uns schon wieder aus Kanistern leben.

Immer noch im Halbschlaf, hörte ich meinen Gatten fluchen. Irgendetwas stimmte mit dem FI-Schalter nicht. Sobald er ihn angeschlossen hatte, sprangen sämtliche Sicherungen raus. Nach dem Frühstück radelte er zu Håkan rüber, um seelischen und auch eventuell technischen Beistand zu bekommen. Nach einer Stunde und zwei Flaschen Bier kamen beide angeradelt, fachsimpelten und begaben sich auf Fehlersuche.

Irgendwann stellte sich heraus, dass die Stromheizungen ständig unter einer leichten Spannung standen. Der darauf sensibel reagierende „Jordfelsbrytare" schaltete daraufhin sämtliche Sicherungen aus. Resigniert beschlossen darauf unsere Experten, die Stromheizungen, die an einem eigenen Stromkreis hingen, nicht an den FI-Schalter anzuschließen.

Nach einigen Stunden wurde die erfolgreiche Installation des „Jordfelsbrytare" mit einem Glas Kräuterlikör besiegelt.

Endlich konnte ich das Mittagessen, bestehend aus den Fischen vom Vortag, Kartoffeln und Gurken-Tomatensalat, zubereiten. Björn machte sich allerdings nichts aus dem grätenreichen Fisch und bruzzelte sich noch ein paar Köttbullar in der Pfanne.

Gegen Abend fuhren wir dann erst einmal auf dem Ringvägen durch den Hunneberg und wurden auf der Waldstraße schon von einigen Einheimischen, die auch immer auf Elchsuche waren, auf eine Elchkuh hingewiesen, die mit ihrem Kalb direkt neben der Straße auf einer Anhöhe lag, Das nur wenige Wochen alte Kalb hielt sich allerdings immer im Hintergrund, sodass wir es nur für einen kurzen Moment zu Gesicht bekamen. Wir schossen einige Bilder mit unserem Fotoapparat und fuhren die Waldpiste langsam weiter. Am Bergagården vorbei entdeckte ich einen Biber, der in dem kleinen Teich nebenan schwamm. Auch hier hielten wir an und beobachteten minutenlag den Biber. Ich stieg vorsichtig aus, um den Biber mit meiner Videokamera zu filmen, schlug aber wegen der angreifenden Blutsauger ständig um mich und rettete mich dann ins sichere Wohnmobil. Die verwackelten Stellen mussten wir dann in Deutschland mühselig herausschneiden.

Kurvenreich ging es wieder hinunter. Kurz hielten wir noch einmal an dem Wasserfall an, der sein bräunliches Wasser vom Hunneberg in einen Bach schickt, um ein paar Fotos zu schießen. Dann überquerten wir die alte Straße 44 und fuhren gegenüber zum Halleberg hoch.

Meine sportlichen Knaben hatten ihre Fahrräder mitgenommen und wollten die vier Kilometer auf den Plateauberg mit dem Fahrrad fahren. Gleich nachdem wir die Anhöhe erreicht hatten, hielten wir auf dem ersten Parkplatz an, die Räder wurden startklar gemacht und mit einem übermütigen Klingeln radelten die Jungs entschlossen davon. „Passt auf, dass euch kein Elch überfällt!" rief ich den beiden noch hinterher.

Der Parkplatz am Ekebacken war mit Wohnmobilen und Pkw gut gefüllt. Mit Mühe und fahrerischem Geschick zwängten wir uns in eine kleine, noch vorhandene Lücke. Sofort stand ein uns bekannter Schwede älteren Semesters neben unserer Autotür und berichtete wortreich und slangvoll, dass seit mehreren Stunden eine Elchkuh gut getarnt auf der kleinen Insel im Waldteich liege und alle hier Anwesenden darauf warteten, dass sie sich erheben würde.

Mit einem Klingelingeling kamen da meine Söhne angeradelt. Sie hatten Durst und stürzten sich auf die mitgebrachte Cola. Ich informierte sie über den auf der Insel liegenden Elch.

Etwa dreißig Touristen warteten gespannt auf den Augenblick, dass sich der Elch auf seiner Insel erheben und durchs Wasser stapfen würde. Einige von ihnen hatten Stative aufgestellt, auf denen Fotoapparate mit großen Objektiven angeschraubt waren. Andere liefen mit ihren Videokameras in den Händen abwartend über den Parkplatz.

Endlich! Nach langem, geduldigem Warten bewegte sich was auf der Insel. Die Elchkuh stand auf, schüttelte die Trägheit des Tages ab und schritt fast lautlos durch den Elchbadeteich, der schon vor hundert Jahren für das Wild angelegt worden war. Zwischendurch tauchte sie ihren Kopf ins Wasser und zupfte sich einige Sumpfpflanzen vom Grund.

Plötzlich erhob sich auch ein kleines rotbraunes Etwas, das bisher gut getarnt zwischen den Büschen auf dem hinteren Teil der Insel gelegen hatte und von niemand wahrgenommen worden war. Ein nur wenige Wochen altes Kalb stand mit seinen überlangen staksigen Beinchen auf, blickte sich neugierig um und folgte seiner Mutter in den Teich. Erschreckt stellte es aber fest, dass das Wasser immer tiefer wurde und schwamm zum großen Bedauern der Zaungäste, die inzwischen ihre Kameras vor den Augen hatten, zum entgegengesetzten Ufer in Richtung Wald. Sofort drehte sich auch die Elchkuh um, makste durch das Wasser, das ihr nur bis zum Bauch reichte, und verschwand mit ihrem Nachwuchs im dichten Unterholz des Waldes.

Enttäuscht packten die Touristen ihre Stative und Fotoapparate wieder ein. Sie hatten wohl damit gerechnet, dass die Elchkuh mit ihrem Nachwuchs nach dem Bad über den Parkplatz marschiert.

Schwungvoll wuchtete Björn die Fahrräder auf den Heckträger und schnallte sie fest. Den Rückweg wollten die beiden doch lieber mit dem Auto fahren.

Einen weiteren Elch sahen wir auf der Hallebergplateaustraße an diesem Abend nicht mehr.

Langsam wurde es dämmerig und zum Filmen und Fotografieren zu dunkel, deshalb traten wir den Heimweg an, und prompt stand ein gehörnter kapitaler Zehnender auf unserem Heimweg in einem noch unreifen Haferfeld und überprüfte vermutlich den Reifegrad des Getreides. Leider war es für Filmaufnahmen schon zu dunkel und so hielten wir nur an, um ihn einige Minuten zu beobachten. Im Spätsommer sieht man des öfteren Elche in den Kornfeldern stehen. Sie holen sich ihre Anteile von dem leckeren Getreide, bevor die Bauern es abmähen .

Den Dienstag nutzten wir noch einmal zum Schwimmbadbesuch. Anschließend fuhren wir ins Trestadcenter zum Einkaufen.

Mit einem lauten Hupen, das nach Hundegebell, Hahnengeschrei und nach dem Muhen der Kühe klang, trudelten am frühen Mittwochnachmittag Walter und meine Mutter ein.

Wir empfingen sie mit einem gedeckten Kaffeetisch, für den wir einige Tage zuvor eine neue Wachstuchtischdecke gekauft hatten. Ich fand das Motiv mit einem Angler, der in Wathose in einem See zwischen Enten stand, mümmelnden Hasen, die sich auf einer Insel versammelt hatten, und den neugierig blickenden Rehen, die von lustigen Mäusegesichtern beobachtet wurden, besonders niedlich.

Meine Mutter stellte allerdings zuerst die Kühltasche mit den mitgebrachten Lebensmitteln in die Küche, die wir auch sofort auspackten.

Derweil holte Walter seine Angelausrüstung aus seinem VW-Bus und verteilte sie gleichmäßig auf der Veranda. Die bis oben gefüllte, mit Luftlöchern versehene grüne Madenbox stellte er gleich zwischen Käse, Butter und Bratwürsten in den Kühlschrank.

Beim Kaffeetrinken packte er noch verschiedene Döschen und Flaschen aus und stellte sie neben die Kaffeetasse. „Was schleppst du denn da alles mit?" fragte ich neugierig. „Das ist Mückentötolin, als Spray, als Stift und als Lösung zum Einreiben, damit die schwedischen Mücken mich nicht verspeisen., wenn ich am Angelbach stehe."

„Meinste die schwedischen Mücken können das lesen, dass sie dich nicht beißen dürfen, da steht doch alles auf Deutsch drauf?"

Nach dem Kaffee richteten sie sich erst einmal gemütlich im Gästehaus ein und wollten anschließend duschen. Ich äußerte meine Bedenken wegen des Wasserbrunnens.

Heinz und ich diskutierten mal wieder darüber, wann wir einen Tiefbrunnen bohren lassen sollten, denn so ging das nicht weiter. Erstens reichte das Wasser in den warmen, trockenen Sommermonaten nicht aus und zweitens war die Qualität nicht die Beste. Im Herbst wollten wir uns bei den Einheimischen, die auf dem Gebiet ihre Erfahrungen hatten, mal erkundigen, wie das Wasserproblem zu lösen war. Vorerst aber mussten wir zusehen, wie wir klarkamem. Für Notfälle hatten wir noch Brauchwasser in der Regentonne und Trinkwasser konnte man sich in Kanistern vom Nachbarn oder von der Tankstelle holen.

Noch mal gutgegangen: Das Wasser reichte sowohl für meine Mutter als auch für ihren Lebensgefährten.

Am Abend wurde dann der Grill angeworfen, und leckere Duftschwaden von den mitgebrachten Bratwürsten und dem gut gewürztem Grillfleisch zogen über unser Grundstück. Dazu hatte meine Mutter mit

Kräuterbutter gefüllte Baguettes aus dem Backofen geholt und auf den Tisch gestellt, ich sorgte für eine große Schüssel mit buntem Salat.

Am nächsten Morgen, die Sonne schien vom azurblauen Himmel, fragte Walter, ob das Boot startklar sei, er würde gern mit Sven angeln fahren. Beide breiteten schon ihre Angelausrüstung auf dem Rasen aus, um Angelruten, Wobbler und Blinker zu sortieren.

„Hol schon mal die Madendose", forderte Walter seinen Moses auf. „Wo steht die denn?"

„Direkt neben dem Käse", sagte ich lakonisch, die beiden von der Veranda aus beobachtend.

Heinz, der sich das Treiben auch Pfeife rauchend von der Veranda ansah, machte den Vorschlag, dass wir gemeinsam mit dem Boot fahren. Wir wollten ja noch die Badestelle erforschen. Meine Mutter, die nur ungern in so eine schwankende Nussschale stieg, wollte im Haus bleiben. Björn erbot sich, ihr Gesellschaft zu leisten. So montierte Heinz den Bootsmotor auf den Heckträger unseres Autos und die beiden Petrijünger deponierten ihre Angelutensilien und die Kühltasche ins Womo. Wenig später zogen wir los.

Zum Glück standen die schottischen Hochlandrinder heute auf einer anderen Weide, sodass wir in kurzer Zeit das Boot startklar hatten.

Wieder mussten wir uns erst durch ein Gewirr von Schilf und Seerosen kämpfen. Dann warf unser Kapitän von dreieinhalb PS den Motor an. An einem Felsen, vor dem sich ein breiter Schilfgürtel erstreckte, wollten unsere Petrijünger abgesetzt werden. Heinz steuerte den Schilfgürtel an und mit ihren Angelstiefeln kletterten die beiden aus dem Boot, bunkerten Kühltasche mit Brot und Getränken auf dem Felsen und sammelten ihre Angelutensilien nebst Kescher, Angelstuhl mit Rucksack und Sonnenschirm aus dem Boot.

„Wann sollen wir euch wieder abholen?" fragte Heinz, als wir die beiden wie zwei Schiffbrüchige zurückließen. „Kommt man so in zwei Stunden mal vorbei", sagte Walter, der offenbar froh war, nicht ganz allein dableiben zu müssen.

Wir nahmen anschließend Kurs auf die Badestelle und hatten genügend Zeit, um sie in Ruhe zu erkunden. Zum Glück ankerte kein Boot im Schilf davor. Laut schnatternd beschwerte sich aber ein Entenpärchen über die Störung in seinem Revier, als ich gummibestiefelt ins Wasser stieg, um das Boot an einem Baum anzubinden.

Heinz köpfte eine Colaflasche und setzte sich auf eine vor der Grillstelle stehende Holzplanke. Ich piekste einen Strohhalm in meinen Kakaotrunk und schaute mich etwas um. Dabei entdeckte ich einen kleinen, nicht asphaltierten Weg, der offensichtlich von einer Straße herführte.

Wir beschlossen, im nächsten Jahr diesen geheimnisvollen Weg mit dem Auto oder auch zu Fuß zu erforschen.

Eine große blaue Libelle schwirrte um unsere Köpfe herum.

In der Hoffnung, dass für sie etwas abfällt, umkreiste eine Möwe neugierig den Grillplatz. Ich warf ihr ein Stück von dem Zimtkuchen hin, den ich gerade in der Hand hielt. Sofort tauchten zwei weitere Möwen auf, die mit lautem, durchdringendem Geschrei über uns kreisten und sich dann abwartend auf einen Baum setzten.

Als wir von weitem Motorengeräusch hörten und ein junges Pärchen im Boot sahen, das die Badestelle ansteuerte, stellten wir unsere Kühlbox wieder unter den Mittelsitz im Boot, ich löste das Seil vom Baum und langsam tuckerten wir wieder zurück.

Würdevoll erhob sich ein großer Fischadler von einem im Wasser liegenden Felsen und landete in einer abgestorbenen Birke. Auch am rechten Seeufer lagen tote, von Biberzähnen gefällte Birken. Um möglichst lautlos am Ufer vorbeizufahren, stellten wir den Motor aus und ich paddelte zu einem im Wasser liegenden belaubten Baum, der erst frisch von den Bibern gefällt war. Plötzlich hörten wir ein lautes Platsch. Gut getarnt saß im Geäst des Baumes ein Biber, der sofort, als wir uns näherten, ins Wasser glitt, mit seinem breiten, ledernen Schwanz warnend auf das Wasser schlug und in der Tiefe des Sees verschwand.

Bald darauf erreichten wir wieder unsere Petrijünger, die immer noch geduldig in ihren Wathosen im Schilfgürtel vor den Felsen standen. „Reicht es denn wenigstens für ein Mittagessen?" rief ich ihnen bei unserer Ankunft entgegen. Stolz präsentierte mir Sven einen gut siebzig Zentimeter großen Hecht, und Walter hielt zwei mittelgroße Barsche in der Hand.

„Wollt ihr wieder einsteigen oder noch hierbleiben?" Erbarmungslos brannte inzwischen die Mittagssonne vom wolkenfreien Himmel.

„Nein, wir packen ein und kommen mit, sonst kriegen wir noch einen Sonnenstich." Walter hatte schon eine rotgebrannte Nase.

„Du siehst aus wie Rudolph Rotnase", feixte ich, als sie wieder mit dem Angelzeug ins Boot stiegen.

„Diesmal kommt der Hecht aber auf den Grill", bestimmte er.

„Schon wieder Fisch", knurrte Björn, als sein Bruder ihm stolz den Hecht zeigte.

„Lass den Fischern ihren Fisch, wir legen uns die Hot-Dogs auf den Grill", beruhigte ich meinen Erstgeborenen. „Und wenn die nicht reichen, haben wir ja noch die Angelmadendose, die Walter gerade neben die Würstchen in den Kühlschrank gelegt hat. Mit einem Ei gebraten schmecken die bestimmt auch", unkte ich augenzwinkernd und stellte die Madendose in die Gemüseschale.

„Müssen wir morgen wirklich schon wieder nach Hause fahren?" fragte Björn traurig, als wir beim Essen waren, das aus gegrilltem Fisch, Bratwürsten, Hot-Dogs, getoastetem Weißbrot und Salat bestand. „Reichste mir mal die Schüssel mit der Tellerbotanik rüber?"

„Miau" machte es plötzlich hinter den großen Tannen auf unserem Grundstück. Kater Sievert kam zu Besuch und wollte sich sein Schälchen Kondensmilch abholen. „Na, du Schlitzohr", begrüßte ich ihn freundlich und tätschelte seinen Kopf, den er an meinem Bein rieb.

Geräuschvoll schleckerte er die Milch vom Tellerchen, das ich ihm auf die Veranda gestellt hatte, bedankte sich schnurrend bei jedem mit einer Kopfnuss und setzte sich auf die oberste Verandastufe, um sich ausgiebig zu putzen.

Wir packten nach dem Essen schon einige Sachen ins Auto und mussten dabei aufpassen, dass der überaus neugierige Kater nicht mit ins Womo sprang und sich irgendwo versteckte. Er hatte eine Vorliebe für fremde Autos. Vor einigen Jahren, so hatte uns Ulla Britta einmal erzählt, hatte er sich, als die Straße einen neuen Belag bekam, in einem Bau-Lkw versteckt und war wochenlang verschwunden. Erst als sie in der Zeitung eine Annonce las, dass auf einem Bauernhof kleine Katzen zu verschenken waren, und sie deshalb hinfuhr, entdeckte sie plötzlich Sievert auf dem Gehöft. Das war eine Begrüßungsfreude, sie nahm ihn sofort auf den Arm und ließ ihn erst wieder los, nachdem sie das Katzentier in ihr Auto getragen hatte, und anstelle einer kleinen Katze nahm sie dann ihren Sievert wieder mit nach Hause.

Am anderen Morgen wollten wir vor dem Aufstehen starten.

Durch ein raschelndes Geräusch aufmerksam geworden, pirschte sich Sievert langsam an das Gebüsch neben unserem Parkplatz heran. Plötzlich hörten wir ein Quieken und stolz tauchte der Kater nach der erfolgreichen Jagd mit einer dicken Schermaus im Maul wieder aus dem Gebüsch auf. Nachdem er noch einige Minuten mit der zappelnden Maus gespielt hatte, legte er die inzwischen tote Maus auf den Rasen und verspeiste sie laut schmatzend. Nach zehn Minuten war von der Maus nichts mehr zu sehen, und Sievert putzte und leckte sich noch eine halbe Stunde sein Gesicht und die Pfötchen. Anschließend rollte er sich auf der Wiese in der Sonne ein und hielt seinen Verdauungsschlaf.

Wir dagegen beschäftigten uns mit Räumen, Sortieren und Packen. Wie schnell doch hier vier Wochen vergingen. Am nächsten Morgen um fünf waren wir startklar.

Ich drehte noch einmal in der Morgensonne meine obligatorische Runde über unser Grundstück, durchstöberte ein letztes Mal den Wald und marschierte dann noch einmal die Waldstraße entlang. Gegenüber, über dem Fluss, hingen Nebelschwaden und am Waldrand stand die Ricke mit ihren beiden Kitzen, die ich in den vergangenen Wochen oft genug beobachtet hatte.

Laut rufend flog ein Kranichpärchen über meinen Kopf hinweg und landete links neben mir auf der Wiese, nicht weit von einem Fuchs entfernt, der mit der Nase nach unten durch das abgemähte Gras lief, um sich sein Mäusefrühstück zu fangen. Mir tat es in der Seele weh, dieses Paradies hier wieder zu verlassen. Nur der Gedanke, in einigen Wochen wiederkommen zu können, tröstete mich ein wenig.

Meine Mutter und Walter winkten zum Abschied, als wir starteten. Sie wollten noch einige Tage bleiben und dann mit ihrem Campingbus durch Südschweden tingeln.

Hoffentlich reichte das Wasser.

„Schaut mal da!" rief ich meinen Söhnen im Auto zu. Am Waldrand auf unserer sechzehn Kilometer langen Waldstraße stand eine Elchkuh, als wolle sie zum Abschied winken.

Ein neuer Trinkwasserbrunnen wird gebohrt

Die Herbstferien rückten näher. Leider hatten wir aus beruflichen Gründen nur eine Woche Urlaub.

Ein herbstlicher Höhepunkt für uns war das jährlich im Oktober stattfindende SAT-Treffen in Wietzendorf. SAT steht für Selbstausbauertreffen für Wohnmobilisten. Da wir auch so ein Vehikel Marke Eigenbau hatten und sich von Jahr zu Jahr mehr Interessenten fanden, wollten wir uns das Treffen nicht entgehen lassen.

Gleich nach dem Mittagessen fuhren wir los. Am späten Nachmittag waren wir in der Lüneburger Heide und bekamen beim Einchecken die Nummer vierhunderteinundzwanzig. Unsere Campingfreunde aus Stade warteten schon an der Einfahrt auf uns, denn sie hatten einen Platz für uns freigehalten.

Verlockender Duft von Bratwust und Erbsensuppe zog durch die schon raue herbstliche Luft. Meine Ableger schnallten ihre Fahrräder vom Heckträger und inspizierten radelnd den Platz. Eine Fahrradcrossbahn zog die Aufmerksamkeit aller Kids an.

Wir klappten unsere Campingstühle und Tische auf und setzten uns mit unseren Bekannten vor die geöffneten Fahrzeuge, nachdem wir die schon anwesenden Womos in unserer Nähe begutachtet hatten.

Am Abend spielte eine Musikgruppe Lieder von den Dubliners. Ein flackerndes Lagerfeuer sorgte für romantische Stimmung, während immer noch Fahrzeuge aus ganz Deutschland und einigen europäischen Nachbarländern eintrafen und laut hupend auf sich aufmerksam machten. Vom allradbetriebenen Wüstenfahrzeug über wunderschöne selbstgebaute Wohnmobile mit Airbrushlackierung bis hin zum ausgebauten Reisebus, aus dem fünf Kinder, die Schwiegermutter und drei temperamentvolle Huskys entstiegen, war alles zu bestaunen. Der Letzte, der am späten Samstagmittag eintraf, bekam die Nummer sechshundertzehn.

Am Sonntagmittag fuhren wir dann von Wietzendorf bei Soltau auf die A7, setzten Montagmorgen mit der Fähre nach Göteborg über und waren Montagnachmitag in unserem Haus.

Buntes Laub und eine fünf Zentimeter hohe Schicht mit Eicheln empfing uns auf unserem Grundstück. Ein Eichelhäher, den Schnabel voller kostbarer Eicheln, beschwerte sich lautstark über uns Eindringlinge. In den Baumwipfeln sah ich zwei Eichhörnchen von Ast zu Ast hüpfen.

Nachdem wir das Haus aufgeschlossen hatten, schlug uns der vertraute wohlige Geruch nach Holzhaus entgegen. Zuerst durchschritten wir sämtliche Räume, um mögliche Mäuseschäden aufzuspüren. Nein, diesmal hatten wir es geschafft, das Haus war mäusesicher. Zufrieden packten wir unsere Sachen aus dem Auto.

Ahnungslos öffnete Heinz den Schuppen, um einige Gegenstände zu verstauen, und stieß einen Entsetzensschrei aus. Verzweifelt rief er mich, ich sollte alles stehen und liegen lassen und sofort in den Schuppen kommen. Als ich ihn betrat, wusste ich nicht, ob ich lachen oder weinen sollte. Die beiden Gartenliegen waren völlig zerfetzt. Überall hingen Schaumstofffetzen herum. Der ganze Fußboden war übersät mit Stoffteilchen und angeknabberten Plastikschnüren. Es sah aus, als hätte Frau Holle anstatt Federn Schaumstoffteile ausgeschüttelt. Auch der Sack mit zwanzig Kilo Blumenerde, den wir im Sommer in einem Baumarkt gekauft hatten, war nicht verschont geblieben. Dekorativ verteilte sich die dunkle Blumenerde aus dem angeknabberten Sack zwischen den bunten Schaumstoffteilchen. Ich starrte fassungslos in den Raum und bekam einen Lachanfall.

Meine Söhne, die sich wunderten, dass wir nicht wieder aus dem Schuppen auftauchten, standen inzwischen neben uns und starrten ungläubig in den Raum. Da hatten uns doch die Mäuse wieder ein Schnippchen geschlagen. Na, wartet! Schmunzelnd erinnerten wir uns an den Film „Mäusejagd".

Während ich mit Besen, Handfeger und Kehrschaufel das Chaos beseitigte, suchte Heinz in kriminologischer Kleinarbeit verzweifelt die Stelle, wo die Mäuse Einlass gefunden hatten. Die Liegen, oder das, was davon übriggeblieben war, stellte ich erst einmal nach draußen.

Aufatmend warf ich die letzten Reste in den Müllbeutel und klebte den Blumensack mit breitem Klebeband wieder zu. So hatte ich mir meinen Empfang nicht vorgestellt.

Sicherheitshalber suchten wir den ganzen Raum noch mal nach eventuellen Mäusen ab, fanden aber weder Mäuse noch Mäusenester.

Mein Blick streifte die Wände entlang und blieb oben haften. Das durfte doch nicht wahr sein! Zwischen der Holzwand und dem gewellten Blechdach klafften viele kleine, mehrere Zentimeter breite Lücken, die für die geschickten Nager kein Problem darstellten. Ich hörte die Mäuse förmlich Hurra schreien angesichts der Schaumstofffliegen, denn daraus konnte man schöne Nester bauen und die Wohnung auspolstern. Ich zeigte meinem Gatten diese Lücken. „Meinste, die sind hier durchgekommen?" Er sah mich fragend an. „Na, freilich, hundertprozentig. Gut, heute stellen wir Mausefallen auf und morgen kaufen wir eine Kartusche Bauschaum, damit werden wir dem Spuk ein Ende bereiten."

Vor dem Schlafengehen stellten wir die beiden Mausefallen auf, die wir kurz nach dem Hauskauf erworben hatten.

Weil wir noch Lebensmittel brauchten, fuhren wir am nächsten Morgen ins Trestadcenter und kauften nebenan im Baumarkt noch eine Kartusche Bauschaum.

Auf dem Rückweg statteten wir unserem Nachbarn Per-Anders, der gut zwei Kilometer von uns entfernt wohnt, einen Besuch ab. In der einen Woche Aufenthalt wollten wir endlich die Bohrung eines Tiefbrunnens anleiern.

Per-Anders, der sich immer freute, wenn er uns irgendwie helfen konnte, klemmte sich auch gleich ans Telefon, um nach einer geeigneten Brunnenbaufirma zu fahnden. Schon bei der zweiten Firma hatte er Erfolg. Mittwochs wollten sie mit schwerem Gerät anrücken.

Seit dem Kauf des Hauses störte uns ein Baumstumpf neben unserem Parkplatz kurz hinter der Toreinfahrt. Unzählige Male waren wir schon bei Regenwetter auf einer der aus dem Boden ragenden Wurzeln ausgerutscht. Mit dem Fahrrad fuhr Heinz zu Rolf hinüber, der uns auch den Bootsplatz bei seinem Bruder besorgt hatte und als Landwirt über verschiedene schwere Landmaschinen wie Bagger und Trecker verfügte, und bat um Hilfe. Rolf kam am nächsten Tag mit einem Schaufelbagger und nach nur drei Minuten war der störrische Baumstumpf in seiner Baggerschaufel. Wir bedankten uns dafür herzlich mit einer Flasche Kräuterlikör, die er schnell in seiner Jackentasche verschwinden ließ.

Dann machten wir uns an die undankbare Aufgabe, die undichten Mäuseschlupflöcher im Schuppen mit dem Bauschaum abzudichten.

Beim Betreten des Schuppens sah ich in beiden Mausefallen vorwitzige Opfer, denen die Neugierde zum Verhängnis geworden ist. Ich spendierte die Mäuse den Füchsen und Björn spannte die Mausefallen erneut.

Wir saßen am Mittwoch noch am Frühstückstisch, als ein schwarzer Van in unsere Toreinfahrt rollte. Ein Fünfzehntonner mit schwerem Gerät blieb erst einmal vor unserer Grundstückseinfahrt stehen. Aus dem Van stieg ein Herr mittleren Alters, der sich als Hans vorstellte. Sein Sohn stellte den Motor des Lkw ab und begrüßte uns ebenfalls. Den angebotenen Kaffee nahmen sie dankbar an.

Im Wohnzimmer kamen wir dann zum Geschäftlichen. Es gab zwei Möglichkeiten. Alternative eins: Wir bezahlten einen Festbetrag von siebenundzwanzigtausend Kronen, egal wie tief er bohren musste, um eine optimale Wasserversorgung herzustellen. Alternative zwei: Jeder Meter, den er bohren musste, kostete fünfhundert Kronen. Nahmen wir die erste Möglichkeit und er musste tief bohren, hätten wir ein Geschäft gemacht. Fand er nach nur wenigen Metern Wasser, war es ein Geschäft für ihn. Durch nachbarschaftliche Kontakte wussten wir aber bereits, dass die Brunnentiefe in dieser Gegend überall zwischen achtzig und einhundertzwanzig Metern lag. Wir gingen auf das erste Angebot ein.

Auf der Suche nach einer Wasserader durchschritten nun die beiden Experten mit einer Wünschelrute unser Grundstück. Vor einem verwilderten Blumenbeet, links neben dem Haus und nur drei Meter vor dem alten Brunnen, blieben sie stehen. „Här borer vi", bestimmten sie. Skeptisch sahen wir die Wünschelrutengänger an, die wiederum die Wünschelrute meinem Gatten in die Hand drückten und meinten, wir sollten uns selbst überzeugen. Dieser marschierte mit langsamen Schritten in Richtung des zukünftigen Bohrloches und genau an dieser Stelle bewegte sich die Wünschelrute minimal nach unten.

Hans fuhr den Van auf die Straße und kam, nachdem auch wir unser Auto an den Straßenrand gestellt hatten, mit dem Lkw wieder, der nur mit millimetergenauer Rangierarbeit durch unsere Toreinfahrt passte. Nachdem er die Auffahrrampen heruntergefahren hatte, bugsierte er ein raupenfahrzeugähnliches Ungetüm mit hydraulischem Bohrgerät über den Kiesweg.

An seinem Platz angekommen, wurde das Bohrgestänge justiert, und der Sohn verteilte erst einmal Ohrenstöpsel, die wir tunlichst auch benutzen sollten. Dann begaben sich die beiden Wasserbohrexperten ans Bohrgerät und mit einem extrem laut drönenden Lärm bohrten sie die ersten drei Meter durch den lehmhaltigen Boden. Dann folgte ein kurzer Stop, damit ein drei Meter langes Kunststoffrohr ins Bohrloch geschlagen werden konnte. Danach kam nur noch Felsen.

Als sie das Bohrgerät erneut starteten und der dröhnende Lärm durch den felsigen Untergrund noch unerträglicher wurde, ergriff ich die Flucht. Über bemooste Steine und Baumwurzeln kletterte ich durch den urwüchsigen Wald. Über mir in den Tannenwipfeln keckerte ein Eichhörnchen, das zuvor noch Eicheln bei uns auf der Wiese vergraben hatte. „Na, bist du auch geflüchtet?" Ein Glucksen verriet mir die Empörung über den Lärm.

Auf einer Anhöhe setzte ich mich auf einen durch die Sonne aufgewärmten, mit Moos gepolsterten Stein. Ein großer brauner Waldhase hoppelte an mir vorbei. Irgendwo im Unterholz raschelte es und wenig später schaute ich in das grimmige Gesicht eines Dachses. Verdutzt blieb er stehen, hielt einige Sekunden inne und schnüffelte auf der Suche nach Fressbarem weiter den Waldboden ab.

Trotz der Entfernung waren die Bohrgeräusche störend laut. Elchlausfliegen, die Plagegeister des Herbstes, umschwirrten mich. Endlich, um sechzehn Uhr, verstummte der Lärm. Ich verließ meinen Zufluchtsort im Wald und kehrte zu unserem Grundstück zurück. Dabei bekam ich noch mit, wie die beiden Brunnenbohrer sich mit Heinz unterhielten. Dreißig Meter hatten sie gebohrt, am nächsten Vormittag wollten sie wiederkommen.

Plötzlich tauchte das Eichhörnchen wieder auf, keckerte frech und sammelte weiter Eicheln, die es überall im Waldboden verscharrte. Neugierig kreisten zwei Eichelhäher über unserem Grundstück und setzten sich abwartend in eine buntbelaubte Eiche.

Unter unseren Schuhen haftete das zähe Steinmehl, das durch das Bohren im Granitfelsen zu Tage befördert worden war und auf dem Kiesweg lag, zum Teil hatten es die Brunnenbohrer auch mit einer Schaufel auf verschiedene Häufchen an den Waldrand getragen.

Am nächsten Morgen, als die Brunnenbohrer ihre Arbeit wieder aufnahmen, kam auch Per-Anders, der die Bauaufsicht führen wollte, wenn wir wieder abgereist waren. Mit dem Bohren des Brunnens sollten auch neue Wasserleitungen und Stromanschlüsse wegen der Frostgefahr tief in den Boden neu verlegt werden. Als das Bohrgerät dröhnend wieder seine Arbeit aufnahm, flüchtete ich wieder in den Wald. Die technisch interessierten Männer harrten bei dem Lärm standhaft aus.

Am Freitagmorgen, der Bohrer hatte sich inzwischen durch sechzig Meter Granit gefressen, fuhren wir nach Deutschland zurück. Wir sollten uns in einer Woche telefonisch bei Hans melden.

Bei sechsundachtzig Metern habe man genug Wasser gefunden, nachdem der Bohrkanal mehrmals gründlich durchgespült worden sei. Das Wasser würde für mehrere Häuser reichen. Die einen halben Meter lange Pumpe sitze in fünfzig Metern Tiefe, wurde uns telefonisch mitgeteilt, als wir nach einer Woche anriefen. Wenn wir im Winter kämen, würde er uns noch einmal alles genauestens erklären.

Eigentlich wollten wir drei Tage vor Weihnachten morgens um sieben Uhr starten. Aber als Heinz, weil er nicht mehr schlafen konnte, um fünf Uhr die Nachrichten hörte, wurde auch ich wach. Die nachfolgende Unwettermeldung, die vor Eisregen im Großraum Kassel-Göttingen, nordwärts ziehend, warnte, beunruhigte uns so sehr, dass wir hellwach aus den Betten sprangen. Ich dachte sofort an die letzte Weihnachtsfahrt, die mehr einem Himmelfahrtskommando glich als einer Urlaubsreise, und weckte meine Söhne, die schlaftrunken „was is'n los?" fragten. „Eisregen in Göttingen, wir müssen sofort losfahren."

Während die Knaben aus ihren Betten krochen, räumten wir die Lebensmittel, die wir zum Mitnehmen eingeplant hatten, aus dem Kühlschrank und verstauten wieder unser tiefgefrorenes Weihnachtsessen in eine mit Kühlakkus bestückte Kühltasche.

Kurz vor sechs Uhr starteten wir mit unserem voll gepackten Wohnmobil ohne Frühstück – das wollten wir bei der nächsten Pause nachholen – und hatten uns dabei selbst übertroffen, denn so schnell waren wir noch nie reisefertig. In den Sechs-Uhr-Nachrichten hatte man schon vor Eisregen in ganz Südniedersachsen gewarnt. Über die Landstraße fuhren wir in Richtung Celle-Bergen. Als wir durch Bergen fuhren, hatte der Eisregen bereits den Großraum Salzgitter, Braunschweig und Wolfenbüttel erreicht. Wir hatten genau eine Stunde Vorsprung und hörten die halbstündigen Warnmeldungen im Autoradio. Wie von einem unbekannten Phantom gejagt, fuhren wir ohne Pause weiter. Als wir in Hamburg waren, hatte das Unwetter Celle erreicht.

Unsere schon ausgedachte Entschuldigung über das Fehlen meiner Jungs am letzten Schultag konnten wir uns sparen, denn unter den ellenlangen witterungsbedingten Schulausfällen, die im Radio durchgegeben wurden, waren auch die Schulen meiner Söhne. In Flensburg tankten wir und ich rief, weil ich noch eine Telefonkarte hatte, von einer öffentlichen Telefonzelle meine Mutter an. Die erzählte, zu Hause sei der Teufel los, die Straßen seien Eisbahnen und das öffentliche Leben sei völlig lahmgelegt. Inzwischen sei auch Hamburg betroffen. Erst als wir weit hinter der dänischen Grenze waren und keinen Radioempfang mehr hatten – das Letzte, was wir hörten, war eine Unwetterwarnung für Flensburg – machten wir eine kürzere Pause. Diesmal waren wir schneller als das Unwetter und ohne weitere Probleme erreichten wir den Fährbahnhof von Frederikshavn.

Als wir auf unserem Grundstück eintrafen, waren wir erst einmal enttäuscht, denn kein Krümel Schnee lag auf dem gefrorenen Boden. Dafür empfing uns das Haus mit angenehmen zwölf Grad plus. Ulla-Britta hatte die Stromheizungen am Tag zuvor eingeschaltet.

Zuerst begutachteten wir die Wasseranlage und nur wenige Sekunden, nachdem wir alle Sicherungen reingedreht hatten, floss aus den geöffneten Wasserhähnen kristallklares Wasser.

Der Winter schien dieses Jahr in weiter Ferne zu sein. In der Nacht stürmte und regnete es.

Für den nächsten Tag hatte sich der Brunnenbohrer angemeldet, um uns die Technik der Wasseranlage zu erklären und um die Rechnung zu bringen.

Noch zwei Tage waren es noch bis Heiligabend. Nachdem wir unsere Lebensmitteleinkäufe erledigt hatten, stöberten wir noch in den angrenzenden Baumarkt herum und entdeckten einen preiswerten, gut isolierten 50-Liter-Warmwasserbereiter, der den alten, schlecht isolierten

30-Liter-Warmwasserbereiter ersetzen sollte. Gut gelaunt gingen wir anschließend mit unserem Riesenpaket im Einkaufswagen im Restaurant essen. Als wir wieder nach Hause fuhren, hatte es aufgehört zu regnen und die Sonne blinzelte durch den wolkenverhangenen Himmel.

Entschlossen öffnete Heinz auch gleich den Wasserkeller, indem er die schützende Holzwand zur Seite schob, und wollte den alten Warmwasserbereiter abmontieren.

Während ich meine Einkäufe in der Küche verstaute und die Jungs unterwegs waren, um einen passenden Weihnachtsbaum zu schlagen, war mein Gatte im Wasserkeller abgetaucht und machte nur durch handwerkliche Geräusche auf sich aufmerksam. Plötzlich hörte ich lautes Wasserplätschern, das mich an herunterstürzende Wasserfälle erinnert und den fluchenden Aufschrei meines Mannes.

Himmel, was war denn nun los?

Mit dem Paket Milch in der Hand, das ich gerade in den Kühlschrank stellen wollte, rannte ich sofort auf die Veranda und sah meinen Gatten pitschnass tropfend draußen vor der Wasseranlage stehen.

„Dreh' schnell die Sicherung von der Wasserpumpe raus", befahl er mir. Ich flitzte in den Flur, stellte die Milch in den Kühlschrank, holte mir einen Küchenstuhl und drehte die Sicherung mit der Aufschrift „Vattenpump" heraus.

„Wie ist denn das passiert?" wollte ich von ihm wisssen, als ich wieder auf der Veranda stand.

„Beim Abschrauben des alten Warmwasserbereiters kam mir ein riesiger Schwall eiskaltes Wasser aus dem alten Verbindungsschlauch, der sich vom Überdruckventil gelöst hatte, entgegen."

„Bevor du weiterbastelst, ziehst du dich aber erst einmal um, ich hole dir sofort trockene Sachen aus dem Auto."

Wieder in trockenen Tüchern montierte er den neuen Warmwasserbereiter. Um ein unkontrolliertes Vermehren von Legionellen zu verhindern, die im Naturwasser durchaus vorkommen und sich gerade in Warmwasserbereitern gefährlich vermehren können und dabei die gefürchtete Legionärskrankheit auslösen, stellte er das Thermostat auf siebzig Grad, da bei diesen hohen Temperaturen die Erreger absterben. Wie oft ich mir aber später bei der Temperatur die Finger verbrüht habe,

habe ich nicht gezählt.

Inzwischen waren meine Söhne wieder zurück, Sven hatte eine Fuchsschwanzsäge in der Hand und Björn stellte eine schöne kleine Fichte auf die Veranda..

Nach einer sternenklaren Nacht, in der Morgensonne glitzerte silbrig der Rauhreif auf dem Rasen, hängte ich erst einmal die mitgebrachten Meisenknödel und Nussstangen an die Wäscheleine, die hinter unserem Haus zwischen zwei Bäumen aufgespannt war, und beobachtete nur wenig später, wie ein Eichhörnchen zirkusreif wie ein Hochseilartist auf der Wäscheleine balancierte, um an den großen Meisenknödel zu gelangen. Mit Sonnenblumenkernen und geschälten Haselnusskernen bestückte ich auch wieder unser Futterhaus, in der Hoffnung, dass sich dafür ein Liebhaber finden würde.

Nach dem Mittagessen fing der Himmel an, sich bedrohlich zu verfinstern und wenig später tanzten einige Schneeflocken durch die Luft. Am Abend, wir spielten in gemütlicher Runde bei Kerzenschein Canasta, überzog dichtes Schneetreiben das Land. „Ich glaube, wir kriegen doch noch weiße Weihnachten", sagte ich zufrieden.

Endlich ein Holzofen!

Erst vier Jahre später im Winter – inzwischen besaßen wir ein anderes Wohnmobil, einen LT Kastenwagen, den wir in einer viermonatigen Bauphase selbst ausgebaut hatten, und fuhren aus Kostengründen wieder wie zu früheren Zeiten auf der Vogelfluglinie – kam dann endlich wieder der Holzofenkamin ins Gespräch. Lange überlegten wir, ob wir diese Investition überhaupt tätigen sollten, aber die vielen Stromausfälle, gerade in den Wintermonaten, und die Feststellung, dass das Teerpappendach porös wurde und wir das Dach demnächst neu decken lassen müssten und bei dieser Gelegenheit auch gleich einen Schornstein anbringen könnten, nahm uns die Entscheidung ab. Außerdem tat es mir in der Seele weh, wenn bei uns hinten im Wald die Energiequelle Holz verrottete, während wir den teuren Strom für die Heizung im Winter bezahlten.

Stundenlang wälzten wir Kataloge und marschierten von einem

Kamin- und Schornsteingeschäft ins nächste. Mir gefielen die altschwedischen Kaminöfen nicht, die aussahen wie Relikte aus dem vorigen Jahrhundert, und „Bauhaus", die inzwischen schöne Kaminöfen haben, gab es seinerzeit in unserer näheren Umgebung noch nicht.

Durch eine Empfehlung von unseren Nachbarn kamen wir zu „Cadddy" mit drei "d", einem Kamin- und Schornsteingeschäft in Trollhättan. Hier wälzten wir weiter Kataloge von einer Herstellerfirma für Schornsteine, die in die nähere Auswahl gekommen und in Nälden in der Nähe von Östersund ansässig war. Wir bestellten für das nächste Jahr – den Abholtermin würden wir telefonisch von Deutschland aus durchgeben – drei 117 Zentimeter lange und 60 Millimeter dicke, isolierte Schornsteinrohre mit einem Innendurchmesser von 15 Zentimetern aus V2A-Stahl syrafest und das Adapterstück von unisoliert auf isoliert.

In Deutschland ging dann die Suche weiter. Heinz war stundenlang unterwegs, um die passenden fehlenden Teile zusammenzusuchen. Das Bodenblech, die Drosselklappe und ein Ofenrohr mit fünfzehn Zentimeter Durchmesser suchte er einzeln in hiesigen Baumärkten zusammen. Außerdem mussten wir ja auch den Dachboden von innen zugänglich machen, dazu brauchten wir eine ausklappbare hölzerne Dachbodentreppe. Den Kamin suchten wir dann gemeinsam bei Marktkauf aus, ließen uns vorher aber die allgemeine Betriebserlaubnis vom Hersteller zufaxen, und schickten dieses Dokument gleich nach Håkan weiter, der damit zum Bezirksschornsteinfeger marschierte, um zu fragen, ob wir diesen Ofen auch in Schweden anwenden durften. Erst als Håkan nach einigen Tagen anrief und uns grünes Licht für den Kauf dieses Ofens erteilte, bestellten wir ihn. Lieferzeit vier bis sechs Wochen.

Mitte März war es dann soweit. Heinz, Walter und Björn fuhren voll gepackt mit dem 160 Kilogramm schweren Kaminofen, der isolierten Dachbodentreppe und den anderen Schornsteinteilen sowie einer Kiste mit Lebensmitteln und Bier nach Schweden, um den Schornstein aufs Dach zu bauen und den Kamin anzuschließen.

Weil ich selber nicht mit war, denn Frauen würden bei so viel Bau(über)eifer vermutlich nur stören, kann ich das Bauvorhaben nur in Kurzfassung durch Erzählungen und durch den gedrehten Videofilm dokumentieren.

Als Erstes sägte Heinz in der Küche mit einer Stichsäge einen 60 mal 120 Zentimeter großen Ausschnitt durch die Holzdecke zum Dachboden aus und betete dabei, dass er keine Stromkabel, die in seiner Bauzeichnung nicht eingezeichnet waren, mit durchsägte, sonst hätte es einen Kurzschluss gegeben und alle erst einmal im Dunkeln getappt.

Anschließend wurde die ausklappbare Bodentreppe mit einem Rahmen verstärkt, in den ausgesägten Ausschnitt integriert und mit den ausgesägten Paneelbrettern wieder auf die isolierte Unterseite der Bodentreppe zentriert und festgenagelt. So sieht man erst beim genauen Hinsehen, dass ein Ausschnitt in der Küchendecke vorhanden ist. Bei Bedarf kann man nun diese Dachbodenluke mit einer Spezialstange, die am Ende einen gebogenen Haken besitzt, herunterklappen.

Im Wohnzimmer suchte er dann anhand der Baupläne eine geeignete Stelle in der Ecke, wo der Ofen später stehen sollte, um den Durchbruch von der Größe 40 mal 40 Zentimeter nach dem optischen Vermessen auszusägen. Um dabei nicht allzu viel Späne zu verteilen, befestigte er eine Plastikplane unterhalb der Decke, welche die Sägespäne auffing.

Danach bauten Walter und Björn die aus Gewichtsgründen für den Transport entfernten Schamottsteine und den gußeisernen Rüttelrost wieder in den Ofen ein, der sehr dekorativ, aber mit einem vorschriftsmäßigen Abstand von 75 Zentimetern von der Holzpaneelwand entfernt zum unisolierten Ofenrohr auf einem zwei Millimeter starken Ofenblech stand. Als Erstes wurde das Rohr mit der Drosselklappe auf die Abgasöffnung gesteckt. Als Heinz das erste 70 Zentimeter lange unisolierte Rohr an den Ofen setzen wollte und feststellte, dass dieses zehn Zentimeter zu lang war, kamen Walters handwerkliche Fähigkeiten zum Einsatz. Er flexte es kurzerhand mit viel Krach und noch mehr Funkenflug auf der Veranda ab.

Als es gerade anfing zu schneien, kam professionelle Hilfe in Form von Håkan und Per-Anders. Sie brachten ihre Hilfstreppe (bestehend aus diversen Vierkanthölzern), die sie anschließend direkt auf dem Dach zusammennagelten, um sich sicher auf dem Teerpappendach bewegen zu können, gleich mit und nullkommanix, wie ein eingespieltes Dachdeckerteam, standen sie oben auf dem Dachfirst und warteten darauf, dass Heinz die Dachöffnung vom Boden her aussägte. Mit nicht druckreifen

Flüchen kämpfte sich dieser mit einer Stichsäge durch das hartnäckige Holz des Dachstuhls, wobei erst das dritte Sägeblatt den Durchbruch brachte. Aber die beiden anderen abgebrochenen Sägeblätter ließen sich ja zum Glück ersetzen.

Durch diese Öffnung schoben nun die Herren von unten das erste Schornsteinteil ohne Isolierung zu den beiden Helfern auf dem begehbaren Boden, die gleich damit begannen, die Isolierung drüberzustülpen. Die restlichen zwei Schornsteinteile wurden von außen zugereicht und zusammengesteckt. Zum Schluss wurden die einzelnen Elemente mit einem Metallspannband zwecks besserer Stabilität miteinander verspannt. Danach passten alle Bauteile zusammen und der Schornstein war komplett zusammengesetzt. Jetzt montierte Heinz noch das Abschlussblech unter die Wohnzimmerdecke, während auf dem Dach Per-Anders und Håkan das Abschlussblech annagelten.

Vorschriftsmäßig baute Heinz dann noch aus einer nach Maß gesägten, asbestfreien, aber feuerfesten Mineritplatte, die Håkan besorgt hatte, einen Schacht auf den Boden um den fertigen Schornstein. Jetzt fehlte nur noch die Zwangsbelüftung, die laut Vorschrift zwar in den Fußboden des Hauses gesägt werden sollte, Heinz brachte sie aber aus baulichen Gründen an der Seite zur Veranda an und hoffte, dass der Schornsteinfeger sie später bei der Abnahme nicht beanstandete.

Während Per-Anders Heinz aufforderte, den Kaminofen einzuweihen, etwas Holz hatten sie sich schon vorher von den Bibern organisiert, wurde anschließend der erfolgreiche Bauabschluss mit einem deutschen Bier vor dem wärmenden Kamin begossen.

Als einmal bei uns schräg gegenüber ein Stück Wald abgeholzt wurde, stibitzten sich meine Herren einen ein Meter langen, cirka vierzig Zentimeter dicken Hackeklotz, der mindestens einhundert Kilo auf die Waage brachte, luden ihn mit viel Hauruck ins Auto und rollten ihn zu unserem späteren Holzhackplatz.

Jetzt brauchten wir nur noch einen Holzlagerplatz, um frisches Holz zu trocknen und zu lagern. Aus Europaletten, die Håkan organisiert hatte, Restholzlatten und Dachblechresten baute Heinz nach seiner Phantasie erst einen, später zwei weitere gut durchlüftete Holzvorratslager, die Walter ironisch als Bushaltestellen bezeichnete. Meine Mutter spendierte uns die elektrische Motorsäge und später, als Björn ganzjährig dort wohnte, auch noch ein hydraulisches Holzspaltgerät dazu.

Weil noch Vierkanthölzer übrig geblieben waren, zimmerte Walter aus meiner alten Küchenspüle, die sie mit nach Schweden nahmen, eine Fischsäuberungs- und Ausnehmspüle, die er anschließend mit „Äkta Faluröd"-Farbe strich und neben den Komposter stellte.

Als wir dann vier Wochen später zu Ostern mit der elektischen Motorsäge im Gepäck gemeinsam hochfuhren, war ich mehr als neugierig darauf, was mich im Haus erwarten sollte.

Nach unserer Ankunft – diesmal schauten schon die Krokusse neugierig in die Frühlingssonne und der Huflattich blühte gelb an den Feldrändern – betrachtete ich zuerst von außen den Schornstein. Doch, sah ganz passabel aus. Jetzt brauchten wir nur noch ein neues Dach. Dann begutachtete ich in der Küche die Dachbodentreppe und schaute mir bei meinem Rundgang auch gleich den Ofen an, den Björn mit Zeitungspapier und Anmacheholz anzündete. Binnen kurzer Zeit strömte eine wohlige angenehme Wärme durch den Raum. Durch ein feuerfestes Glasfenster konnte man die züngelnden Flammen sehen.

Endlich, fast fünfeinhalb Jahre nach dem Kauf des Hauses, ging mein Traum von einem Holzofenkamin in Erfüllung. Dass dieser Ofen mir im darauffolgenden Winter vermutlich das Leben rettete, als ich mit einer heftigen Bronchitis, die sich später als Lungenentzündung entpuppte, nach Schweden fuhr und wir mal wieder bei minus 25 Grad und einem halben Meter Schnee für dreieinhalb Tage Stromausfall hatten, wusste ich zu diesem Zeitpunkt noch nicht.

Als ich in jenem Winter unseren blauen Gaskartuschencampingkocher, den wir für Notfälle immer dabei hatten, am späten Nachmittag in schon fortgeschrittener Dämmerung aus dem Womo holen wollte, sah ich einen bläulichen Blitz am westlichen Horizont und gleichzeitig ging für Sekundenbruchteile im Wohnmobil die Zwölfvoltlampe aus. Wenn nicht Sven zufällig neben mir gestanden hätte und bezeugte, dass diese Lichterscheinung wirklich dagewesen war, hätte man mir vermutlich Halluzinationen vorgeworfen. Bis heute ist es für uns eine ungelöste Rätsel, was das für ein seltsames Himmelsleuchten war. Ich weiß nur, dass es weder Polarlichter waren noch ein Wintergewitter.

Ich kochte mir meinen Tee im Wohnzimmer auf dem Campinggaskocher, der familienintern Flammenwerfer genannt wurde, und schlief auf dem Sofa, damit ich den Ofen auch nachts mit Holz füttern konnte und das Haus dadurch zum Glück nicht auskühlte. Danach kauften wir uns endlich ein Notstromaggregat.

Der Schornsteinfeger hatte sich für mittags angemeldet. Sicherheitshalber, falls es diskutierbare Probleme geben sollte, war auch Per-Anders zu uns gekommen, um uns eventuell Schützenhilfe zu geben. Gegen halb zwölf kam dann auch der Schornsteinfeger, der nur eine Körpergröße von einmetersechzig besaß. Zuerst nahm er sein Maßband und stellte zufrieden fest, dass wir den vorgeschriebenen Sicherheitsabstand vom unisolierten Schornstein zu der Wand eingehalten hatten. Als er sich den Ofen genau ansah, sagte er nur: „Det är användat", mit anderen Worten: Den habt ihr ja schon benutzt. Er warf eine so genannte Rauchbombe in den Ofen, um die Dichtigkeit von Ofen und Schornstein zu überprüfen. Aus den Sekundärluftkanälen (hier wird der Sauerstoff dem Brennraum zugeführt) drangen dann auch gleich Rauchschwaden. Ich flüchtete ins Freie.

Er schien aber mit allen Anschlüssen zufrieden zu sein und kletterte noch unsere heruntergeklappte, neue Dachbodentreppe in der Küche hoch, um sich den Meneritschacht anzusehen. Auch hier gab es wohl nichts zu beanstanden. Nur mit dem Zugang zum Dach, um sich den Schornstein von oben ansehen zu können (wir stellten unsere alte Holzleiter gegen das Dach), war er nicht so begeistert und forderte eine Anlegeleiter aus Metall oder Alu sowie festmontierte Stege auf dem Dach und eine Plattform (einhundertzwanzig Zentimeter bis zur Schornsteinspitze) direkt an dem langen Schornstein, damit er seinen Schornsteinfegebesen ohne Probleme in den Schornstein herunterlassen konnte. Darauf erklärten wir, dass demnächst das Dach neu gedeckt werden sollte und wir die Auflagen dann erfüllen würden. Bei einem Kaffee nahm er uns dann unser Bauprojekt ab und gab uns seine schriftliche amtliche Genehmigung.

Damit hatten wir auch schon wieder ein neues Hobby.

Bei unseren Streifzügen durch den angrenzenden Wald achteten wir jetzt nicht nur auf Wild, sondern auch auf herumliegende Baumstämme und Äste, die durch Windbruch oder durch den vielen Schnee von den Bäumen abbrachen. Wir sammelten sie mit Genehmigung der Waldbesitzer ein, zerteilten sie auf einem Sägebock mit der Motorsäge, um sie anschließend mit einem Holzhackebeil ofengerecht zu spalten. Zusätzlich, und das sei nur nebenbei bemerkt, entwickelte sich der Ofen im Laufe der Jahre zu einer praktischen Müllverbrennungsanlage für alle brennbaren Abfälle. Zum Anzünden des Ofens eignete sich besonders gut Papier, das wir zuvor in Deutschland durch den Reißwolf geschickt hatten. Wenn wir nach Schweden fuhren, hatten wir immer mehrere Beutel davon dabei.

Abends saßen wir dann in geselliger Runde am Wohnzimmertisch, spielten Kniffel und Canasta und rissen uns förmlich darum, wer den Ofen füttern durfte. Die romantisch züngelnden Flammen durch das Sichtfenster zu beobachten, war spannender als das Fernsehprogramm.

Selbst Kater Sievert, der zufällig bei uns vorbeischaute und natürlich auch hoffte, dass er ein Schälchen von seiner Lieblingsdosenmilch bekam, fand es vor dem wärmenden Ofen so gemütlich, dass er sich gleich für mehrere Tage mit Vollpension bei uns einquartierte. Stundenlang saß er, sich Pfötchen und Gesicht putzend, vor dem Ofen und blinzelte in das lodernde Flammenspiel. Anschließend legte er sich laut schnurrend auf das warme Holzparkett vor dem Ofen. Nachts schlief er auf einer Decke, die ich extra für ihn auf das Sofa gelegt hatte.

Erst als Ulla-Britta nach drei Tagen selbst vorbeikam, um ihren Kater wiederzuholen (wenn Ulla-Britta ihren Kater vermisste, wusste sie meistens, wo sie ihn suchen musste), miaute er ihr eine spannende Geschichte von einem gemütlichen warmen Ofen vor.

Zizidä, zizidä, die ersten Meisen begrüßten den Frühling. Und im Morgengrauen verkündete lautstark trompetend unser Kranichpärchen seine Rückkehr aus südlichen Gefilden. Übermütig und geräuschvoll vollführten sie auf der Wiese gegenüber ihren Balztanz und ließen sich auch durch zwei- und vierbeinige Zuschauer nicht stören.

Ulla-Britta erzählte uns, dass am Montag der Frühlingsmarkt vid torget (auf dem Marktplatz) in Vänersborg stattfinden würde, der auch für uns interessant sei. Sie hätte auch einen Stand mit selbst gebasteltem

Kunstgewerbe (hemslöjd). Wir versprachen ihr, uns diesen Markt mal anzuschauen.

Aber vorher musste ich mich noch meiner „Lieblingsbeschäftigung" widmen. Während ich in Deutschland mal so nebenbei meine Thermopenfenster putzte, war das hier eine undankbare, intensive und den Tag ausfüllende Beschäftigung Wir hatten zwar winterfeste Doppelfenster, aber mit sehr dünnem Glas, die schon verdächtig an zu knacksen fingen, wenn sie das Fensterleder nur sahen. Und da sich natürlich der meiste Dreck und auch die Spinnenweben in den Zwischenräumen der Fenster befanden, putzte ich die Fenster erst von innen. Dann mit Hilfe von der angestellte Leiter von außen, und anschließend baute ich, wieder von innen, mittels der beiden kleinen intigrierten Umlegehebel die Fenster auseinander, um ganz vorsichtig die Zwischenräume und Fensterflächen putzen zu können. Nun kam zu allem Unglück dazu, dass die Fenster noch mit altem Fensterkitt abgedichtet waren, der sich schon langsam in seine Einzelteile auflöste und mir beim Putzen entgegenbröselte. Wir hatten schon Stück für Stück nachkitten müssen. Nun blieb auch nicht aus, dass man beim Putzen gegen die Kittränder kam und dabei das fetthaltige Zeug über die schon sauberen Fensterflächen verteilte, was man aber aber erst sah, wenn ich die Fenster schon wieder nach einer Trocknungszeit von einer halben Stunde (sonst beschlagen sie hinterher) wieder zusammengebaut hatte und zufällig die Sonne draufschien. So brauchte ich für die kleineren Fenster pro Stück eineinhalb Stunden. Für das große Wohnzimmerfenster, zur Veranda hin, benötigte ich die dreifache Zeit. Selbst meine sonst in Haushaltsdingen perfekte Mutter hatte schon einmal das Handtuch, pardon den Lederlappen, geworfen, weil die Fenster, je gründlicher sie sie putzte, umso schmieriger wurden.

Am Montag bummelten wir dann gemütlich über den Vårmarknad (Frühlingsmarkt) und trafen außer Ulla-Britta auch noch andere uns bekannte Einheimische, denen wir sonst nur mit Fotoapparat und Fernglas bewaffnet hauptsächlich auf dem Halle- und Hunneberg begegneten. Sie begrüßten uns freundlich und berichteten die für uns interessanten Neuigkeiten vom Halle-Hunneberg.

An einem Stand gab es Vogelnistkästen zu kaufen. Um den einheimischen Vögeln auch bei uns ein Zuhause geben zu können, kauften wir zwei Nisthöhlen und nagelten sie nach unserer Heimkehr an die große Eiche vor unserem Hauseingang, auf die wir direkten Sichtkontakt durch das hintere Stubenfenster hatten. Später kamen noch zwei weitere selbst gebaute (einer von Heinz und einer von Sven) Nistkästen dazu. Nur ein Jahr später beschlagnahmte ein Trauerschnäpperpärchen den obersten Nistkasten. Sie kamen als Zugvögel aus dem fernen Westafrika erst im Mai zu uns, katapultierten alles, was sich schon eingenistet hatte, rücksichtslos wieder nach draußen, zogen ihre Brut groß und waren im Sommer schon wieder verschwunden. Dabei reagierten sie sehr aggressiv auf Störenfriede in Form von ahnungslosen Eichhörnchen und anderen Vögeln, die sie mit im Sturzflug vollführten Scheinangriffen zu verscheuchen versuchten. Nun hatten wir nur genau einen Meter unter dem Nistkasten ein Futterhaus stehen, das gerade von unseren zahlreichen Eichhörnen stark frequentiert wurde. Aber auch Eichhörnchen sind lernfähig, sie zogen bei diesen Angriffen bald nur noch den Kopf ein, fraßen genüsslich unsere Haselnusskerne, die sie sich mit den Kleibern teilen mussten, und ignorierten die Angriffe des Trauerschnäpperpärchens.

Seitdem kommt dieses Vogelpärchen jedes Jahr im Mai zu uns, verrichtet sein Brutgeschäft immer in derselben Nisthöhle und verschwindet im Sommer sang und klanglos wieder. Ich finde das eine erstaunliche Leistung, punktgenau immer wieder denselben Nistkasten anzufliegen. So etwas würde der Mensch nur mit Hilfe eines komplizierten satellitengestützten Navigationssystems können.

Weil wir aus Kostengründen (die Stena-Linie hat ihre Preise nahezu verdoppelt) mittlerweile auf der Vogelfluglinie fuhren, konnten wir die Heimfahrt auch anders gestalten. Jetzt hatten wir sogar die Möglichkeit, während der Heimreise zu dem von Einheimischen und ausländischen Skandinavienkennern wohl bekanntesten und preiswertesten Konsumtempel „Gekås" nach Ullared zu fahren, der 30 Kilometer von der E 6 entfernt war.

Der Beschilderung nach fuhren wir bei Varberg ab und waren 32 Kilometer später in Ullared. Hier suchten wir uns zwischen den vielen Reisebussen, die zum Teil sogar aus Nordschweden kamen, und den Campingfahrzeugen auf den großzügig angelegten Parkplätzen eine freie Parkbucht. Einige Buspassagiere kamen gerade mit vollen Einkauswagen, in denen die typischen großen gelben Ullaredtüten lagen, zurück. Der Busfahrer kam dann mit noch größeren schwarzen Müllsäcken, stopfte die gelben Einkaufstüten hinein, schrieb den Namen mit einem roten Edding drauf, band ihn oben zu und verstaute den Sack im Bauch des Busses. Das wiederholte sich bei mindestens 30 Passagieren. Wir schlossen unser Auto ab, holten uns einen Einkaufswagen, der hier auch eine Nummer größer war als in Deutschland, und gingen hinein ins Shoppingparadies.

(Als wir Jahre später mit meiner Mutter hier auf dem Rückweg vorbeifuhren, um ihr diese Shoppingmeile zu zeigen, war die Schlange vor dem Eingang mindestens einen Kilometer lang, mit einer Wartezeit von gut einer Stunde, und wir gaben es auf reinzugehen. Nach einem vergeblichen Versuch von der Ausgangseite durch die Kassen, wo aber schon so genannte Hilfssheriffs standen und aufpassten, dass sich keiner hineinschummelte, setzten wir uns resigniert wieder ins Auto und fuhren weiter. Vielleicht klappte es ja beim nächsten Mal).

In diesem Riesenladen machten wir dann einen Termin aus, um uns an einer bestimmten Stelle und zu einer bestimmten Uhrzeit wieder zu treffen. Nach gut zwei Stunden hatte ich zwei Badeanzüge und eine Hose anprobiert und mitgenommen (Wartezeit vor den gut 100 Anproberäumen eine Viertelstunde) und stand mit meinen Errungenschaften am Treffpunkt. Dort warteten schon meine Jungs. Sven hatte eine neue Hose gefunden und noch mehrere T-Shirts und Björn hatte sich in eine neue Jacke verliebt. Nur von meinem Gatten fehlte jede Spur. Er kam dann mit dem Einkaufswagen von unten, wo es technische Geräte und andere Accessoires gab, und hatte einige Kleinteile im Wagen.

„Was, seid ihr schon fertig? Ich war bis jetzt nur unten, hier oben muss ich noch gucken."

„Man, brauchst du lange", beschwerte sich mein Jüngster zu Recht.

So pilgerten wir gemeinsam noch einmal durch den Laden und ich entdeckte in der Geschenkartikelabteilung meine Trolle, in die ich mich verliebte und die nur darauf warteten, von mir adoptiert zu werden. Nach einer kurzen Wartezeit an einer der 50 Kassen knurrte uns der Magen. Also stellten wir uns noch an der Pommesbude draußen an und bestellten vier Portionen Grillkorv med Pommes. Gut gestärkt fuhren wir dann die 30 Kilometer nach Falkenberg und landeten wieder auf der E 6. Und da Heinz an keinem Biltema-Laden vorbeifahren kann, ohne mal hineinzuschauen und wenigstens zwei oder drei Ölfilter und diverse Werkzeuge zu kaufen, war in Halmstad die nächste größere Pause angesagt. Zuerst hatten wir Probleme, die richtige Abfahrt zu finden. Man sah zwar den Laden mit seiner blauen Biltema-Aufschrift von der E 6 aus, es war aber keine Ausschilderung vorhanden. Und so suchten wir solange und verfuhren uns einige Male, bis wir endlich die richtige Abfahrt gefunden hatten. Ich schrieb dann in mein Logbuch: Biltema Halmstad: Abfahrt Eurostop.

Was für Heinz der Biltema-Laden, ist für mich das „Väla Centrum". Dafür mussten wir schon in Helsingborg-Nord abfahren und die Beschilderung zur Fähre ingnorieren, die ohnehin über einen Riesenumweg von mindestens zehn Kilometern um ganz Helsingborg außen herum zum Fährbahnhof führt.

Als vor etlichen Jahren eine deutsche Kaufhauskette sich plötzlich als Erlebniskaufhaus bezeichnete und die ohnehin schon sehr engen Gänge auch noch mit Kleiderständern und Wühltischen verbaute, so dass man, wenn man sich umdrehte, erst einmal gegen den nächsten Tisch knallte, vermied ich es, in solchen Kaufhäusern einzukaufen. Das Einzige, was man da erlebt, ist vermutlich der nächste blaue Fleck.

Anders ist es in den großen Einkaufscentren in Schweden. Hier hat man großzügige breite Gänge angelegt, die selbst einer größeren Reisegruppe Platz boten, sich im Kreis zu treffen. Zusätzlich luden Bänke um schöne Springbrunnenanlagen, die auch noch mit Palmen dekoriert waren, wie im „Sibahaus" in Trollhättans Shoppingcenter Överby zum Verweilen ein. Bei 25 Grad unter null auf einer Bank vor der Springbrunnenanlage im „Sibahaus" ein Schokoladeneis essen vertreibt sogar Winterdepressionen.

Das „Väla Centrum" empfängt uns schon einige Meter vom Eingang entfernt mit einer plätschernden Flusslandschaft, auf deren Insel sich auch noch ein Café befindet. Geht man nur einige Meter weiter, kommt ein weiteres Café, an dessen Stand man schönes leckeres Kugeleis bekommt.

Hier nahmen wir dann bei einem Eis Abschied von Schweden bis zum nächsten Mal. Außerdem konnte ich hier genüsslich meinem Hobby frönen, Menschen zu beobachten, denn von elegant, über sportlich-leger bis hin zu Familie Flodder lief alles vor meinen Augen herum.

Leider haben die offenen EU-Grenzen auch eine negative Begleiterscheinung. Auf der gesamten südlichen E 6 von Helsingborg bis Oslo lauern auf den schönen Rast- und Parkplätzen inzwischen ausländische Wegelagerer, die vermutlich extra zur Hauptreisezeit hierher kommen und ahnungslose Camper nachts mit K.o.-Gas betäuben, um sie dann auszurauben. Insider, die die schwedischen Zeitungen lesen, wissen das, aber ahnungslose Touristen, die sich in Schweden sicher wähnen, werden leider noch allzuoft ein Opfer dieser krimminellen Banden. Inzwischen hat die schwedische Polizei Plakate mit Warnhinweisen aufgehängt.

Früher haben wir auch des Öfteren an der E 6 übernachtet, inzwischen fahren wir aber immer bis nach Dänemark auf den bei den Campern schon bekannten und wohnmobilfreundlichen Inselparkplatz „Farö" an der großen Brücke, die die Insel Sjaelland mit Falster verbindet, wenn man vom Norden kommt, 50 Kilometer vor Rödby, und hoffen, hier wenigstens noch sicher übernachten zu können. Am nächsten Morgen richten wir es immer so ein , dass wir auf der Fähre nach Puttgarden gemütlich frühstücken können, um dann nach 45 Minuten Seefahrt die anstrengendste Strecke von 350 Kilometern zu bewältigen.

Im Verkehrsfunk hörten wir dann zu allem Überfluss, aber wenigstens noch rechtzeitig, dass auf dem Warschauexpress (A 2) mal wieder ein mehrere Kilometer langer Stau war. Also fuhren wir bei Soltau-Süd auf die Landstraße und genossen zum krönenden Abschluss in Bergen in einem italienischem Eis-Café noch ein Eis, bevor wir die letzte Etappe bis nach Hause fuhren.

Im Sommer diskutierten wir dann mit Håkan, wer unser Dach neu decken könnte. Auch hier wusste er eine Lösung. Er wollte sich mal mit einem bekannten, sehr patenten Landwirt und Snickare (Tischler und Handwerker) in Verbindung setzen, der auch bei ihm schon einige Umbauten vorgenommen hatte. Als Material entschieden wir uns für „Tegelplåt" (Ziegelblech), das über die nicht mehr schöne Teerpappe gelegt werden sollte. Nur zwei Tage später erschien Håkan bei uns, um uns mitzuteilen, dass sein Bekannter im September Zeit hätte, um unser Dach neu zu decken.

Als wir am Sonntag mal wieder bei herrlichem Wetter am Ragnerudsjön waren, um hier auf dem Campingplatz ein Eis zu essen und einen Spaziergang zu machen (außerdem wollte Sven unbedingt mal mit seinem aufblasbaren Kanu den See erforschen), sah ich an einer Pinwand einen Zettel mit der Aufschrift: „Geführte Reittouren auf Norweger-Pferden am Kroppefjäll" und eine Wegbeschreibung mit Telefonnummern zum Abreißen dabei. Ich riss mir sofort eine Telefonnummer ab.

Nun hatte ich zwar in meinen Jugendjahren mal einen Reitkursus belegt und war auch später mal bei sich bietenden Gelegenheiten geritten, aber ich war leider nie dazu gekommen, meine Reitkenntnisse zu vertiefen. So sah ich hier mal wieder eine günstige Möglichkeit, zum Reiten zu kommen. Nach unserer anschließenden Kroppefjälltour fuhren wir nach der Wegbeschreibung zu dem Gehöft mit den Norweger-Pferden. Zuerst entdeckte ich nur Kühe, aber dann lief mir eine Frau über den Weg. Ich zeigte ihr die Telefonnummer und fragte, ob sie zu diesem Gehöft gehöre. Freundlich erzählte sie mir, dass die Pferde auf der Weide seien und die nächste eineinhalbstündige Reittour am Mittwochmorgen um zehn stattfinde. Ohne groß zu überlegen, buchte ich mich ein und verabschiedete mich.

Bei sehr schwülwarmen Wetter war ich dann kurz vor zehn auf dem Reiterhof. Gerade eben kam noch ein Auto und eine Mutter mit ihrer gut zehnjährigen Tochter, beide in Jeanshosen und festen Schuhen, stiegen aus. Die Pferde standen schon fertig gesattelt und angebunden an einem Zaun. Ich wunderte mich allerdings darüber, dass sie ziemlich dreckig waren. Während in Deutschland ein Pferd erst stundenlang geputzt und gestriegelt wird, bevor es gesattelt wird, hat man doch hier tatsächlich die Pferde, so, wie sie von der Weide kamen, gesattelt.

Ich hatte eine gemütliche lange Hose an und Gummistiefel, die ich schon öfter zum Reiten benutzt hatte. Die junge Frau, die diese Reittour anführte verteilte noch an jeden einen schwarzen Reithelm und zu viert zogen wir los. Nachdem wir erst einige hundert Meter im Schritt die Schotterstraße entlangritten, bogen wir in einen schmalen, von Pferdehufen schon zertretenen, sehr matschigen Waldweg ein. Hier ging es kontinuierlich leicht bergauf, wobei man aufpassen musste, dass einem die von den Bäumen herunterhängenden Äste nicht ins Gesicht schlugen. Da ich nur ein kurzärmeliges T-Shirt anhatte und die Zweige von den Fichten oft meine Arme streiften, sah ich bald aus, als hätte ich eine Meinungsverschiedenheit mit einer Katze gehabt. Dann wechselte das Landschaftsbild und wir ritten über steile Felsen, die dann von einem sumpfigen Gelände abgelöst wurden. Nach einer Dreiviertelstunde kamen wir dann an eine kleinere Lichtung im Wald, wo auch schon eine zweite Dame vom Reiterhof, vermutlich die Schwester, mit einer Thermoskanne Kaffee, Saft und Kuchen auf uns wartete. Wir stiegen ab, banden die Pferde an einem Baum und setzten uns in gemütlicher Runde ins Heidekraut. Kaffeebecher wurden eingegossen und Kanelbullar verteilt. Angeregt unterhielten wir uns über Pferde und die einheimische schwedische Tierwelt. Nach der viertelstündigen Pause packte die Dame Thermoskanne und Kuchenreste wieder in den Rucksack und verschwand zu Fuß durch den Wald. Ich nehme an, sie hatte irgendwo ihr Auto auf einem der Waldwege geparkt. Wir stiegen wieder auf die Pferde, ritten noch eine Weile durch den Wald, wobei wir unabsichtlich eine frische Elchspur verfolgten, und landeten schließlich auf einer langgezogenen Wiese. Im leichten Trab überquerten wir die bunte Blumenwiese und kamen an dem Schotterweg wieder heraus, der uns zum Hof zurückführte. Die Pferde wurden angebunden, abgesattelt und durften dann wieder auf die Weide. Heinz, der mit der Videokamera auf mich gewartet hatte, konnte leider nur noch die letzten Meter auf dem Schotterweg filmen.

Inzwischen war es Mittag geworden und die unerträgliche Schwüle nahm kontinuierlich zu. Als wir zurückfuhren, hatten wir im Auto 40 Grad. Außerdem hatte ich das unangenehme Gefühl, dass sich in der Atmosphäre etwas zusammenbraute.

Wieder zu Hause, warfen wir den Grill an und ich machte einen gemischten Salat zu Würstchen und Grillfleisch. Ich wollte gerade die Salatschüssel auf den Verandatisch stellen, als direkt über mir ein ohrenbetäubendes, extrem lautes, blechernes Donnerkrachen zu hören war. Zur gleichen Zeit knallte mit einem lauten Rumms die Tür des Schuppens zu, in den Björn gerade die Gartenliege gebracht hatte.

Vor Schreck fiel mir beinahe die Salatschüssel aus den Händen, ich schaffte es aber gerade noch, sie sicher auf den Tisch zu platzieren. Panikartig mit weichen Knien und Herzklopfen bis zum Halse stürzte ich ins Haus. Dort sank ich erst einmal in einen Sessel und konnte mich gar nicht wieder beruhigen.

Kreidebleich kam Björn durch die Haustür auf der anderen Seite: „Ich wollte gerade die Liege in den Schuppen stellen, als es draußen aus heiterem Himmel fürchterlich krachte und gleichzeitig durch einen Windstoß mit einem lauten Knall die Schuppentür zuflog, Da stand ich erst einmal im Dunkeln und hätte beinahe die Harke an den Kopf bekommen. Nach ein paar Minuten hatte ich mich aber wieder gefasst und tastete mich zur Tür. Was ist eigentlich passiert?" erzählte er atemlos. „Ich vermute mal ein Gewitter. Aber ohne Vorankündigung durch ein immer näher kommendes Grummeln. Außerdem habe ich auch keinen Blitz gesehen, sonst wäre ich ja vorgewarnt gewesen", antwortete ich, immer noch um Fassung ringend.

„Himmel, die Würstchen", aber Heinz war schon zur Stelle und konnte Würstchen und Grillfleisch retten, bevor sie vollends verkohlten. Ängstlich, immer zum Himmel schauend, der ohne eine weitere Spur von Gewitter war, lediglich eine große dunkle Wolke war zu sehen, deckten wir auf der Veranda den Tisch und aßen ohne großen Appetit unser Mittagessen. Hier gibt es schon seltsame Phänomene. So etwas hatten wir überhaupt noch nicht gehabt. Wer das nicht live erlebt hatte, der würde es wohl kaum glauben..

Als wir am nächsten Tag mal wieder einen Shoppingtag in Uddevalla hatten – wir gingen wie immer getrennte Wege – und ich meinen Gatten zufällig beim Eisessen traf, berichtete er mir ganz euphorisch: „Gut, dass ich dich hier treffe. Bei OBS steht noch ein einziger runder Holzpicknicktisch für den halben Preis. Das ist genau das Richtige für unseren Garten." Ohne zu zögern marschierten wir, noch unsere Eisbecher in der Hand, in die Abteilung „Bygg och Trädgård". Und da stand er auch schon, ein rustikaler runder Kieferntisch mit vier dem Tisch angepassten Sitzplätzen für nur 800 Kronen. Der Originalpreis von zweitausendvierhundert Kronen war durchgestrichen, darunter stand 1600 Kronen und darüber prangte ein Schild mit „halva Priset".

Heinz kannte meinen Geschmack. Das war Liebe auf den ersten

Blick. Nur wie bekamen wir das sperrige Ding ins Auto? „Bleib du hier stehen und pass auf, dass den Tisch kein anderer kauft. Ich hole einen Verkäufer und Werkzeug, um den Tisch zu demontieren", sagte Heinz. Ich setzte mich auf einen der Sitzbänke, und kaum war er verschwunden, tauchten auch schon zwei andere Ehepaare auf, die sich für den Tisch interessierten. Entschlossen sagte ich nur: „Det är såld – der ist schon verkauft." Trotzdem schlichen sie weiter um den Tisch herum, bis Heinz nach unendlich langer Zeit mit einem Verkäufer und einem „Skiftnyckel", dem schwedischen Allroundwerkzeug zurückkam. „Bezahlt ist er schon. Wir schrauben ihn jetzt da, wo es geht, auseinander und dann müssen wir zusehen, wie wir ihn ins Auto kriegen."

Wir schafften es, die Tischplatte abzuschrauben und den unteren Teil mit den vier Sitzplätzen in zwei Teile zu zerlegen, packten alles auf einen Kundenwagen und rollten damit nach draußen. Nachdem wir die Hecksitzgruppe heruntergeklappt und zur Sicherheit noch eine Decke über die ausgebreiteten Polster gelegt hatten, bugsierten wir vorsichtig die massiven Tischeinzelteile ins Auto.

Zu Hause angekommen, trommelten wir erst einmal unseren Nachwuchs zusammen. Die Jungs sollten mithelfen, die schweren Tischteile aus dem Auto zu hieven und wieder zusammenzubauen. Da stand er nun auf dem Rasen und wir diskutierten darüber, an welcher Stelle wir den gut 30 Kilo schweren Tisch hinstellen sollten, denn bei dem Gewicht ließ er sich nicht ständig verrücken. Ich wollte ihn nur wenige Schritte von der Veranda entfernt auf dem Rasen haben, um Kaffeetassen und Kakaobecher draufstellen zu können. Auch als praktische Ablage für Fernglas, Fotoapparat und Sonnencreme wurde mein Lieblingstisch bald unentbehrlich. Später setzten sich dann auch unsere Eichhörnchen drauf, um sich einen Rundumblick zu verschaffen. Auch bei unseren Gästen erfreute sich später dieser runde Tisch großer Beliebtheit.

Als wir uns am Abend immer noch nicht von unserem neuen Gartentisch trennen konnten, saßen wir bis nachts halb zwölf noch draußen und schmiedeten Pläne für den nächsten Tag. Die Rehe wollten heute auch keine Ruhe geben, sie bellten sich gegenseitig mit viel Nachhall im Wald an. Um die Unruhestifter zu beobachten, stellten wir uns auf die kaum befahrene Straße. Minutenlang hörten wir dem unruhigen Treiben zu, konnten aber wegen der fortschreitenden Dämmerung nicht mehr viel erkennen.

Plötzlich raschelte es neben mir auf der rechten Seite im Kornfeld. Heinz, der nur fünf bis sechs Meter von mir entfernt stand, hörte das Rascheln auch und deutete mit seiner Hand zum Feld. Laut raschelnd kam ein waschbärartiges Tier aus dem Haferfeld, lief laut schnaufend genau zwischen Heinz und mir über die Straße, und ver-schwand im hohen Gras der Wiese in Richtung Fluss. Verblüfft sahen wir uns beide an. Was war denn das?

Nun behaupten doch die Schweden felsenfest, es würde in Schweden keine Waschbären geben. Ich zweifle an dieser Aussage, hatte ich doch schon vor Jahren in einer schwedischen Jagdzeitschrift gelesen, dass man Probleme habe, die Waschbären wieder loszuwerden. Aber dieses Tier war kein Waschbär gewesen, da war ich mir hundertprozentig sicher.

Mit einem ungelösten Rätsel gingen wir zu Bett.

Als Håkan mit seinem Hund an der Leine am nächsten Vormittag zu einer Stippvisite und auf ein deutsches Bier bei uns vorbeikam, wurde erst einmal feierlich auf unserem neuen Tisch angestoßen. „Skål!" Gemeinsam saßen wir in der Runde und unterhielten uns. Wir berichteten ihm von unserer nächtlichen Begegnung mit dem waschbärartigen, etwa fuchsgroßem Tier. Håkan wusste sofort, was ich meinte, und sagte: „Det fins här Mårdhund, jag såg det ibland på kvällen – es gibt hier Marderhunde, ich habe sie schon manchmal Abends gesehen."

Das weckte mal wieder meine zoologische Neugier und ich suchte in den kommenden Tagen und Wochen in den Buchläden in Schweden Literatur über den Marderhund. Leider waren die Informationen sehr spärlich und ich bekam erst eine befriedigende Antwort, als ich mich zu Hause in Deutschland via Internet informierte.

Der Marderhund, auch Enok genannt, der ursprünglich aus Fernost (Amur-Ussuri-Gebiet, China, Korea und Vietnam) stammt, wurde hauptsächlich des Pelzes wegen, das unter der Bezeichnung „Ussurischer Waschbär" bekannt ist, in der Sowjetunion ausgesetzt. Von hier aus setzte er seinen Eroberungsfeldzug gen Westen fort und war inzwischen in Mittel – und Nordeuropa angekommen. Es war für uns spannend zu wissen, dass sich solch ein Tier auch bei uns niedergelassen hatte. Vielleicht war es ja sogar ein Pärchen und wir würden irgenwann mal junge Marderhunde beobachten können.

Ich beschäftigte mich wochenlang mit dem Lesestoff, um mir Kenntnisse über die Lebensweise von Marderhunden anzueignen. Und als wir nachts bei uns auf dem Grundstück immer mal wieder fiepende und quiekende Töne hörten, scherzte Björn: „Na, Familie Marderson auf Kneipentour?" Aber erst viel später, als er seinen Wohnsitz nach Schweden verlagerte, stellte er fest, dass die nächtlichen Geräusche nicht von Marderhunden stammten, sondern von Waldkäuzen, die wohl auch in unserer Nähe wohnten. Den Marderhund haben wir leider nie wieder gesehen.

Derweil beschäftigte sich Heinz mit einem anderen Thema. Er suchte immer noch eine Lösung, unsere unansehnlichen, gekitteten Fensterrahmen wenigstens optisch zu verschönern. Meinen Vorschlag, die braunen Rahmen weiß zu streichen, betrachtete er zwar skeptisch, aber als er weiße Farbe gekauft hatte und erst einmal das Badezimmerfenster damit gestrichen hatte, war er hellauf begeistert und pinselte die anderen Fensterrahmen auch weiß an. Mit den schwarzen Holzumrahmungen erhielt das Haus gleich eine optische Aufwertung.

Um den nötigen Platz für die Weihnachtsdekoration zu schaffen, werden in Schweden jeweils im August die vom Sommergeschäft übriggebliebenen Trädgårdsmöbler oft für den halben Preis oder aber mindestens für 30 Prozent Ermäßigung verkauft.

Mein großer Traum war schon immer eine Hollywoodschaukel aus Holz. Als wir wieder einmal zum Lebensmittelgroßeinkauf im Trestadcenter waren, machten wir noch einen Abstecher nach Göfab. Und was sah ich da? Richtig. Für 1700 Kronen minus 30 Prozent Avdrag stand eine Hollywoodschaukel aus hellem Kiefernholz im Verkaufsraum. Ich setzte mich hinein und sah meinen Gatten fordernd an: „Die oder keine!" Auf der Suche nach einem original verpackten Exemplar gingen wir die Regalwand ab. Ich suchte zwischendurch schon schräg gegenüber in einer riesigen Holzkiste nach den passenden Sitzauflagen. Leider waren die „Dyna" nicht im Preis mit inbegriffen und weil nur noch ein spärlicher Restposten in der Holzkiste lag, fand ich auch keine drei mit dem gleichen Muster. Die kauften wir dann einen Tag später in einem dänischen Bettengeschäft in Uddevalla.

Unnötig zu erwähnen, dass diese Hollywoodschaukel mit ihren gemütlichen beigen, blau geblümten Auflagen inzwischen in unserem Garten vor den großen Fichten einen schönen Schattenplatz bekommen hat und zum neuen Lieblingsobjekt der Familie geworden ist.

Als wir wieder einmal den Abend auf dem Halleberg am Ekebacken verbrachten, kam uns, als wir aus dem Auto stiegen, ein wild gewordenes Schaf, das sich aus unerfindlichen Gründen aus seiner Umzäunung befreit hatte, entgegen und verteilte an Sven, weil er gerade in seiner Stoßrichtung stand, eine deftige Kopfnuss gegen seinen Oberschenkel, der ihn noch drei Tage später an das verrückte Schaf erinnerte. Als zwei Stunden später der Elchsafaribus angeschnauft kam, und der Fahrer, während seine Passagiere zum Aussichtspunkt marschierten, den obligatorischen Saft und Keksimbiss auf die extra aufgestellten Campingtische verteilte, ließ es sich das knuffige Schaf nicht nehmen, gleichzeitig Kopfnüsse zu verteilen und die Tische in seinem Übermut umzukippen. Entnervt packte der Busfahrer die Überreste des Picknicks wieder ein und klappte die Tische zusammen. Vermutlich fand das Picknick etwas später auf einem anderen Parkplatz statt.

Nur einen Tag später, als wir zum Wandern und Kaffeetrinken zum Ekebacken fuhren, war das verrückte Schaf – nein, es war kein schwarzes – nicht mehr da. Wahrscheinlich gab es in einer der Werkskantinen in Vänersborg oder Trollhättan in der folgenden Woche Hammelfleisch. Dafür begrüßte uns aber eine dicke Elchkuh, die zwischen den Autos umherlief gleich auf der Straße. Sicherheitshalber blieben alle Einheimischen und Touristen in ihren Fahrzeugen.

Nur wenige Minuten nach uns kam ein österreichisches Fahrzeug um die Kurve, und musste bremsen, weil der Elch immer noch mitten auf der Straße stand. Todesmutig stieg eine ältere Dame mit einer Videokamera in der Hand aus dem Auto und ging seelenruhig auf den Elch zu, der sofort die Ohren anlegte und nach rechts ins Gebüsch flüchtete. Anstatt nun die Warnung des Elches zu respektieren und Abstand zu halten, ging die Frau dem Elch hinterher, der in nur drei Metern Entfernung hinter einem Baum stand. Unter der auf der Straße stehenden einheimischen

Bevölkerung und den Touristen wurde bereits eine Diskussion entfacht, ob man der etwas sehr wagemutigen Frau wohl im Notfall helfen sollte, falls sie von dem Elch angegriffen würde. Kopfschüttelnd war man sich einig, nicht einzugreifen. Unsicher, mit immer noch zur Seite gelegten Ohren ging der Elch um den Baum herum, während die aufdringliche Filmerin in nur zwei Metern Abstand immer auf der entgegengesetzten Seite stand. Um die nötigen Beweise zu haben, dass nicht der Elch schuld war, falls es zu einem Zwischenfall kam, denn Schlagzeilen wie „Frau im Urlaub von Elch getreten" wären im journalistischen Sommerloch eine willkommene Abwechslung, wenn nicht gerade Nessie durch den Blätterwald tauchte, filmte ich die spannende Szenerie von der Straße aus. Irgendwann wurde es dem Elch aber zu bunt und er lief mit angelegten Ohren in den Wald. Voller Stolz ging die Dame, nachdem man von dem Elch nur noch ein Knacksen im Wald hörte, zu ihrem Fahrzeug zurück und sprach stolz noch meine Jungs an, die inzwischen auf der Straße vor unserem Auto standen. „Seht ihr, man darf nur keine Angst haben."
„Nein, aber man sollte Respekt vor Wildtieren haben und sie nicht belästigen", war meine sehr schnippische Antwort darauf.

Saunabau

Es war schon immer Heinz' heimlicher Wunsch gewesen, mal selber ein Holzhaus aufzubauen. Als er Anfang Mai 2003 im Internet ein Angebot gelesen hatte, dass bei Göfab die letzten Friggebo's preiswert zu verkaufen seien, wohnte Björn schon ein Jahr in Schweden und hatte in dem ersten Winter, den er heil überstanden hatte, schon ein abenteuerliches Aha-Erlebnis gehabt. Als er eines Tages vom Einkaufen zurückkehrte und beim anschließenden Essenkochen feststellen musste, dass er was im Auto liegen gelassen hatte, sah er doch tatsächlich, als er aus der Haustür trat, um noch einmal zum Auto zu gehen, eine große ovale Wolfsspur direkt vor unserer Haustür im Schnee. Sie führte dann aber an unserem Gästehaus vorbei in Richtung Wald.

Leider sah er das Tier nicht mehr, vermutlich wollte der Wolf nur mal fragen, was es zum Mittagessen gab.

Heinz orderte bei Björn solch ein zehn Quadratmeter großes Friggebo, das er mit Håkans Hilfe in Einzelbauteilen auf einer Palette verpackt mit einem von Rolf geliehenen Anhänger abholte und auch mit Rolfs Treckerhilfe auf unserem Grundstück zwischenlagerte.

Ende Mai fuhr er dann ohne mich nach Schweden (ich musste arbeiten) und baute mit Björn und der Hilfe von unserem inzwischen zahmen Eichhörnchen, von uns „Mümmelchen" genannt, das sich am liebsten auf der Angelspüle zwischen Kaffeetasse und Nägelschachtel aufhielt, bei schönem, sonnigem Wetter das Haus auf.

Weil das Haus nur serienmäßig mit einem Fenster auf der Vorderseite ausgestattet war und wir zur Elchaussicht hinter dem Haus im Wald zusätzlich ein Fenster haben wollten, kaufte er vorher noch für 55 Euro bei Hornbach ein 60 mal 60 Zentimeter großes Thermopenfenster und setzte es an die von mir gewünschte Stelle.

Nach kurzen Überlegungen entschieden wir, dass das ein Saunahaus werden sollte. Am liebsten hätte ich noch einen eigenen Whirlpool dazu gehabt, aber das ging leider aus technischen Gründen nicht.

Zwischendurch rief Heinz mich aus Schweden an und scheuchte mich durch die hiesigen Baumärkte um die Preise von Saunaöfen zu erforschen, stellte aber ziemlich rasch fest, dass die Preise dafür in Deutschland doch um einiges teurer waren als in Schweden. So kaufte er in dem vor kurzem eröffneten „Bauhaus" im Uddevalla-Torp-Köpcentrum einen Saunaofen (4,5 kW - 400 V) mit einem schönen Motiv von einer glutrot untergehenden Sonne (REA-Pris 1500 SEK).

Wieder in Deutschland, beschäftigten wir uns mit der Innenarchitektur der Sauna. In dem zehn Quadratmeter großen Haus sollte eine für zwei Personen ausreichende Sauna Platz finden, eine kleine, mit Kanisterwasser und 12-Volt-Campingpumpe ausgestattete Duschecke entstehen und noch etwas Platz für einen Tisch und zwei Stühle übrig bleiben – sozusagen als Relaxraum, den ich später mit diversen künstlichen Pflanzen dekorieren wollte.

Auf dem Computer entstand dann auch die Bauzeichnung für die 3,3 Quadratmeter große Sauna, zu der Heinz die Saunabänke für zwei Etagen aus ausgesuchtem Fichtenholz in seinem Keller selber konstruierte und zusammenbaute. Björn bekam derweil in Schweden die ehrenvolle Aufgabe, die Beine für die Saunabänke nach den Maßen, die Heinz ihm

Eichhörnchen „Mümmelchen" auf unserer Angelspüle

telefonisch vermittelte, zurechtzusägen.

Die aus Holz selber gefertigte Saunatür wurde mit 40 Millimeter Styropor isoliert und eine hitzebeständige Backofenscheibe aus einem ausrangierten Herd, die er für zwei Euro von einem Schrottplatz holte, kam als Sichtfenster in die Saunatür.

Prompt sah ich bei einem sonntäglichen Frühstück in der Werbebeilage eines skandinavischen Bettengeschäfts in unserer Sonntagszeitung genau den Kiefern-Eckschrank, den ich mir seit 20 Jahren wünschte, ihn aber aus Platzgründen nirgendwo hinstellen konnte. Am Montag fuhr ich hin und schrieb mir die genauen Maße auf eine Gedächtnisprothese. Nachmittags riefen wir Björn an, um ihn die linke Ecke des 6,5 Quadratmeter großen Relaxraumes ausmessen zu lassen. Und siehe da, der Schrank passte zentimetergenau in die dafür vorgesehene Ecke.

Wir missbrauchten also mal wieder unser Wohnmobil als Möbeltransporter, als wir mit den Saunabänken, der dick isolierten Saunatür, unserem gut verpackten Eckschrank und einer Rolle PVC-Tapete im Sommer nach Schweden fuhren.

Hörte denn das nie auf?

Nein, es hörte nie auf, immer, wenn wir mit unserem Womo nach Schweden fuhren, waren wir bis unter das Dach voll geladen. Mehr als einmal waren es irgendwelche Schränke, die wir transportierten. Und als wir vor Jahren in einem Anflug von gärtnerischen Ambitionen eine halbe Gärtnerei mit 20 Erdbeerpflanzen, einem Apfelbaum, einem Kirschbaum und einen Nussbaum, die wir in Deutschland gekauft oder von Bekannten aus ihren Gärten geschenkt bekommen hatten (Himbeerpflanzen hatten wir schon zu Ostern mitgenommen), nach Schweden brachten, schlief ich sogar auf meiner Strandliegematte auf dem Fußboden und Heinz im Führerhaus, weil die Betten mit Pflanzen vollgestellt waren.

Apropos Gartenarbeit: Es soll doch tatsächlich Experten geben, die felsenfest behaupten, Gartenarbeit sei gesund. Ich zweifle allerdings an dieser Behauptung, wenn ich bei 30 Grad im Schatten und zehn Zecken auf einem Quadratmeter meine von Unkraut verwilderten Kieswege zupfe und hacke, das bei 20 Stunden Tageslicht und ab und zu einen Regenschauer besonders gut gedeiht. Noch vor einigen Jahren hatten wir kaum mal eine Zecke gesehen, dafür sind sie inzwischen dank der Klimaveränderung zur Plage geworden. Hunderte Ameisen und eine Singdrossel halfen mir bei dieser ungeliebten Arbeit.

Heinz grub derweil das verwilderte Beet an der Giebelseite um und ich pflanzte die blühenden Erdbeerpflanzen neben die schon stehenden Himbeersträucher. Auch Apfel- und Kirschbaum bekamen hier auf dem Beet ihren Platz. Fleißig begossen wir jeden Abend unsere kostbaren Pflanzen und sahen zu, wie sich Amseln und Nacktschnecken die Ernte teilten, während wir unsere Erdbeeren im Lebensmittelgeschäft kauften (wer mag schon von Schnecken verschleimte Erdbeeren essen?). Trotzdem ernteten wir gegen Ende des Urlaubs noch einige wenige der leckeren Früchte.

Ein Jahr später war das Beet wieder zugewildert. Kirsch- und Apfelbaum gingen auf Grund der gefräßigen Elche und Rehe, die die Bäume regelmäßig stutzten, ein, und die Himbeeren gediehen dort, wo ich nie welche gepflanzt hatte, am besten. Auch die Waldhasen warteten darauf, dass ich wieder einen neuen Busch Petersilie pflanzte, nachdem sie den alten bis auf die Wurzeln abgefressen hatten. Und die wenigen Erdbeeren und Himbeeren, die an unseren Pflanzen reiften, teilten sich, wie im vergangenen Jahr, die Amseln und Schnecken. Als Puddingbeilage nahm ich deshalb die aromatischen, überall auf unserem Grundstück wild wachsenden Smultron (Walderdbeeren).

Seitdem ignoriere ich die gut gemeinten Ratschläge der Gartengesundheitsapostel und pflege wieder meinen nordeuropäischen Wildwuchs in Form von jungen Kiefern, Fichten, Lupinen, Margeriten und den Resten von den Erdbeerpflanzen und Himbeersträuchern auf dem inzwischen wieder völlig verwilderten Beet.

Endlich mit unserer kostbaren Fracht in Schweden angekommen, verschwand Heinz nach dem Ausräumen in sein Friggebo und ward für Stunden nicht mehr gesehen.

Um die Wände zu isolieren und die Zwischenwand zur Sauna zu ziehen, kaufte er am nächsten Tag zwei Rollen 95er Isowolle und für die Innenraumverkleidung Nut- und Federbretter. Einstimmig entschieden wir uns, den Fußboden mit pflegeleichtem Laminat auszulegen, dehalb fuhren wir gleich am nächsten Tag nach Göfab, um für den Relaxraum vier Pakete Laminat im Farbton Esche zu kaufen. In den folgenden Tagen machte sich Heinz vorwiegend durch Klopf- und Nagelgeräusche bemerkbar.

Obwohl in Schweden verboten (nur ein Elektriker darf in Schweden Stromanschlüsse legen), wagte sich Heinz selbst an die Installation der elektrischen Anlage, die er mit vier Sicherungen (dreimal 10 A, einmal 6 A) absicherte. Dafür mussten 20 Meter Erdkabel, die zum Haupthaus führten, unterirdisch auf unserem Grundstück verlegt werden. Und als Håkan einige Tage später zu Besuch kam, um die baulichen Fortschritte zu begutachten, brachte er eine Stromheizung mit, die mit 850 Watt/ 400 Volt genau die richtige Größe hatte. Für den Saunainnenbereich hatten wir eine dezente 40-Watt-Beleuchtung angebracht.

Leider hatte mein Mann in Deutschland einen falschen Kleber für die für Feuchträume geeignete, fliesengemusterte PVC-Tapete ausgesucht. Deshalb wunderte ich mich nicht, als uns die Tapete nach nur einer Stunde wieder mit einem Ratsch entgegenkam.

Und die Odyssee, bei 30 Grad im Schatten 150 Kilometer zu fahren, um eine feuchtraumgeeignete Vliestapetenrolle für den fünffachen Preis zu kaufen, den wir in Deutschland bezahlt hätten, sehen wir inzwischen als logistische Meisterleistung an.

Um nicht noch einmal mit der Tapete Schiffbruch zu erleiden, bot sich Per-Anders, der auch mal zur Stippvisite und auf ein Bier vorbeigekommen war, an, für uns die Duschecke zu tapezieren. Und als wir noch von einem deutschen Rentnerehepaar, das in Schweden seinen Lebensabend verbringt, eine 70 mal 70 Zentimeter große Duschwanne bekamen, die nutzlos auf dem Grundstück herumstand, war die improvisierte Duschecke komplett.

Das vordere Fenster bekam eine Lamellenjalousie und eine aus Resthölzern zusammengeleimte kleine Fensterbank, die von einem Waldwichtel bewacht wurde.

Als das Haus fertig war, inspizierte zuerst „Mümmelchen" die Räumlichkeiten und gab uns nach einem frechfröhlichen Keckern die allgemeine Bertriebserlaubnis.

„Miau", machte es plötzlich, das Eichhörnchen sprang schwanzwedelnd und ängstlich meckernd die nebenan stehende Kiefer empor, denn Kater Sievert kam mit seinem immer kompakter werdenden Wackelbauch angelaufen, verteilte freundliche Kopfnüsse und tastete im neuen Gebäude alle vier Wände mit den Schnurrhaaren ab. Zufrieden und immer noch schnurrend legte er sich anschließend auf die Strohmatte, die wir vorübergehend, bis wir einen richtigen Teppichläufer in der passenden Größe dafür fanden, auf den Laminatfußboden gelegt hatten.

Als unser Urlaub zu Ende war und Björn sein Reich in Schweden wieder für sich hatte, bekam er die ehrenvolle Aufgabe, eine Dachrinne am Haus zu montieren, damit das Regenwasser gut einen Meter vom Haus im Boden versickern konnte.

Das später noch mit einem Holzschild mit der Aufschrift „OASE" versehene fertige Saunahaus erfreute sich bei uns vor allem im Winter bei minus 20 Grad großer Beliebtheit.

Auf dem Rückweg nach Deutschland hatten wir dann noch auf der E 6 ein besonderes Elcherlebnis. Auf der Autobahn bei Ljungskile, südlich von Uddevalla, stand morgens um halb sieben auf dem Mittelstreifen

Unser neues Saunahäuschen

zwischen zwei Leitplanken doch tatsächlich ein Elch und weidete das Grünzeug ab. Weil weit und breit kein anders Auto kam, hielten wir am Straßenrand an, ich flitzte nach hinten, um die Videokamera aus dem Schrank zu holen, machte sie auch gleich filmbereit und gab sie mit den Worten „ist schon an" meinem Mann, auf dessen Seite der Elch stand. Dieser hatte meine Worte wohl fehlinterpretiert und betätigte in dem Glauben, dass die Kamera aus war, den roten Einschaltknopf und stellte die Kamera damit aus. Der Elch spitzte die Ohren, warf uns noch einen grimmigen Blick zu und trabte über die Autobahn in Richtung Stadt. Dort ist er vermutlich zu einem Bäckerladen marschiert, um sich seine Frühstücksbrötchen zu holen. Auf dem Film hörte man später noch meine Worte „ist schon an", dann wurde es dunkel. Von dem Elch war nichts zu sehen.

Einmal Geiranger und zurück

Schuld war eigentlich eine Anonce in unserer Tageszeitung, in der ein Hinweis stand, dass die alte legendäre Queen Elizabeth II in Hamburg anlegt, noch Passagiere aufnimmt und zur Kreuzfahrt in die norwegischen Fjorde weiterfährt, als wir 2005 eine Norwegenfahrt in unseren Urlaub einplanten. Seit wir bei einer Norwegenrundreise 1992 zufällig am Geirangerfjord vorbeigekommen waren und eine Nacht auf dem Campingplatz direkt in Geiranger am Fjord übernachtet hatten, ließ mich dieser spektakuläre, bilderbuchschöne Fjord nicht mehr los, und mein großer Wunsch war, noch einmal nach Geiranger zu fahren.

Wir suchten uns im Internet unter der Reederei Cunard die Reiseroute der Q E II heraus und lasen, dass das Schiff am 14. Juli von 12 bis 18 Uhr in Geiranger anlegen sollte. Da ich in unserer Familie der Kartenleser bin (böse Zungen behaupten ja, Frauen können keine Straßenkarten lesen), bestand nun meine Aufgabe darin, die günstigste Strecke von unserem Schwedenhaus nach Geiranger herauszusuchen. Aber welche Strecke ich auch ins Auge fasste, es blieben immer 670 Kilometer plus oder minus fünf bis zehn Kilometer. Dafür brauchen wir mindestens zwei Tage.

Nun hatten wir genau in diesem Jahr, nachdem wir uns in den letzten zwei Jahren eine neue Polstergarnitur und eine extra angefertigte Duschkabine gegönnt hatten, auch noch einen Verandaneubau geplant, denn die alte Veranda hatte sich mit ihren zehn Quadratmetern im Laufe der Zeit bei einem immer größer werdenden Bekanntenkreis als zu klein erwiesen. Aus der alten Veranda sollte ein mit Thermopenfenstern und Türen verschlossener Wintergarten entstehen, der als zusätzlicher Raum genutzt werden konnte. Seit Wochen versuchte Heinz, die Bauzeichnung dafür am Computer zu zeichnen, denn Planung und Bau wollten wir in Eigenregie ausführen.

So kamen wir am 8. Juli mit fünf Thermopenfenstern im Womo morgens um sechs Uhr in Helsingborg an und parkten auf der Suche nach einem Bankomat zufällig vor den restaurierten Teilen einer auf einer Anhöhe stehenden mittelalterlichen Burg, die ins Stadtbild integriert wurde. Aufgefallen war mir die Zugänglichkeit der Gemäuer dadurch, weil Berufstätige aus den oberen Stadtbezirken den Burgdurchgang benutzten und mit Aktenkoffern die Treppe herunterkamen. Neugierig gingen wir die Treppe hoch und gelangten an einen in dem alten Gemäuer liegenden Wasserfall, in dem angrenzenden kleinen Teich schwammen einige Karauschen und warteten auf ihr Frühstück. Wir stiegen die Treppe weiter empor und hatten vom ehemaligen Burghof, in dem auch ein kleines, aber noch geschlossenes Café lag, eine herrliche Aussicht über Helsingborg und den Fährhafen. Schade, hier zu frühstücken wäre bestimmt ein schöner Auftakt für unseren Urlaub gewesen, aber so blieb mir nichts anderes übrig, die Stufen wieder hinunterzusteigen und unser Frühstück im Wohnmobil zuzubereiten. Ich setzte Kaffee- und Eierwasser auf unseren Gasherd. Bis acht Uhr durften wir noch frei parken.

Nach einem ausgiebigen Frühstück fuhren wir dann die E 6 weiter und kamen pünktlich um 10 Uhr zur Öffnung bei Biltema in Halmstad an. Hier war mein Gatte erst einmal für eine Stunde verschwunden.

Es schien wieder einmal ein heißer Tag zu werden, denn die Temperaturen stiegen schon heute früh über 25 Grad. Langsam, auf jedem schönen Parkplatz einen Zwischenstop einlegend, kamen wir Freitag nachmittags in unserem Haus an und wurden schon von Björn, der uns beim Auspacken helfen sollte, erwartet.

Am nächsten Morgen grub Heinz gleich die vier Lekarblocksteine, die wir in Bäckebol im neu eröffneten Bauhaus an der E 6 in Göteborg gekauft hatten und auf die die zukünftige Veranda gebaut werden sollte, in den Boden. Um mein Blumenbeet vor der alten Veranda möglichst unbeschadet umzusetzen, hoben wir vorsichtig die weißen Margeriten mit der kompletten Erde heraus. Trotzdem nahmen sie uns den Umzug übel und ließen noch am gleichen Abend die Köpfe hängen, sodass ich sie mit dem Wasserschlauch fasst ertränkte, in der Hoffnung sie würden sich wieder erholen.

Am Montagmorgen, wir hatten schon um neun fast 30 Grad, wollte ich im Vattenpalatset baden gehen und Heinz die freie Zeit nutzen, um im Byggcenter schon das erste Holz für seinen Verandabau kaufen.

Im Schwimmbad verstand ich allerdings die schwedische Logik nicht mehr, denn das Wasser war auf über 30 Grad aufgeheizt. Manches Mal im Winter, wenn ich mich nach einem warmen Schwimmbad sehnte, hatte es nur 27 bis 28 Grad und ich verkroch mich in den Whirlpool. Jetzt war ich durch das schöne Wetter (wer geht denn schon im Sommer ins Hallenbad?) fast allein im Schwimmbad. Lediglich eine Mutter mit zwei Teenagern, vermutlich auch Touristen, war noch im Bad. Ich genoss die familienfreie Zeit zum Relaxen im Whirlpool, als die beiden Teenager mit einem Smörgås in der Hand zum Whirlpool strebten, mich entdeckten und sofort wieder umkehrten. Die wollten doch wohl nicht allen Ernstes mit belegten Broten in den Whirlpool steigen? Bei Teenagern weiß man das ja nie so genau.

Nach dem Baden kauften wir noch bei Willys ein und beschlossen einstimmig, abends noch Richtung Oslo zu starten, denn für den nächsten Tag hatten die Wetterfrösche wieder Temperaturen von 30 Grad vorhergesagt (ich verstehe nicht, dass es immer noch Menschen gibt, die vorurteilsvoll behaupten, in Skandinavien sei es immer kalt).

Um 20 Uhr starteten wir und fuhren über Uddevalla auf die E 6 Richtung Norden. Tanken wollten wir erst kurz vor der norwegischen Grenze, denn die Spritpreise sind in Norwegen doch um einiges teurer. Als wir uns der neuen Svinesundbrücke näherten, sie war erst im Jahr zuvor feierlich eingeweiht worden, holte ich meine Filmkamera heraus und war enttäuscht, dass es außer dem Mauthäuschen gar nichts zum Filmen gab, denn die Überquerung der neuen Brücke kostete 20 norwegische Kronen. Weit und breit stand keine Tankstelle und kein Laden, so wie wir das im Gegensatz von der alten Svinesundbrücke, die wir seit Mitte der siebziger Jahre kannten, gewohnt waren. Also blieb uns nichts anderes übrig als von der E 6 abzufahren, um in dem kleinen Grenzort Svinesund zu tanken. Nach einer kurzen Pause waren wir wieder auf der E 6, und als wir gegen 23 Uhr in der Nähe von Sarpsborg in Norwegen an einem kleinen Rastplatz vorbeikamen, auf dem auch schon drei Wohnmobile und einige Lkw standen, beschlossen wir, zu bleiben und zu übernachten.

Der Dienstag weckte uns mit schönem Wetter und mit einer Temperatur von 25 Grad. Und das schon morgens um sieben. Na, das konnte ja heiter werden. Wir hatten noch einige hundert Kilometer vor uns. Nach einem ausgiebigen Frühstück starteten wir Richtung Oslo und kamen bald darauf durch einen neuen Tunnel, der auch mautpflichtig war und nochmals 20 Kronen kostete. Von dem Oslofjord sahen wir auf der neuen Autobahn überhaupt nichts mehr, dafür stoppte uns kurz vor Oslo noch ein Mauthäuschen, denn die Fahrt durch Oslo kostete noch einmal 20 Kronen. Die etwas über hundert Kilometer Wegstrecke von der schwedisch-norwegischen Grenze bis nach Oslo hatten uns zusammen 60 Kronen Mautgebühr gekostet. Auf dem Rückweg würden wir Oslo und die E 6 weiträumig umfahren.

An Hamar und der Olympiastadt Lillehammmer vorbei, quälten wir uns bei über 30 Grad ohne Klimaanlage im Womo über die E 6 Richtung Otta. In einem kleinen Ort stoppten wir an einem Lebensmittelgeschäft, das auch einen Bankomat hatte. Ich hatte in Deutschland nur wenige norwegische Kronen umgetauscht, um die Mautgebühren und einen eventuellen Campingplatz bezahlen zu können. Wir holten unsere norwegischen Kronen vom Bankomat und gingen in den Laden, um uns ein Eis zu gönnen. Wenigstens war es hier angenehm kühl und wir setzten uns auf die Stühle der Minicafeteria.

In Otta tankten wir sicherheitshalber noch einmal und bogen dann auf die Straße 15 ab, die sich direkt neben dem Gebirgsfluss Otta entlangschlängelte und uns nach Lom führen sollte. Bei den gelegentlichen Zwischenstopps auf den schönen Parkplätzen fraßen uns fast die Mücken auf und wir flüchteten schnell in unser geschütztes Womo. Nach ungefähr 40 Kilometern steuerten wir den Campingplatz „Holungsoy" an, den wir schon von 1992 kannten, und machten hier endgültig Halt. Außerdem lechzten wir nach einer erfrischenden Dusche.

An der Rezeption war ich angenehm überrascht, als man noch nicht einmal eine Campingkarte verlangte. Wir hatten uns nach der Erfahrung vor einigen Jahren, dass man in Schweden die CCI-Karte nicht mehr anerkannte, extra eine Skandinavische Campingkarte zuschicken lassen. Aber nun brauchten wir sie hier gar nicht. Wir bezahlten unsere 110 Kronen für die Übernachtung und suchten uns einen schönen Platz am Wasser. Frisch geduscht machten wir noch einen ausgiebigen Spaziergang, bevor wir uns auf unseren Campingstühlen gemütlich zur Ruhe setzten und den schönen Abend genossen.

Auch der Mittwoch weckte uns mit strahlendem Sonnenschein und nach dem Frühstück verpackten wir unsere Sachen wieder reisefertig ins Womo und verließen schon um zehn den Campingplatz mit dem Ziel Geiranger. Weit kamen wir aber nicht, denn nur 500 Meter weiter war ein herrlicher Parkplatz, der direkt am Ottafluss lag, und eine wackelige Hängebrücke über den Fluss mit seinem rauschenden blaugrünen Gletscherwasser luden uns zu einem Abenteuer ein.

Mit Videokamera und Fotoapparat bewaffnet betraten wir die schwankende Holzbrücke. Wir standen gerade mitten auf der Brücke und bewegten uns vorsichtig, damit unser Film nicht allzusehr vewackelte, als plötzlich eine holländische Familie mit drei Kindern, davon zwei im Teenageralter, auf die Brücke marschierte und die Kinder sich einen Spaß daraus machten, die Brücke ins Schwanken zu bringen. Wir flüchteten schnell zum anderen Flussufer und gingen hier ein bisschen spazieren. Als die Familie die Brücke überquert hatte und uns auf dem Wanderweg entgegenkam, drehten wir wieder um und fotografierten mit einem erneuten Anlauf die wunderschöne Flusslandschaft.

Langsam, um ja kein Highlight zu verpassen, setzten wir danach unsere Fahrt fort.

Als wir 1992 auf dem Rückweg vom Geiranger durch Lom fuhren, hätte ich mir diesen touristischen Ort mit seinen rustikalen braunen Holzhäusern, die zum Teil Grasdächer hatten, gerne einmal näher angesehen. Aber egal wie lange man in Skandinavien unterwegs ist (wir waren damals sechs Wochen unterwegs), es ist immer zu kurz. Kurzum, wir hatten einfach keine Zeit mehr für eine Ortsbesichtigung. Diese holten wir nun ausgiebig nach. Ohne familiären Anhang blieb mir außerdem die Diskussion erspart, was sehenswert ist oder was man sich aus Zeitgründen lieber erspart.

Wir parkten neben einem Eiscafé und ehe wir uns versahen, saßen wir auch schon drin und genossen ein norwegisches Eis zu fast zivilen Preisen. Anschließend bummelten wir durch den Ort, filmten und fotografierten uns mit Trollen, die vor Andenkengeschäften und Hoteleingängen standen, und stellten fest, dass dieser Ort noch interessanter war als wir glaubten. Wir überquerten ein Straßenbrücke, unter der ein tosender Wasserfall durchrauschte, und kletterten über einen Holzstieg hinab, um diesen Wasserfall vom Ufer aus hautnah zu erleben. Dabei entdeckten wir am gegenüberliegendem Ufer einen schönen, versteckt liegenden wildromantischen Campingplatz. Nein, diesmal nicht, unser Ziel hieß am Abend Geiranger, aber vielleicht beim nächsten Mal könnte man hier ja mal eine Nacht stehen bleiben...

Lom besitzt auch eine der berühmten Stabkirchen, die schon von weitem einen eigenartigen Teergeruch verströmt. Nachdem wir sie von außen gefilmt hatten, wollten wir sie uns von innen ansehen. Den Eintritt hätten wir ja noch bezahlt, aber als wir lasen „Fotografieren und Filmen verboten" sparten wir uns das Geld. Dafür kamen wir auf unserer Besichtigungstour an einer Holzofenbäckerei vorbei und hofften ein schönes Stück Kuchen kaufen zu können. Wir wurden aber enttäuscht. Die Bäckerei hatte sich auf norwegische Brotsorten spezialisiert. Hungrig kaufte Heinz zwei kleine brötchenförmige Brote und verschaffte sich damit noch ein kulinarisches Aha-Erlebnis. Die Norweger backen eben anders.

Ich machte ihm den Vorschlag, in einem Gatukök, den ich vorher gegenüber von unserem Parkplatz gesehen hatte, Pommes frites zu essen. Hier erlebten wir eine weitere Überraschung. Für ein Drittel der Portionsgröße, die wir in Deutschland und in Schweden gewohnt waren, bezahlten wir den dreifachen Preis. Jetzt wusste ich auch, weshalb so viele Norweger lange Strecken in Kauf nahmen, um in Schweden einzukaufen.

Erst am späten Mittag fuhren wir weiter und landeten auf dem Weg ins Gebirge in dem Campingdorf Dönfoss am gleichnamigen Wasserfall, an dem man auch die vom Wasser ausgewaschenen Gletschermühlen (Jättegryter) besichtigen kann, und wo wir auch schon 1992 einen ausgiebigen Zwischenstopp einlegten, um uns die mit Gras bewachsenen Blockhäuser (mein heimlicher Schwarm), den Wasserfall und die Stromschnellen anzusehen. Selbstverständlich, auch nur ohne ein Wort darüber zu verlieren, hielten wir an diesem Wasserfall wieder an. Eine Reisegesellschaft aus Österreich, die mit einem Reisebus auf einer Norwegenrundreise war, stand ehrfürchtig vor den rauschenden Stromschnellen neben uns.

Ich kochte im Wohnmobil Kaffee und nach unserer Kaffeepause kam der schwierigste Teil der Strecke. Auf dem wildromantischen Weg ins Hochgebirge, vorbei an wilden Gebirgsbächen und Verkehrsschildern, die vor Rentieren warnten, ging es kontinuierlich bergauf, was für unser untermotorisiertes Wohnmobil eine Quälerei war.

Endlich kam die Abfahrt nach Geiranger, geradeaus ging die Hochgebirgsstraße nach Stryn weiter. Wir bogen rechts ab und landeten bei nebeligem Nieselwetter in 1040 Meter Höhe an einem Gletschersee, vor dem das Restaurant „Djupvasshytta" stand. Hier ging rechts die mautpflichtige Straße zum 1500 Meter hohen Dalsnibba ab. Heinz guckte mich fragend an. Nein, auf die Fahrt zum Dalsnibba verzichtete ich diesmal gern, wir würden durch den Nebel sowieso nicht viel sehen, außerdem waren wir schon 1992 mit unseren Kindern einmal da oben. Diesmal legte ich mehr Wert auf eine Fjordrundfahrt, denn dafür hatten wir damals keine Zeit mehr gehabt.

Über ich weiß nicht mehr wie viele Kehren und Aussichtspunkte, an denen wir hielten, filmten und fotografierten, fuhren wir wieder bergab. Hin und wieder überquerte die Straße auch tosende Wasserfälle, die in die Tiefe stürzten und später in den Geirangerfjord mündeten. Leider ist auf einem Großteil der Straße das Anhalten wegen Steinschlaggefahr verboten.

Der Geirangerfjord, wenn er nicht von schlechtem Wetter eingenebelt ist, sieht in natura noch schöner aus als auf Postkarten. Unter den Nordlandkreuzfahrern gilt er als das schönste Reiseziel der Welt. Jeden Sommer legen hier 160 Kreuzfahrtschiffe aus aller Welt an, bevor der Ort wieder für acht Monate in den Winterschlaf fällt.

Unten, wieder auf Meereshöhe angekommen, stellten wir erschreckt fest, dass der Campingplatz schon sehr gut besucht war, und Heinz hoffte im Stillen, noch irgendwo einen Stellplatz am Wasser zu bekommen. Mit den Worten „ mach du das Schriftliche, ich suche derweil schon mal einen Stellplatz" ließ er mich an der Rezeption aussteigen, als wir am späten Nachmittag gegen halb sechs in Geiranger ankamen.

Für 130 Kronen pro Nacht buchte ich mich für zwei Tage ein, bezahlte sofort und benötigte wieder keine Campingkarte. Jetzt musste ich nur noch meinen Mann wiederfinden, der sich schon einen Platz suchen wollte. Zuerst marschierte ich in die Richtung, wo wir 1992 gestanden hatten, suchte den gesamten Campingplatz ab und fand weder unser Auto noch meinen Gatten wieder. Direkt durch den Campingplatz rauscht ein

Der Geirangerfjord vom oberen Aussichtspunkt aus gesehen

wilder Fluss in den Geirangerfjord, der das Wasser von den Wasserfällen aufnimmt, und trennt somit das Campingplatzgelände in zwei Teile. Auf dem linken größeren Platz suchte ich vergebens, musste also über die Brücke zurück und auf der anderen Seite weitersuchen. Endlich sah ich unseren LT mit geöffneter Tür und Hecksicht zum Fjord direkt neben einen Hamburger VW-Bus stehen.

Nur zwei Meter vor uns lag der Fjord, an dessen Ufer eine Austernfischerfamilie (rotschnäblige, schwarzweiße Seevögel) darauf wartete, von uns gefüttert zu werden. Wir holten etwas Weißbrot aus unserem Auto und fütterten die Austernfischer, die sofort so viel Gezeter machten, dass sie auch die Möwen, die sich in der Nähe aufhielten, auf den Plan riefen. Innerhalb weniger Minuten hatten wir einen ganzen Schwarm kreischender Möwen um unser Auto. Als die Brotscheibe alle war, schauten uns die Vögel weiterhin erwartungsvoll an, aber mehr verfüttern wollten wir nicht, denn wir brauchten auch noch etwas für unser Frühstück. Mit unseren Handys riefen wir in Deutschland meine Mutter an um zu sagen, dass wir gut hier angekommen waren. Dann schlossen wir unser Fahrzeug ab und machten noch einen Spaziergang in den kleinen Ort Geiranger, der nur wenige hundert Einwohner hat. An der Campingplatz-Rezeption besorgten wir uns noch eine Geiranger-Broschüre, in der auch stand, wann welches Kreuzfahrtschiff in Geiranger einlief. Dann bogen wir links in Richtung Ort ab.

In einem Lebensmittelgeschäft, in das uns die Neugierde trieb, entdeckten wir gut versteckt hinten in einer Ecke eine Minicafeteria, in der es Kaffee, Waffeln und auch warmgehaltene Pizza gab. Drei kleine runde Tische luden uns förmlich ein zu bleiben. Ich bestellte mir an der Theke eine Waffel mit Syltetöy og Flöyte (Konfitüre und Sahne) und Heinz nahm sich seine Pizza aus dem Warmhalteofen. Mit Blick auf den Fjord setzten wir uns mit Kaffeetassen, Waffel und Pizza an einen der Tische und genossen den herrlichen Ausblick auf den kleinen Yachthafen im Fjord, der direkt vor uns lag, und auf die schneebedeckten umliegenden Berge. Noch stundenlang gingen wir in dem Ort und am Fjord spazieren und uns fiel es sehr schwer, uns von dieser Kulisse zu trennen. Auch wenn tausende Touristen auf dem Platz waren, herrschte auf dem Campingplatz eine absolute Stille, nur das Rauschen des in den Fjord strömenden Flusses und etwas Möwengeschrei war zu hören.

Am nächsten Morgen, es war der 14. Juli, waren wir schon früh auf. Der Tag war einfach zu schade, um ihn zu verschlafen. Das Wetter schien schön zu werden.

Das Einlaufen Q E II in den Fjord erwarteten wir um zwölf. Wir unterhielten uns mit unserem Hamburger Nachbarn, der auch auf das Schiff wartete und nebenbei bemerkte, dass die Zeiten, die offiziell angegeben waren, nicht immer eingehalten würden. Die Schiffe liefen oft eher in den Fjord ein als in den Broschüren angegeben.

Weil wir am Tag zuvor so viel gefilmt hatten, ließen wir sicherheitshalber unseren Filmkameraakku noch einmal an der Rezeption aufladen.

Wir hatten unseren Campingtisch und die Stühle vor unserem Wohnmobil aufgebaut und waren immer noch beim Kaffeetrinken, als bereits gegen elf die Bugspitze der Q E II zu sehen war. Heinz flitzte schnell zur Rezeption, um seinen Akku zu holen. Als er zurückkam, war schon ein Teil des Schiffes zu sehen. Unsere Videokamera lief im Dauerbetrieb.

Mit dreimaligem dumpfem Hupen aus dem Nebelhorn, das im Fjord widerhallte, begrüßte das Schiff den Geirangerfjord. Vom bergigen Ufer des Fjordes wurden mehrere Salutleuchtraketen zur Begrüßung abgeschossen. Um das Schiff bei einem Tiefgang von zehn Metern nicht auf Grund zu setzen (auch in den Fjorden gibt es Ebbe und Flut) ankerte die Q E II gut eineinhalb Kilometer von Geiranger entfernt im tieferen Gewässer. Nach geraumer Zeit wurden Tenderboote zu Wasser gelassen. In einem dieser Boote kamen Leute von der Crew an Land und bauten im Hafen einen Stand mit Begrüßungsgetränken auf, der von einem blauen Schirm mit der Aufschrift „Cunard Queen Elizabeth II" vor der Sonne geschützt wurde.

Bis die ersten Tenderboote mit den Passagieren an Land kamen, dauerte es aber noch einige Zeit. Reisebusse, die die 1750 Passagiere zu Sehenswürdigkeiten wie den Trollstigenpass und den Dalsnibba fahren sollten, warteten schon auf dem Parkplatz. Dann aber wurde es auf dem Fjord lebendig. Ein Tenderboot nach dem anderen spuckte Passagiere aus aller Herren Länder und jeden Alters aus. Behinderte und Rollstuhlfahrer, für die wahrscheinlich ein Lebenstraum in Erfüllung ging, wurden vorsichtig von der hilfsbereiten Crew an Land gebracht.

Jetzt hielten wir es auf dem Campingplatz nicht mehr aus. Wir schlossen unser Auto ab, gingen in den Ort, in dem es seltsamerweise keinen freien Parkplatz mehr gab, und mischten uns unter die Passagieren, die erst einmal die Andenkenläden stürmten. Kulturbeflissene Japaner verschwanden allerdings gleich in den wartenden Reisebussen. Restaurants und Eisbuden waren geöffnet und warteten auf Gäste. Wir hatten uns gerade ein Eis geholt und uns an einen Tisch direkt am Kai gesetzt, als ein Katamaran neben uns hielt und Reporter vom norwegischen Fernsehen mit Kameras und Mikrophonen bewaffnet ausstiegen. Ihr Ziel war es, Passagiere von der Q E II zu interviewen.

Als wir gegen Mittag Hunger verspürten, entschlossen wir uns, wieder in den Lebensmittelladen zu gehen, um Waffel und Pizza zu essen. Und wir hatten von unserem Fensterplatz aus eine herrliche Aussicht auf das lebendige Treiben im Fjord.

Als dann auch noch in der Mittagszeit die neue „Finnmarken" von Hurtigruten, die in den Sommermonaten auch in den Geirangerfjord einläuft, die die Q E II ebenfalls mit einem Tuten begrüßte, mitten auf dem Fjord direkt vor unseren Augen hielt, kamen wir aus dem Staunen nicht heraus. Wanderer ließen sich mit dem Ausflugsschiff „MS Geiranger", das hierfür zweckentfremdet wurde, ausbooten, und neue Passagiere stiegen dazu. Nach einer halben Stunde Aufenthalt wendete die Finnmarken und verabschiedete sich wieder.

So verging der Nachmittag wie im Fluge und als es leicht anfing, von oben zu tröpfeln, holten wir uns in der Minicafeteria des Lebensmittelladens jeder eine große Tasse Kaffee, setzten uns nach draußen unter eine Markise und verfolgten mit dem Fernglas vor einer unbeschreiblich schönen Kulisse, wie die ersten Passagiere wieder mit den Tenderbooten zum Mutterschiff zurückkehrten.

Die ersten Tenderboote wurden mittels hydraulischer Seilwinde wieder an Bord gehievt, während noch einige Passagiere mit ihren Gläsern unter dem blauen Schirm standen und von ihren Erlebnissen berichteten. Als auch die noch verbliebenen Passagiere wieder an Bord des Mutterschiffes waren, wurde der Getränkestand nebst Sonnenschirm in Windeseile abgebaut und in das letzte Tenderboot verstaut, das mit den Crewmitgliedern nun auch zur Queen Elizabeth II startete.

Mit etwas Verspätung, weil einige Busse nicht pünktlich zurückgekehrt waren, setzte sich die Queen Elizabeth II wieder langsam in Bewegung, ein dumpfes Tuten ertönte und vom Ufer des Fjordes wurden wieder Leuchtraketen zum Salut gezündet. Wehmütig, mit feuchten Augen, sahen wir dem Kreuzfahrtschiff hinterher, bis das Heck hinter einem Berg verschwunden war.

Auf dem Fjord war wieder Ruhe eingekehrt. Lediglich die Autofähre, die in regelmäßigen Abständen nach Hellesylt fährt, stand noch am Fähranlieger. Ich kaufte in der Rezeption unseres Campingplatzes noch einige Ansichtskarten und dann gingen wir zu unserem Wohnmobil zurück. Die Parkplätze leerten sich wieder und die Campinggäste kehrten zu ihren Wohnwagen und Wohnmobilen zurück. Nach diesem herrlichen Tag hatte ich endlich einmal Ruhe, um die Karten zu schreiben. Als wir am Abend noch einen Spaziergang durch den Ort machten, erkundigten wir uns nach den Zeiten und den Preisen für eine Fjordrundfahrt mit der „MS Geiranger." Die erste Rundfahrt startete am nächsten

Hurtigrutenschiff „Finnmarken" und „Queen Elizabeth II" im Geiranger

Tag früh um 9 Uhr 30, dauerte eineinhalb Stunden und kostete neunzig Kronen pro Person.

Am nächsten Morgen um sieben stand ich schon wieder mit meiner Filmkamera draußen und wartete auf die „Maxim Gorky", die um acht Uhr in den Fjord einlaufen sollte. Als mein Wasserkessel pfiff und ich das Wasser durch den Filter goss, sah ich schon die Bugspitze der „Maxim Gorky" um die Ecke biegen und zum Frühstück hatten wir wieder eine herrliche Aussicht. Leider müssen bei einem so großen Schiff die Dieselaggregate weiterlaufen und so nebelte die „Maxim Gorky" nach und nach den ganzen Fjord ein. Wir flüchteten und standen pünktlich um neun am Anleger des Ausflugsschiffes. Mit uns warteten schon einige andere Touristen, die eine Rundfahrt durch den Fjord machen wollten. Punkt halb zehn ging es los. Zum Glück war das Schiff nicht so voll, so dass wir genügend Platz hatten, um zu filmen und zu fotografieren. Vorbei an der rauchenden „Maxim Gorky" fuhren wir hinaus auf den Fjord, der bis zu 260 Meter tief sein soll. An rauschenden Wasserfällen, die von den schroffen Felsen in die Tiefe stürzten und sich wie die Berge im Fjordwasser spiegelten, und an alten unbewohnten Bergbauernhöfen vorbei, die von einem Verein gepflegt werden, um sie für die Touristen zu erhalten, steuerten wir, von der Hellesylt-Fähre verfolgt, den Sunnylvsfjord an, in den der schmale Geirangerfjord mündet. Zwischendurch bekamen wir Erklärungen in englischer, französischer und deutscher Sprache. Unter anderem wurde auch erklärt, dass auf einem Bergbauernhof früher die Kinder angeseilt wurden, damit sie nicht mehrere hundert Meter in die Tiefe stürzten. Und dass man früher hier schon Tomaten und Aprikosen angebaut habe. Außerdem habe Norwegen einen Antrag bei der Unesco gestellt, um den Geirangerfjord als Weltnaturerbe anzuerkennen.

Leider hatten wir nur noch für zehn Minuten Film auf unserer Video-kamera und vergessen, einen neuen Film einzupacken. Aber wir hatten ja auch zum Glück noch zwei Fotoapparate dabei (mein Film in der Automatikkamera klemmte später beim Herausnehmen und wurde dabei belichtet). Auf dem Rückweg sahen wir noch die größte halbwilde Ziegenherde in dieser Gegend im Gebirge herumstreifen. Die andertalbstündige Fjordrundreise verging viel zu schnell und ehe wir uns versahen, legten wir schon wieder in Geiranger an.

Zum krönenden Abschluss gingen wir noch einmal Waffel und Pizza essen und schwärmten uns gegenseitig von den schönen zwei Tagen vor. Ich warf noch meine Ansichtskarten in den roten Briefkasten, dann verließen wir den Campingplatz in dieselbe Richtung, aus der wir gekommen waren.

Oberhalb des Geirangerfjordes stoppten wir an der Felsenkanzel, auf denen mehrere Männer in norwegischen Trachten mit großen Alphörnern standen und Melodien bliesen. Gleichzeitig hielt eine Person auf dem Parkplatz an und verkündete per Lautsprecher, dass der Geirangerfjord seit diesem Tag zum Weltnaturerbe gehöre. Minutenlang blieben wir auf dem Parkplatz stehen und sahen uns das Schauspiel an.

Noch mal ein Blick zurück auf den Fjord und wir stiegen wieder ins Auto. Vor uns lagen 670 Kilometer. Adieu Geiranger! Wir sehen uns bestimmt wieder. Irgendwann einmal!

Mit dem Lied „Whisky In The Jar" von den Dubliners, dieses Lied passt einfach in diese raue, wilde norwegische Landschaft, fuhren wir

Wasserfälle im Geirangerfjord

die kurvenreiche Straße wieder bergauf, bis wir das Restaurant „Djupvasshytta" an dem immer noch zugefrorenen Gletschersee erreichten. Und weil uns die Trennung diesmal besonders schwer fiel, gingen wir noch auf eine Tasse Kaffee hinein. Danach schnurrte unser LT ohne Zwischenstopp permanent bergab. In Lom gönnten wir uns trotz des Regenwetters noch zum Abschied in unserer schon bekannten Eisdiele ein norwegisches Eis und nach einer Übernachtung im Gudbrandsdal bei Ringebu bogen wir bei Hamar in Richtung Elverum ab. Über Kongsvinger überquerten wir bei Charlottenberg wieder die schwedische Grenze. Hier kauften wir erst einmal ein und aßen in einem Gatukök eine Portion Pommes. Vorbei an Åmotfors und Årjäng sahen wir an der Straße 172 bei Bengtsfors im strömenden Regen noch einen kleinen Elchbullen am Waldrand stehen, den ich mit meiner Videokamera einfing.

Samstagabend um 20 Uhr waren wir wieder in unserem Schwedenhaus. Sven, der extra aus Deutschland angereist war, um uns bei dem Verandaneubau zu helfen, war genau eine Stunde vor uns da.

Eine neue Veranda

Während andere Familien am Sonntagmorgen am Frühstückstisch saßen, wurde bei uns bereits die alte Verandaaußenwand abgerissen, dabei brach sich Sven seinen erst neu erworbenen Hammer (es war ein deutscher) ab, als er einen Nagel aus dem untersten Brett heausheben wollte. Man sollte ja für schwedisches Holz auch schwedisches Werkzeug verwenden.

Am Montag fuhren die Herren mit einem vom Nachbarn geliehenen Anhänger schon sehr früh nach Uddevalla, um bei Byggmax das Holz und die Trapezkunststoffdachplatten (Plasttak) für die neue Veranda zu kaufen.

Das 45 mal 145 Millimeter starke imprägnierte Konstruktionsholz für den Fußboden und das Dach hatte Heinz schon vor unserer Geirangerfahrt an dem Tag gekauft, als ich im Vattenpalatset war. Danach wurde tagelang nur noch genagelt. Als die 300 laufenden Meter 22 mal 95 Millimeter Fußbodenlatten wegen der Stabilität versetzt mit sieben Millimetern Zwischenraum verbaut waren, kamen Svens neuerworbenen Sägekenntnisse zum Einsatz, denn er sollte die überstehenden Lattenreste absägen.

Als ich am nächsten Morgen das Frühstück bereiten wollte, hatte Heinz bereits die vorderen vier Dachstützen montiert. Darauf kamen dann die sieben Dachtraversen, auf denen wiederum die 22er mal 95er Latten quer vernagelt wurden. Auf dieses stabile Gerüst wurden abschließend die sechs transparenten Kunststoffdachplatten überlappend von Sven mit einem Akkuschrauber verschraubt, der für diese Aufgabe mit zwei Holzlatten zur Stabilisierung und einer feuchten Wolldecke, damit er nicht herunterrutschen konnte, aufs Dach krabbelte.

Als Nächstes wurde die ehemalige Verandaaußenwand für den zukünftigen Wintergarten in Fachwerkbauweise wieder neu aufgebaut und anschließend mit Ytterpanel vernagelt. Beim Einsetzen der Fenster – wir hatten fünf Thermopenfenster in den Maßen 120 mal 90 und ein kleines Fenster 90 mal 40 Zentimeter aus Deutschland mitgebracht – klemmte beim Einschäumen eine Kartusche, und als Heinz den Schaumsprühkopf gewaltsam zusammendrückte, um ihn zu öffnen, kam der

Unsere neue Veranda mit meinem Lieblingstisch

Schaum auch gleich nach allen Seiten herausgeschossen, haftete sich an die Holzkonstruktion des Verandadaches und legte sich als Sahnehäubchen auf den Rasen.

Ich bekam einen Lachkrampf und erinnerte mich an ein Lied der Schlümpfe, die zur Kindergartenzeit meiner Söhne die Musikwelt beherrschten: „Der kleine Schlumpfensheriff schießt nur mit Sahne." Unser Schlumpfensheriff schoss nicht mit Sahne, sondern mit Bauschaum, den die Jungs und ich in mühevoller Kleinarbeit wieder von der Rasenfläche entfernen mussten.

Nachdem auch noch die Verandaaußenpaneele nach tagelangem Hämmern (nur gut, dass wir hier keine unmittelbaren Nachbarn hatten) fertig war, bekam alles – natürlich mit Faluröd – einen neuen Anstrich.

Beim nächsten Lebensmitteleinkauf entdeckte ich bei Göfab noch einen neuen Kunstrasenteppich für unsere neue 13 Quadratmeter große Veranda, die uns ohne lästige Stützbalken genügend Platz ließ, um auch mal mit mehreren Personen draußen zu sitzen. Um Zugluft zu vermeiden, brachten wir an der Wetterseite und an der Seite gegenüber noch eine transparente Kunststoffwand an.

Einen Ehrenplatz direkt neben dem Eingang, der jetzt nicht mehr nach vorne liegt, sondern seitlich in Richtung Küchenfenster, bekam „Hugo", ein sitzendes Holzmännchen, das wir vor zwei Jahren auf einem Weihnachtsmarkt in Deutschland gekauft hatten und der in seinen Armen eine Angel und einen kleinen Zinkeimer hielt. Er hatte bei uns die ehrenvolle Aufgabe, im Winter und auch manchmal im Sommer Eichhörnchen und Vögel zu füttern.

Besonderer Beliebtheit erfreute sich „Hugo" bei den Nachkommen von „Mümmelchen", die unsere offene Verandatür und Haustür als persönliche Einladung zum Tag der offenen Tür für Eichhörnchen betrachteten und sogar zu uns ins Haus kamen, um sich nach einer Hoppelrunde durch das Wohnzimmer ihre Haselnusskerne von uns persönlich abzuholen. Einmal wollte ich die Kaffeemaschine munitionieren und trat beinahe auf ein Eichörnchen, das sich neugierig durch die geöffnete Haustür bis in die Küche gewagt hatte. Neugierige Meisen – wo es Eichhörnchen gibt, gibt es auch Nüsse – flogen oft hinterher, verloren die Orientierung bei uns im Haus und wir hatten dann Mühe, diese flatternden Gesellen unversehrt wieder ins Freie zu befördern.

Björn, der inzwischen den dritten Winter hier einsam mitten im Busch überstanden hat, kauft jedes Jahr 60 bis 70 Kilogramm Sonnenblumenkerne in 25-Kilo-Säcken und mehrere Tüten mit Haselnuss- und Erdnusskernen, damit die inzwischen zahlreich vorhandenen Vögel auch gesund durch den Winter kommen.

Eigentlich wollte Heinz ja erst im Herbst mit der Isolierung und der Vertäfelung der Außenwände vom Wintergarten beginnen. Aber als er zufällig auf dem Boden, den er inzwischen so ausgebaut hatte, dass wir dort eine zusätzliche große Lagerfläche hatten, noch Isolierwolle fand und er von unserem bekannten Hamburger Rentnerpaar noch restliches Isomaterial bekam, juckte es meinem übereifrigen Gatten wieder in den Fingern. Er kaufte Nut- und Feder-Holzpaneele, isolierte mit 70 und an einigen Stellen mit 95 Millimetern den zukünftigen Wintergarten und war auch die letzten Urlaubstage mal wieder stundenlang am Hämmern.

„Hugo", unser neuer Eichhörnchenfütterer

Mit einem Klaufixanhänger aus der ehemaligen DDR, einer neuen Rattan-Sitzgruppe, die ich mir schon seit Jahren gewünscht hatte, einer 190 mal 90 Zentimeter großen Thermopentür für den Wintergarten und fünf Laminatpaketen fuhren Heinz, meine Mutter, die sich unseren Neubau mal ansehen wollte, ich und unser vor einigen Jahren aus dem Schnee geretteter Nymphensittich in seinem Vogelheim im Herbst nach Schweden.

Im Gegensatz zum Sommer hatten wir förmlich einen Bilderbuchherbst mit blauem Himmel und bunten Blättern an den Bäumen. Morgens in aller Frühe verlegte Heinz die Laminatbretter und vertäfelte die noch verbliebenen freien Stellen. Nach dem Frühstück fuhren wir dann gemeinsam durch das Kroppefjäll, um den „Indian Summer" zu genießen.

Als auch noch fünf Halogenstrahler für die Beleuchtung eingebaut waren, konnte ich mit der Innendekoration beginnen. Schon in Deutschland hatte ich künstliche Grünpflanzen gekauft, die die schwarzen Stützbalken verdecken sollten. In einem Plunderladen an der 45 in Brålanda kaufte ich noch mehr künstliche Planzen, mit denen ich die Ecken dekorierte und die etwas Grün in den Raum bringen sollten. Ein Schiffslenkrad, das Heinz in der Mitte mit einer Kopfspiegellampe versah, sorgte direkt über dem Zweiersitz für eine urgemütliche Atmosphäre. Inzwischen ist der Wintergarten mit seiner Rattan-Sitzgruppe und den unechten Grünpflanzen – echte würden im Winter durch die Kälte eingehen – zu meinem Lieblingsaufenthaltsort geworden.

Aus Zeitmangel und wohl auch auf Grund des schlechten Wetters schafften wir es nicht, auch nur einmal im Sommer 2005 mit unserem Boot zu fahren. Dies wollten wir aber dieses Jahr nachholen, denn wir hatten einen besonders warmen Sommer. Aber am Tage bei 30 Grad im Schatten wollten wir nicht unbedingt aufs Wasser. Während Heinz sich in diesem Sommer noch eine „Snickeria", eine kleine Werkstatt gebaut hatte, lag ich meistens in der Hollywoodschaukel, die unter unseren natürlichen Schattenspendern, den großen Fichten, stand. Unser Bootsmotor, der seit zwei Jahren nicht angelassen worden war, hatte auch einen technischen Defekt. Heinz nahm ihn teilwese auseinander, stellte den Vergaser neu ein und meinte, er müsse nun laufen.

Eigentlich wollten wir auch auf unserer Angelhalbinsel die inzwischen morsche Bank reparieren. Dazu brauchten wir aber erst einmal die richtigen Maße. Eines abends, obwohl sich der Wind aufmachte, wagten wir uns aufs Wasser, nahmen Fernglas, Filmkamera und Zollstock mit und fuhren zu unserer Bootsbucht. Kaum waren wir mit unserem stotternden Motor auf dem See, blies uns der Wind aus der Richtung, in die wir eigentlich fahren wollten, so stark entgegen, dass wir uns entschieden, entgegengesetzt nach rechts zu fahren. Nach einer Stunde auf dem See wurde es uns zu kalt und wir kehrten, ohne auf der Halbinsel gewesen zu sein, in unsere Bootsbucht zurück.

Den zweiten Versuch starteten wir einige Tage später. Schon vormittags war es sehr schwülwarm. Gemeinsam schauten wir mindestens dreimal zum Himmel, um uns über die Wetterlage zu informieren. Es waren nur einige Cumuluswolken zu sehen. „Doch, ich glaube, heute können wir ohne Bedenken fahren, windig ist es auch nicht", meinte mein optimistischer Gatte, und ich sah auch kein Risiko, das es regnen könnte, auf uns zukommen. Also packten wir wieder Getränke, Fernglas, Filmkamera, Zollstock und den Bootsmotor ins Auto und fuhren zu unserer Bootsanlegebucht.

Einige Tage vorher hatte es ein kräftiges Gewitter gegeben, und als wir unsere Sachen ins Boot bringen wollten, stellten wir fest, dass mindestens hundert Liter Wasser im Boot waren. Auch das noch: Wir hatten unsere rote Schöpfkelle vergessen. Ich lief zum Wohnmobil zurück und holte eine große Schüssel und ein Kehrblech. Damit schaufelten wir in mühevoller Kleinarbeit das Wasser aus dem Boot. Als wir damit endlich fertig waren, montierte Heinz den Bootsmotor und ich packte die anderen Utensilien hinein.

Endlich konnte es losgehen. Vorsichtig paddelte ich aus dem Gewirr von Seerosen heraus und – welch ein Wunder – der Motor sprang auch gleich nach mehrmaligem Ziehen an. Als ich die im Wasser stehenden schottischen Hochlandrinder filmen wollte, die bei der Hitze wohl eine Abkühlung suchten, drosselte Heinz den Motor, der darauf anfing zu stottern und schließlich ganz ausging. Verzweifelt versuchte er, den Motor wieder anzuwerfen, der aber nur unwillig den Kopf schüttelte und keinen Ton mehr von sich gab.

Dafür hörte ich andere beunruhigende Geräusche. Sie kamen von oben, von einer dunklen Wolkenwand.

Wo kam die denn auf einmal her. Ein Gewitter auf dem See im ungeschützten Boot war mein absoluter Albtraum. Panikartig versuchte Heinz, den immer noch streikenden Motor wieder in Gang zu setzen, während ich mit den Rudern paddelte, um so schnell wie möglich wieder unsere schützende Bucht und damit auch das rettende Ufer zu erreichen. Aber der Motor blieb stumm. Zum Glück erreichten wir noch im Trockenen die Bucht. Hektisch und in Windeseile räumten wir unsere Sachen aus dem Boot und brachten sie ins Auto. Schnell montierten wir noch den Motor ab, denn das Donnern wurde lauter, und als wir gerade im Auto saßen, fing es leicht an zu tröpfeln.

Ohne nach links oder rechts zu schauen, um Elche zu suchen, fuhren wir diesmal zügig zu unserem Haus zurück.

„Ich wusste, dass ihr gleich wiederkommt, guckt mal zum Himmel." Am nördlichen Horizont türmten sich dunkle Wolkenberge auf, die den Eindruck vermittelten, als wäre gerade ein Vulkan ausgebrochen. Björn half uns noch die Sachen aus dem Auto auszuladen, und kaum waren wir im Haus, ging über uns die Welt unter. Ein heftiger Wolkenbruch ergoss sich auf unser Grundstück. Zwischendurch blitzte und donnerte es so heftig, dass unser Jordfelsbrytare durch die Überspannung heraussprang. „Stell dir vor, wir würden jetzt im Boot sitzen und der Motor streiken", sagte ich nachdenklich und schaute aus dem Fenster.

Eine Woche später wagten wir einen dritten Versuch. Diesmal war überhaupt keine Wolke am Himmel zu sehen und windig war es auch nicht. Heinz überprüfte noch einmal Vergaser und Zündkerzen und ließ noch einmal den Motor im Trockenen laufen. Der sprang auch sofort an.

„Was nützt uns das, wenn der Motor im Trockenen sofort anspringt, aber dafür im Wasser seinen Dienst verweigert", sagte ich skeptisch.

„Ach was, guck doch mal, wie der läuft, der schnurrt wie ´ne Katze", sprach mein zuversichtlicher Gatte, während er den Motor laufen ließ, der das typische knatternde Geräusch eines Zweitaktmotors von sich gab und unser Grundstück so sehr einräucherte, dass ich schnell die geöffneten Türen und Fenster unseres Hauses verschloss.

„Ich würde eher sagen, der quäkt wie ein junger Tiger", ich trau-

Überraschung...

te dem Frieden nicht so ganz. Trotzdem packte ich zum dritten Mal Getränke, Fernglas, Filmkamera, Zollstock und auch sicherheitshalber einen Eimer und unsere Schöpfkelle ins Auto, denn durch das Gewitter war sicherlich wieder jede Menge Wasser im Boot. Heinz brachte den Motor mit und optimistisch fuhren wir los. Nachdem wir das Wasser, das weniger war, als wir erwarteteten, aus dem Boot geschöpft hatten, montierte Heinz den Motor, während ich die anderen Sachen ins Boot stellte.

Vorsichtig paddelten wir wieder durch das Seerosengewirr, und nach mehrmaligem Ziehen sprang sogar der Motor an. Diesmal steuerten wir links von unserer Bucht die Halbinsel an. Nach gut einer Viertelstunde Fahrt, in der wir ganz allein auf dem See waren, erreichten wir unsere Felsenhalbinsel und wunderten uns darüber, dass unser Bootsanbindebaum daneben lag.

Heinz stellte den Motor aus und ich kletterte aus dem Boot, um das blaue Seil an dem noch 20 Zentimeter hohen verbliebenen Baumstumpf zu verknoten. Dabei stellte ich amüsiert fest, dass es Biber waren, die den Baum abgenagt hatten.

Obwohl ringsherum Wald stand, mussten sie ausgerechnet den einzigen Baum auf dieser Felsenhalbinsel fällen? Das grenzte schon an Sabotage. Zum Glück hatten sie noch einen höheren Stumpf stehen gelassen, der zum Anbinden des Bootes gerade so reichte. Wir packten Getränke und Kameras aus, filmten und fotografierten mehrmals den abgenagten Biberbaum, die frischen Späne lagen noch daneben, und genossen bei Cola und Kakao den herrlichen Ausblick auf den See.

Mit dem Zollstock nahmen wir dann die Maße von der verrotteten Bank, die nur noch aus dem verrosteten Gestell bestand. Falls wir es schaffen sollten, wollten wir mit dem passenden Holz, 40er Schrauben und Akkuschrauber in den nächsten Tagen wiederkommen.

Nach einer guten Stunde sammelten wir unsere Habseligkeiten wieder ein. Heinz band das Boot am Ufer los, während ich unsere Tüten im Boot unter dem Sitz verstaute, und kletterte anschließend mit sehr viel Schwung, der das Boot gefährlich schwanken ließ, hinein. Mit den Paddeln stießen wir uns vom felsigen Untergrund ab und nur mit Mühe und nach mehrmaligem Ziehen sprang der Motor widerwillig an. Aber immerhin, wir brauchten nicht wieder den ganzen Weg zurückzurudern. Als Heinz noch auf die Idee kam, an unserer Bootsbucht vorbeizufahren, um noch einmal in die andere Richtung zu schauen, hatte ich im Prinzip auch nichts dagegen einzuwenden. Ich war gerne auf dem Wasser und konnte stundenlang Vögel und anderes Getier mit dem Fernglas beobachten.

Als ich einen Fischreiher sah und meinen Gatten nötigte, den Motor etwas zu drosseln, stellte Heinz ihn, damit ich besser Filmen konnte, ganz aus. Daraufhin quittierte er völlig den Dienst und wollte auch anschließend, so sehr sich mein Kapitän bemühte, absolut nicht mehr anspringen. Zu unserer Bucht zurück paddelte ich, während mein Gatte rätselte, wo er den Fehler im Bootsmotor zu suchen hatte.

Damit hatten wir genug vom Bootfahren. Bevor nicht der Motor wieder in Ordnung war, würden wir wohl kaum noch einmal aufs Wasser gehen. Die Bank konnte ihre neue Sitzfläche und Lehne dann eben erst im nächsten Jahr bekommen.

Weil wir langsam an die Heimreise denken mussten, holten meine Herren das Boot mit unserem vor einigen Jahren erworbenen Boots-

... Biber haben ausgerechnet unseren Bootsanbindebaum gefällt

Auf Schritt und Tritt auf Tuchfühlung mit dem Elch, ...

trailer wieder ab, damit es sicher bei uns auf dem Grundstück überwintern konnte.

Weil ich mal wieder auf der Suche nach einem passenden Badeanzug war, fuhren wir auf dem Heimweg noch einmal nach Ullared und waren am Samstag 20 Minuten vor Geschäftsschluss bei Gekås. Leider gab es auch hier nur noch die übrig gebliebenen Modelle in Laubfroschgrün mit Blättern (wer hat eigentlich mal einen grünen Frosch als Laubfrosch bezeichnet, während ein brauner Frosch Grasfrosch genannt wird?) oder Bonbonrosa mit Blüten. Und die Farben, die mir gefielen, gab es nur noch in Übergrößen von 48 bis 56.

Also verließen wir, nachdem wir flüchtig durch das Geschäft gelaufen waren, ohne Badeanzug wieder den Laden und gönnten uns draußen noch eine Portion Pommes an der Sybilbude, bevor wir uns schweren Herzens auf die Heimreise machten

Bleibt nur noch zu erwähnen, das auch Sven inzwischen Deutschland den Rücken gekehrt hat und sich in seiner Freizeit mit Vorliebe auf dem Halleberg aufhält.

...dem wahren Grund unserer Leidenschaft für Schweden.

Leider hat man in den letzten Jahren nach dem Wechsel der Forstverwaltung den Elchbestand so stark dezimiert, dass sogar die Elchsafaribusse nur noch den Hunneberg hinauffahren, um die Touristen in das vor einigen Jahren eröffnete Museum zu schicken, in dem ein ausgestopfter Elch und sein Schütze (der schwedische König) zu sehen ist. Gab es früher noch eine Elchgarantie – man bekam sein Geld wieder, wenn man keinen Elch gesehen hatte, fährt der Safaribus inzwischen nur noch einmal um den Ringvägen im Hunneberg. Sieht man dabei keinen Elch, hat man Pech gehabt. Auch ist uns aufgefallen, dass uns immer weniger Naturfotografen und Touristen auf den Bergen begegnen.

Dafür wurden in den letzten zwei Jahren in einigen Orten in Schweden so genannte Elchparks eröffnet. Bei Dals-Ed, gegenüber vom Campingplatz, kann man sogar ins Gehege hineingehen und Elche streicheln.

Bereits erschienen:
LESERBÜCHER

oblag die Dokumentation mit der digitalen Kamera. Was zunächst nur fürs heimische Familienalbum gedacht war, wuchs sich zur handfesten Reisebeschreibung aus. Von Freunden und Verwandten ermutigt, wagte Marianne Schmöller schließlich eine Anfrage nach einem kleinen Büchlein beim DoldeMedien Verlag. Dort fiel die Idee „Leser schreiben für Leser" auf fruchtbaren Boden – und das LESE®BUCH wurde geboren.

kommt schließlich auch der Anstoß, seine Erlebnisse zu Papier zu bringen. In seinem Erstlingswerk gelingt ihm das spannend und unterhaltend.

LESE®BUCH 1
Marianne Schmöller:
Jugendtraum Peloponnes
Mit dem Caravan durch Griechenland
108 Seiten, 33 Abb. sw,
ISBN 3-928803-22-0,
9,90 Euro, Bestell-Nr.: LB 01

Marianne und Franz Schmöller, beide über 65 Jahre alt, haben ihre Jugendträume, die sie in und um Rosenheim hegten, bis ins Alter nicht vergessen. Ihre Träume, die sie auf Reisen in die Ferne lockten, blieben lange unerfüllt.
Erst jetzt, nach langem Familien- und Arbeitsleben sowie Aufbau einer eigenen Firma im Rentenalter, haben die beiden sich ihre Träume zurückgeholt und versuchen nun, auf ihren Reisen die Welt ihrer Träume aus den jungen Jahren einzufangen. Das Nordkap war ihr erstes großes Ziel. Dann folgten ausgedehnte Reisen nach Griechenland und Spanien.
Mit dem Caravan sind sie unterwegs, weil sie damit unabhängig sind. Diese Freiheit hat natürlich auch bei Schmöllers ihre eigene Geschichte. Allzu oft mussten sie gebuchte Bungalows und Hotels wieder abbestellen, verloren dabei Geld und Freude am Reisen, nur weil in der Firma unaufschiebbare Probleme aufgetaucht waren. Die zielstrebigen Unternehmer gingen diesen unerfreulichen Tatbestand zielstrebig an, und fanden für sich und ihre Familie eine flexible Lösung: Reisen im Wohnwagen. Mal stand der Caravan in den nahen Alpen, mal am See, aber nie zu weit von zu Hause weg. Schmöllers verbrachten ihren Jahresurlaub im Wohnwagen, und häufig eben mal ein verlängertes Wochenende. Auch Wintercamping war schon bald angesagt und gehörte zum festen Jahresreiseprogramm.
In Rente lautet nun die neue Devise: Fernreisen. Die wollten Marianne und Franz Schmöller nur mit einem ganz neuen Gespann wagen. Seit zwei Jahren hängt deshalb am Allrad-Nissan X-Trail ein Fendt platin.
Die vielen Erlebnisse fesselten Marianne Schmöller so sehr, dass sie beschloss, das Erlebte niederzuschreiben. Franz Schmöller

LESE®BUCH 2
Hans-Georg Sauer: **Der vierte Versuch**
Mit dem Wohnmobil zum Nordkap
72 Seiten, 22 Abb. sw + Karte,
ISBN 3-928803-23-9,
7,90 Euro, Bestell-Nr.: LB 02

Hans-Georg Sauer ist Reisemobilist mit Leib und Seele. Das Reisemobil ist für den 51jährigen Hobby und Tür zu seinem ganz persönlichen Stückchen Freiheit: „Reisen, wohin ich will. Essen, wenn ich hungrig, schlafen, wenn ich müde bin. Und ich kann mich nicht verfahren, sondern allenfalls ein anderes schönes Ziel finden."
Diese Gelassenheit tritt in der vorliegenden Reiseerzählung in ein witziges Spannungsfeld mit der ungeduldigen Vorfreude während der Reisevorbereitung. Hans-Georg Sauer gehört nicht zu den „Meilenfressern". Selbst in den wenigen Urlaubstagen, die ihm für seine Reisen bleiben, ist er immer offen, Neues zu entdecken, Unbekanntes zu ergründen, sich treiben zu lassen. So gelingt ihm denn auch erst im vierten Anlauf, sich den Traum zu erfüllen, den er sich mit ihnen teilen: Einmal die Mitternachtssonne am Nordkap erleben. Nicht technische Defekte werfen ihn aus der Bahn. Die Aussicht auf Spannenderes und die Einsicht, nichts erzwingen zu müssen, bringen Mal für Mal den Knick in die Route.
Natürlich erzählt Hans-Georg Sauer für sein Leben gern. Im Kreis seiner Familie, Freunde und Kollegen machen seine Reiseberichte viele Male die Runde. Aus diesem Kreis

LESE®BUCH 3
Leonore Schnappert: **Abenteuer Sibirien**
Mit dem Reisemobil zum Baikalsee
181 Seiten, 215 Abb. sw,
ISBN 3-928803-35-2,
14,90 Euro, Bestell-Nr.: LB 03

Leonore Schnappert (Jahrgang 1956) aus Velbert in Nordrhein-Westfalen war mit ihrem Mann Ingo in einem Flair von Niesmann+Bischoff drei Monate unterwegs. Sie legten in dieser Zeit annähernd 18.000 Kilometer zurück.
„Die Idee, mit einem Reisemobil zu fahren, hatte ich im Frühjahr 1990 nach der Grenzöffnung. Mich begeisterte der Gedanke, Ostdeutschland zu erkunden. Mein Mann Ingo erinnerte sich bei meinem Vorschlag zum Campingurlaub in seiner Jugendzeit und teilte meine Begeisterung nicht spontan. Während der ersten Tour bemerkte er dann schnell, dass diese Form des Reisens doch sehr bequem und angenehm sein kann. Und nach der dritten Mietaktion waren wir uns einig, dass wir zukünftig, wann immer uns der Sinn danach steht, einsteigen und losfahren wollten. Ab sofort sollte im Urlaub nur noch in eigenen Betten geschlafen werden." Von Anfang an lagen die Ziele längerer Wohnmobilreisen im Osten. Das Paar bereiste die baltischen Staaten, Polen, Ungarn, Weißrussland, einige der GUS-Staaten und die Hohe Tatra in der Slowakei. Doch das größte Erlebnis bisher war die Reise zum Baikalsee. Täglich habe ich das Erlebte aufgeschrieben und diese Aufzeichnungen dienten als Grundlage für dieses Buch."

Bereits erschienen:
LESERBÜCHER

Bereits erschienen:
EXTREMBÜCHER

LESE®BUCH 4
Christiane und Wilhelm Holub:
Am Kap der Guten Hoffnung
Mit dem Reisemobil durch Südafrika
100 Seiten, 40 Abbildungen sw,
ISBN 978-3-928803-38-0,
9,90 Euro, Bestell-Nr.: LB 04

Christiane und Wilhelm Holub, beide Jahrgang 1950, reisen gern und viel. Meistens sind es Ziele, die mit dem eigenen Reisemobil angesteuert werden. Immer wieder locken aber auch ferne Länder, in denen dann ein Reisemobil gemietet wird.
So auch in Südafrika. Anregende Reiseliteratur und liebe Bekannte im Land waren ausschlaggebend. Vorzubereiten war nicht viel. Günstige Flüge gibt es häufig.
„Im Land haben wir in etwa sechs Wochen fast alle besonderen Sehenswürdigkeiten in einem Rundkurs angesteuert, 7.500 Kilometer sind so ohne Hetze zusammengekommen.
Wir hatten das Glück, besonders viele Tiere ganz nah zu erleben. Elefanten, Giraffen, Büffel, Löwen, Nashörner, alle Arten von Zebras, Böcken, Gnus... und viele weitere Tiere und Exoten. Sie hautnah und in ihrer Freiheit beobachten zu können, ist etwas Besonderes. Dazu haben diese Safaris etwas ungemein Prickelndes, Unvergleichbares.
Die unterschiedlichen Landesteile einschließlich der Königreiche Swasiland und Lesotho, Landschaften, National-Parks und Game-Parks, Städte und Geschäfte haben alle ihre besonderen Reize. Lassen Sie sich mitnehmen auf unsere Safari. Zum swingenden Elefanten und auf die Kap-Halbinsel. Wir jedenfalls fahren wieder hin."

EXTREMBUCH Nr. 1
Herbert Nocker mit Helmut Schneikart:
Die Reise meines Lebens
Mit Dixi und Dachzelt um die Welt
316 Seiten, 97 Abb. sw,
ISBN 3-928803-36-0,
19,90 Euro, Best.-Nr.: EB 01

„... Heute aber bin ich froh, ein so unverbesserlicher Träumer gewesen zu sein. Denn ich habe längst begriffen: Um all das, was mir in meinem Leben an Verrücktheiten in den Sinn gekommen ist, verwirklichen zu können, musste ich so sein, wie ich war. Andernfalls wäre ich sicher nicht auf die Idee gekommen, mit meinem Sohn in einem alten Dixi den Erdball zu umrunden..."

... und wir zwei würden jetzt nicht in deinem Wohnzimmer sitzen und an einem Buch herumtun. Wie ist es denn eigentlich für dich, wenn du für das Buch so tief in deine Vergangenheit und letztlich auch in dich selber eintauchen musst? Ist das nicht manchmal peinlich?
Nicht peinlich, eher komisch. Das kommt vielleicht daher, dass ich mich mit diesen Dingen noch nie auseinander gesetzt habe. Es gab einfach keinen Grund dafür. Jetzt aber sitzt du hier neben mir, lässt dein Tonbandgerät laufen und willst alles haarklein von mir wissen. Also nicht nur, was da im Einzelnen auf dieser Fahrt mit dem Dixi abgelaufen und geschehen ist, sondern auch, wie es dazu gekommen ist und was dahinter steckt. Ich verstehe doch ja, für ein Buch gehört das wahrscheinlich mit dazu.
Das Buch entwickelt sich auch zu einer Reise in dich selbst.
Na, servus. Klingt fast wie eine Drohung. Im Ernst: Solche Sachen hat mich zuvor kein Mensch gefragt.
Und du dich selber?
Auch nicht. Nie. Vielleicht wollte ich das alles auch gar nicht wissen. Aber ich finde es interessant, darüber nachzudenken und zu sprechen – und vor allen Dingen nach ein paar Tagen zu sehen, was du aus dem, was ich von mir gegeben habe, gemacht hast..."

Der von frühester Jugend an vom Fernweh geplagte Autorestaurator und Oldtimer-Sammler Herbert Nocker, 64, erzählt dem Journalisten Helmut Schneikart, 63, wie er mit seinem Sohn Philipp, 26, die Welt umrundete – in einem selbst gebauten BMW-Dixi Jahrgang 1928 mit 15 PS und Dachzelt.

DoldeMedien
VERLAG GMBH

Bereits erschienen:
PRAXISBÜCHER

PRAXISBUCH Nr. 1
Konstantin Abert:
Russland per Reisemobil
Basiswissen für Selbstfahrer
2., überarbeitete Auflage,
148 Seiten, 53 Abb. sw,
ISBN 978-3-928803-26-7,
12,90 Euro, Best.-Nr.: PB 01

„Was, du willst mit deinem Wohnmobil nach Russland? Bist du lebensmüde geworden? Betrunkene an jeder Ecke, überall kleine Tschernobyls und jetzt noch die Tschetschenen. Die Mafia wird dich ausrauben und dein Camper ist auf Nimmerwiedersehen weg." Das ist vielleicht eine extreme Reaktion, wenn Sie Ihren Freunden und Bekannten erzählen, Sie wollen mit Ihrem Camper auf eigene Faust nach Russland fahren. Die meisten werden aber zumindest ausdrücklich warnen und wieder zu Frankreich oder Norwegen raten. Natürlich sind diese beiden und andere europäische Länder absolut reizvolle Ziele. Aber im Gegensatz zu vielen Pauschalreisetouristen zeichnen sich Reisemobilisten eben durch etwas ganz Besonderes aus: sie sind Individualisten, voller Neugierde und Unternehmungslust. Sie sind bereit, hinter dem Steuer die Welt auf eigene Faust zu erkunden. Sie wollen Land und Leute kennen lernen, sie wollen neue Gebiete bereisen und so ihren Horizont erweitern. Und damit sind sie alle kleine oder größere Abenteurer, manchmal sogar Pioniere.
Russland ist dafür genau das Richtige. Es ist ein wunderschönes und geheimnisvolles Land. Es ist unvorstellbar groß, erstreckt sich vom alten Königsberg an der Ostsee über zwei Kontinente und elf Zeitzonen bis hin zum Stillen Ozean. Es hat unzählige Meeresküsten, Seen, Berge, Wälder, Ebenen, wunderschöne moderne und historische Städte, verschlafene romantische Dörfer und äußerst gastfreundliche Menschen. Es hält durch die Umbrüche in der jüngsten Geschichte viele Abenteuer parat. Vor allem ist es sehr viel sicherer als sein Ruf vermuten lässt. Kurzum: Russland ist ein Eldorado für den weltoffenen Individualreisenden.

PRAXISBUCH 2
Konstantin Abert:
Mobile Begegnungen in Russland
Mit dem Reisemobil durchs größte Land der Welt
200 Seiten, 50 Abb. sw,
ISBN 3-928803-27-1,
14,90 Euro, Best.-Nr.: PB 02

Ausdrücklich warnten uns finnische Freunde vor der Reise mit dem Wohnmobil durch die Sowjetunion: „Hier in Helsinki seid ihr sicher. Aber da drüben in Sowjetrussland ist schon wieder eine finnische Familie samt Wohnwagengespann verschollen." In unserer fünfköpfigen Reisecrew wurde danach heiß diskutiert, ob wir es denn wirklich wagen sollten, ohne Russischkenntnisse durch dieses Land zu fahren. Mit drei zu zwei ging die Entscheidung äußerst knapp für „Sowjetrussland" aus, so wie viele Finnen ihren östlichen Nachbarn leicht abwertend nannten. Wir riskierten es also und hatten 1990 so unser erstes russisches Abenteuer. Und was für eins. Wir mussten sogar die Sekretärin des Ministers für auswärtige Angelegenheiten in Batumi kidnappen, um ausreisen zu dürfen. Aber davon erzähle ich lieber etwas später.
1990 war eine politisch sehr bewegte Zeit. Die Mauer der DDR war vor einigen Monaten gefallen, die Gorbimanie in Deutschland ausgebrochen und der Irak hatte gerade Kuwait annektiert. Die Sowjetunion begann zu zerfallen, Russland war aber noch eine der 15 Sozialistischen Sowjetrepubliken. In diese bewegte Zeit fiel unsere erste Russlandreise hinein. Es war zumindest für mich der Anfang einer Leidenschaft, die eben nicht nur Leid schaffte, sondern auch viel Freude bereitete.
Seit dieser ersten Reise sind 14 Jahre ins Land gestrichen. 14 Jahre, in denen viel geschehen ist. Ich habe mich aus dem Verbund meines Elternhauses mindestens genauso friedlich und überraschend gelöst, wie Russland aus der Sowjetunion.
Blicke ich zurück auf diese 14 Jahre, schla-

gen über dreißig Reisen nach Russland, meist mit einem selbst ausgebauten Wohnmobil, zu Buche. Die Leidenschaft hat also angehalten und bestimmt heute sowohl mein berufliches als auch privates Leben. Meine Frau Anja habe ich auf der dritten Reise kennen gelernt, obwohl ich mir bis dahin so sicher war, niemals zu heiraten. Um sie zu beeindrucken, erlernte ich die russische Sprache innerhalb eines halben Jahres. Selten ist mir zuvor und danach so schnell so viel gelungen. Aber der Grad der Motivation war einfach nicht zu überbieten.
Beruflich bin ich als Russland-Forscher an der Universität Mainz und freier Journalist tätig geworden. Heute bewege ich mich wie ein Einheimischer in Russland und werde meist nur aufgrund des Reisefahrzeuges oder der Fotoausrüstung als Ausländer erkannt.
Ja, im Laufe der Jahre sind wir beide gereift, mein Russland und ich. Beide haben ihre wildesten Zeiten (hoffentlich) hinter sich. Sind wir also in die Jahre gekommen? Das hätte zumindest für Sie als potenzieller Russlandreisender mehr beruhigende Komponenten als für mich. In Russland geht es nicht mehr so rund, zur Zeit jedenfalls nicht. Alle die, die sich bisher nicht getraut haben, in das Land der Zwiebeltürme zu reisen, sollten das jetzt endlich tun.
Was mich ungemein geprägt und reifen hat lassen, waren die vielen Reisen, die mich schon vor der ersten Begegnung mit dem ehemaligen Zarenreich mehrmals im Jahr ins Ausland führten. Von Los Angeles bis Jordanien, von Norwegen bis Ägypten – ich fand alles hoch spannend und hatte in relativ kurzer Zeit über 50 Länder bereist. Fast immer habe ich die für mich bis heute attraktivste Reiseart gewählt. Mit dem Wohnmobil war alles bisher so hautnah, so individuell, so intensiv. Trotzdem kehrte ich auch von monatelangen Touren nie ausgebrannt zurück, weil ich ein Stück Heimat auf Rädern immer bei mir hatte...

Bereits erschienen:
RETROBÜCHER

RETROBUCH Nr. 1
Fritz B. Busch: **Kleine Wohnwagenfibel**
Reprint der Originalausgabe von 1961
144 Seiten, 88 Abb. sw,
ISBN 3-928803-25-5,
11,90 Euro, Best.-Nr.: RB 01

Fritz B. Busch ist schon zu Lebzeiten Legende. Der Grandseigneur unter den Motorjournalisten verzaubert seit fast 50 Jahren die Leser großer Zeitschriften mit seinem unverwechselbaren Stil. Dieses Buch schrieb er im Jahr 1961 für Einsteiger ins Hobby Caravaning. Jetzt ist die „Kleine Wohnwagenfibel" wieder da – mit den historischen Anzeigen und mit verschmitztem Humor. Genießen Sie einen Blick zurück in die Zeiten, als Familienautos wie der DKW nur 350 Kilogramm leichte Wohnwagen ziehen durften. Und als der große Schreibersmann die Freiheit im Caravan brillant und stets mit fröhlicher Ironie schilderte – schon damals also mit dem Busch-Touch, der heute ein Markenzeichen ist.

RETROBUCH Nr. 2
Heinrich Hauser:
Fahrten und Abenteuer mit dem Wohnwagen
Reprint der Originalausgabe von 1935,
228 Seiten, 60 Abb. sw,
ISBN 3-928803-29-8,
16,90 Euro, Best.-Nr.: RB 02

Es waren die ersten Pioniere des Campings in Deutschland: die Faltbootfahrer, die in der Nähe der Flüsse Zelte aufschlugen; und es waren die ersten Wohnwagenfahrer, die Neuland betraten und sich eigene Fahrzeuge bauten. Zu diesen reiselustigen Menschen zählte auch Heinrich Hauser, der als einer der Ersten Deutschland in einem Wohnwagen bereiste und dieses in einem faszinierenden Buch beschreibt.
Beim Lesen werden erfahrene Camper und Wohnmobilfahrer erkennen: „Vieles hat sich nicht geändert!". Wäre es nicht schade und ein wesentlicher kultureller Verlust, wenn die Urlaubs- und Feriengewohnheiten des letzten Jahrhunderts verloren gehen würden? – Damals, in diesen bewegten Zeiten, vor und nach einem barbarischen Krieg.
Immer mehr Menschen begannen sich mit einem Zelt oder Wohnwagen auf zwei oder vier Rädern auf die Reise zu begeben, um fremde Länder und Menschen kennen zu lernen. Es waren freundliche, aufgeschlossen Menschen mit einer besonderen Einstellung zum unkomplizierten Reisen, welche die neue Freiheit der damaligen Campingtechnik nutzten.

RETROBUCH Nr. 3
Hans Berger:
Jachten der Landstraße
Reprint der Originalausgabe von 1938,
152 Seiten, viele Abb. sw,
ISBN 3-928803-30-1,
11,90 Euro, Best.-Nr.: RB 03

Mit diesem Nachdruck von Hans Bergers „Jachten der Landstraße" liegt der erste gedruckte Wohnwagenkatalog in deutscher Sprache nach vielen Jahrzehnten wieder vor. Hans Berger, einer der großen Pioniere im Freizeitbereich, legte hiermit 1938 ein geradezu epochales Werk vor: Er stellte nicht nur seine Versuche vor, einen Reisewohnwagen zu konstruieren, sondern zeigte auch die gesamte Angebotspalette des In- und Auslandes in Wort und Bild. Mit unvergleichlicher Sammellust und Liebe zum Detail hat er sich bemüht, die Konstruktionen von Heinrich Hauser bis hin zu den gewaltigen, nur von sehr zugkräftigen Fahrzeugen überhaupt bewegbaren amerikanischen Modellen vorzustellen. Er selbst war ein begeisterter Camper, hatte auf seinem Firmengelände bei München als einer der Ersten Übernachtungsmöglichkeiten für Wohnwagenfreunde geschaffen und selber zahlreiche Reisen mit seiner Familie unternommen. Erfahrene Camper und Wohnmobilfahrer werden viel Bekanntes an technischen und konstruktiven Details erkennen, manches belächeln, doch stets wird es eine Freude sein, zurückzublicken auf diese Anfangszeiten und zu erkennen, dass schon manche Probleme heute wie damals dieselben blieben.
Dieses Buch war das erste Wohnwagenfachbuch und eine Fundgrube für alle, die sich mit dem aufkommenden Gedanken des Wohnwagenreisens beschäftigten. Er wollte keine reine Dokumentation dessen leisten, was auf diesem Gebiet bislang ersonnen, erbaut und an Erfahrungen vorhanden war, sondern wollte den Interessierten auch Anleitung bei der Frage bieten, was für eine Art Wagen ihren Bedürfnissen und Zwecken am ehesten entspräche.

DoldeMedien
VERLAG GMBH

Bereits erschienen:
RETROBÜCHER

Bereits erschienen:
KINDERBÜCHER

Autoachsen. Seine Begeisterung war derart ansteckend, dass Kathleen, die ihre Familie am Kap besuchen wollte, auf die Idee kam, einen Caravan auf dem Landweg von Devon nach Südafrika zu ziehen.
Ohne ihre dreizehnjährige Tochter Sheila, die sie in der Sicherheit eines Internates in England zurückließen, machten sich Peter und Kathleen im November 1937 auf den Weg. Nach einer stürmischen Kanalüberquerung genossen sie die einigermaßen angenehme Reise durch Frankreich. Ihre Probleme begannen erst mit der französischen Bürokratie in Algerien, die zu scheinbar endlosen Verzögerungen führte. Endlich konnten sie die riesige Sahara angehen. Sie blieben oftmals stecken, kamen vom Weg ab, waren fehlgeleitet und frustriert. Wochen der Einsamkeit wurden zu Monaten, und Kathleen zweifelte schon, ob sie ihre Tochter je wiedersehen würde. Doch ihre feste Entschlossenheit und ihr nie versagender Humor siegten, als sie und ihr Mann darum rangen, ihre Traumreise zu einem guten Abschluss zu bringen. Nicht einmal heute schaffen alle Teilnehmer der Rallye Paris-Dakar die Strecke durch die Sahara, doch Peter und Kathleen gelang dieses Wagnis mit einem 30 PS-Ford und einem wackeligen Holzcaravan. Und das sogar zweimal!
Kathleen vermisste ihre Tochter sehr und schrieb eine Art Tagebuch in Briefform für sie. Dieses Tagebuch wurde von ihren Enkeln entdeckt und als Buch herausgegeben.

RETROBUCH Nr. 4
Kathleen Harrison:
Abseits ausgetretener Pfade
Übersetzung der engl. Originalausgabe nach Tagebuchaufzeichnungen von 1937/38
212 Seiten, 53 Abb. sw,
ISBN 3-928803-37-9,
15,90 Euro, Best.-Nr.: RB 04

In den späten dreißiger Jahren unternahmen Peter und Kathleen Harrison eine gefahrvolle Reise durch die Sahara mit Auto und Caravan. Peter, ein Marineoffizier im Ruhestand, war ein ebenso kräftiger und abenteuerlustiger Mann wie ein geschickter Zimmermann. Er entwarf und baute Caravans aus Balken und alten

KINDERBUCH 1
Fritz B. Busch: **Unser Sturmvogel hat Räder**
Der wiederentdeckte Roman
132 Seiten, 15 Abb. sw,
ISBN 3-928803-24-7,
2. Auflage, 9,90 Euro, Bestell-Nr.: SV 01

Fritz B. Busch ist schon zu Lebzeiten Legende. Der Grandseigneur unter den Motorjournalisten verzaubert seit fast 50 Jahren die Leser großer Zeitschriften mit seinem unverwechselbaren Stil. Dieses Buch schrieb er vor gut 40 Jahren als Lesebuch für kleine und große Camper. Jetzt ist es wieder da – brillant formuliert, mit verschmitztem Humor und so frisch wie damals. Eben Fritz B. Busch.

Jede Menge
Retro-Sammlermodelle
finden Sie im Online-Shop unter
www.campers-collection.de

BESTELLSCHEIN

Einfach ausfüllen und einsenden an DoldeMedien Verlag GmbH, Postwiesenstr. 5A, 70327 Stuttgart oder per **Fax an: 0711 / 134 66-38**

Bitte senden Sie mir schnellstmöglich:

Expl.	Best.-Nr.	Kurzbezeichnung	Einzelpreis
		+ Versandkostenpauschale **Inland** 3,- € (Inland: bei Bestellwert über 20,- € versandkostenfrei)	
		+ Versandkostenpauschale **Ausland** Europäische Staaten 5,- € alle nichteuropäischen Staaten 8,- €	
		gesamt	

Die Bezahlung erfolgt

☐ per beigefügtem Verrechnungsscheck ☐ durch Bankabbuchung

Bankleitzahl (vom Scheck abschreiben)

Konto-Nr.

Geldinstitut

☐ **per Kreditkarte**

☐ American Express ☐ Visa Card ☐ Diners Club ☐ Mastercard

Kreditkarten-Nummer   Gültig bis

Rückgaberecht: Sie können die Bestellung ohne Angabe von Gründen innerhalb von zwei Wochen durch Rücksendung der Ware widerrufen. Die Frist beginnt frühestens mit Erhalt der Ware und dieser Information. Zur Wahrung der Frist genügt die rechtzeitige Absendung der Ware. Die Rücksendung muss originalverpackt und bei einem Rechnungsbetrag bis EUR 40,00 ausreichend frankiert sein, wenn die gelieferte Ware der bestellten entspricht. Andernfalls ist die Rücksendung für Sie kostenfrei. Die Rücksendung geht bitte an die Bestell-Adresse.

Absender

Name, Vorname

Straße

PLZ, Ort

Telefon

E-Mail

Datum, Unterschrift

www.ingramcontent.com/pod-product-compliance
Lightning Source LLC
Chambersburg PA
CBHW020748160426
43192CB00006B/279